ALLWEDD

MATHEMATEG

Cydnabyddiaethau

Mae'r cyhoeddwyr yn ddiolchgar i'r canlynol am ganiatâd i atgynhyrchu'r canlynol:

Aerofilms, tud 149; ED 142018 Y Meddyliwr, Efydd (o'r blaen) Musee Rodin, Paris/Bridgeman Art Library, Llundain, tud 207; BBC tud 52; Mensa Cyf, tud 341; Swyddfa Ystadegau Ganolog, tud 289, Teledu Sianel Pedwar, tud 52; Collections, tud 257 (Michael Allen), tud 300 (gwaelod dde — Brian Shuel); The Hulton Deutsh Collection, tud 51; Teledu Annibynnol, tud 52; Kraft Jacobs Suchard, tud 314, 318; Carreg Filltir 9½, tud 144; Cynilion Cenedlaethol, tud 164; Y Gwasanaeth Gwaed Cenedlaethol, tud 299; Atgynhyrchwyd o'r Arolwg Ordnans trwy ganiatâd Rheolwr Swyddfa ei Mawrhydi © Hawlfraint y Goron (07000U), tud 232, 247, 249 a 267; Sky Television, tud 52; Sporting Pictures (UK) Cyf, tud 169 a 255; Tony Stone Images, tud 94 (John Laurence), 244 (Dale Durfee), 272 (Tim Davis), 300 (gwaelod chwith – Kevin Kelley), tud 310 (David Sutherland); York City Archives, tud 256. Y gweddill o'r ffotograffau gan Martyn F. Chillmaid.

Ni fu'n bosibl olrhain perchennog pob hawlfraint yn y gyfrol hon. Gwahoddir y perchenogion hynny i gysylltu â'r cyhoeddwyr.

Cyhoeddwyd gyntaf yn 1996 gan Stanley Thornes (Cyhoeddwyr) Cyf, Ellenborough House, Wellington Street, CHELTENHAM GL50 1YW.

Cyhoeddwyd y fersiwn Cymraeg gan:
Y Ganolfan Astudiaethau Addysg, Prifysgol Cymru, Aberystwyth

ISBN 1 85644 575 5

Cyfieithwyd gan Ffion E. Kervegant
Golygwyd a pharatowyd ar gyfer y wasg gan Janice Williams, Menna Wyn, Nia Bleddyn, Dafydd Kirkman, Janice Williams, Eirian Jones a Glyn Saunders Jones
Dyluniwyd gan Ceri Jones a Gary Evans
Ar ran ACCAC: John Lloyd
Aelodau'r Grŵp Monitro: Rhiannon Bill, Gordon Owen ac Arwyn Jones
Dylunio gwreiddiol: Stiwdio Dorel
Lluniau'r clawr: Roger Howard/ Ace Photo Agency (blaen); Chris Fairclough Colour Library (meingefn); Baron Wolman/Tony Stone Images (cefn)
Cynllun y clawr: John Christopher, Design Works
Gwaith celf: Partneriaeth Maltings, Eric Apsey a David Oliver
Cartwnau: Clinton Banbury

Argraffwyd gan Argraffwyr Cambria, Aberystwyth

ALLWEDD
MATHEMATEG 8²

◆ **David Baker**
Ysgol Anthony Gell, Wirksworth

◆ **Paul Hogan**
Ysgol Uwchradd Fulwood, Preston

◆ **Barbara Job**
Ysgol Uwchradd Christleton, Caer

◆ **Renie Verity**
Ysgol Uwchradd Pensby i Ferched, Heswall

CAA
CANOLFAN ASTUDIAETHAU ADDYSG · ABERYSTWYTH

Cynnwys

1 Graffiau *1*

1 Graffiau trawsnewid *2*

2 Graffiau a rheolau *5*

3 Amser *10*

4 Graffiau teithio *16*

2 Amcangyfrif eich gallu i wneud gwaith pen *27*

1 Pwerau ac israddau *28*

2 Mathemateg pen *34*

3 Amcangyfrif *40*

3 Ystadegaeth: cwestiynau ac atebion *51*

1 Diagramau a siartiau *52*

2 Siartiau cylch *57*

3 Cynllunio holiadur *62*

4 Algebra *71*

1 Patrymau rhif *72*

2 Cildroi rheolau *81*

3 Amnewid *84*

5 Trawsffurfiadau *93*

1 Adlewyrchiadau *94*

2 Symudiad – trawsfudiadau *99*

3 Cylchdroeon *103*

4 Helaethiadau *108*

6 Peidiwch â bod yn negatif! *117*

1 Ailchwarae *118*

2 Rheolau rhifau cyfeiriol *122*

3 Defnyddio rhifau negatif *128*

7 Onglau *137*

1 Ailchwarae *138*

2 Llinellau paralel *144*

3 Polygonau *149*

4 Cyfeiriannau *152*

8 Tebygolrwydd *161*

1 Ailchwarae *162*

2 Mae'r cyfanswm bob amser yn 1 *167*

3 Tebygolrwydd: sut mae gwneud iddo ymddangos yn anodd *169*

4 Diagramau gofod sampl *172*

9 Canrannau a ffracsiynau *183*

1 Canrannau syml *184*

2 Cyfrifo canrannau *192*

3 Ffracsiynau *198*

10 Llinellau syth *207*

1 Llinellau grid *208*

2 Patrymau llinellau *213*

3 Darganfod yr hafaliad *220*

11 Cymarebau *231*

1   Y system fetrig *232*

2   Cyflwyno cymarebau *239*

3   Cyfrannedd *243*

4   Mapiau a graddfeydd *246*

12 Arwynebedd *255*

1   Perimedr ac arwynebedd *256*

2   Mwy am arwynebedd *261*

3   Helaethiad ac arwynebedd *267*

13 Ystadegaeth: casglu'r cwbl ynghyd *275*

1   Cyfartaleddau ac amrediad *276*

2   Grwpio data *283*

3   Polygonau amlder *289*

14 Cyfaint: llenwi'r gwagle *299*

1   Gwasgwch bopeth i mewn! *300*

2   Stacio *303*

3   Prismau *310*

15 Mwy ynteu llai? *321*

1   Cynnig a gwella *322*

2   Anhafaleddau *327*

3   Datrys anhafaleddau llinol syml *333*

16 Y pwynt croesi *341*

1   Llinellau sy'n croestorri *342*

2   Llinellau nad ydynt yn cychwyn ag *y 345*

3   Datrys problemau â llinellau *347*

Tasgau *357*

1   Adio *358*

2   Tynnu *358*

3   Lluosi *360*

4   Lluosi â 10 *361*

5   Lluosi â 100, 1000, . . . *361*

6   Lluosi â 20, 30 . . . *362*

7   Lluosi degolion â 10 *362*

8   Lluosi degolion â 100 *362*

9   Lluosi hir *363*

10   Rhannu *364*

11   Rhannu â 10 *365*

12   Rhannu â 100, 1000, . . . *366*

13   Rhannu â 20, 30, . . . *366*

14   Rhannu degolion â 10 *366*

15   Rhannu degolion â 100 *367*

16   Adio ffracsiynau *367*

17   Tynnu ffracsiynau *368*

18   Symleiddio ffracsiynau *369*

Atebion *370*

Profwch eich hun *370*

Tasgau *384*

v

1 Graffiau

CRAIDD

1 **Graffiau trawsnewid**

2 **Graffiau a rheolau**

3 **Amser**

4 **Graffiau teithio**

CWESTIYNAU

ESTYNIAD

CRYNODEB

PROFWCH
EICH HUN

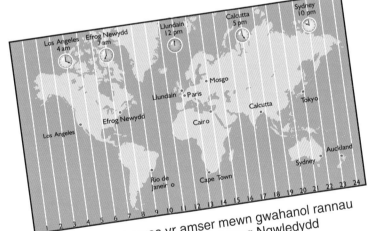

Mae'r map yn dangos yr amser mewn gwahanol rannau o'r byd pan fydd hi'n hanner dydd yng Ngwledydd Prydain yn ystod tymor y Gaeaf.

Oes gennych chi berthnasau yn byw yn Seland Newydd?
Os byddwch chi'n eu ffonio nhw byddwch yn ofalus!
Mae hi bron yn hanner nos yn Seland Newydd pan fydd hi'n hanner dydd yng Ngwledydd Prydain!

Chwiliwch mewn atlas o'r byd er mwyn darganfod:

• sut mae cyfandiroedd fel Affrica yn trefnu rhanbarthau amser i gyd fynd â ffiniau'r gwledydd
• beth sy'n digwydd pan fydd teithiwr yn croesi'r Ddyddlinell.

1 Graffiau trawsnewid

Mae dosbarth 8J yn Paris ar daith gyfnewid. Maen nhw'n prynu anrhegion i'w ffrindiau. Maen nhw eisiau trawsnewid y prisiau o Ffranciau i Bunnoedd.
Mae ganddynt graff trawsnewid.

Ymarfer 1:1

Dyma'r graff mae dosbarth 8J yn ei ddefnyddio:

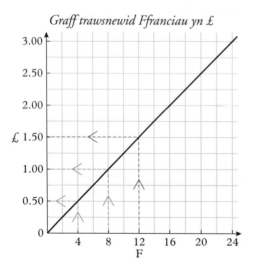

Graff trawsnewid Ffranciau yn £

1 Mae Anne yn prynu model o Dŵr Eiffel. Mae'n costio 12F.
Chwiliwch am 12F ar y raddfa ar waelod y graff.
Dilynwch y llinell goch hyd at y graff.
Darllenwch y pris mewn £ ar y raddfa sydd ar ochr y graff.

2 Mae Ned yn prynu llun o Paris. Mae'n costio 8F.
Dilynwch y llinell werdd i weld faint yw hyn mewn £.

3   Mae Danielle yn prynu dwy feiro. Maen nhw'n costio 4F yr un.
   a   Dilynwch y llinell las i ddarganfod faint mae un feiro yn ei gostio mewn £.
   b   Faint mae'r ddwy feiro yn ei gostio mewn £?

4   Mae Teri eisiau prynu tri bocs o siocledi. Mae un bocs yn costio 16F.
   a   Faint mae un bocs yn ei gostio mewn £?
   b   Faint mae tri bocs yn ei gostio mewn £?
   c   Mae gan Teri 50F.
       Oes ganddo ddigon o arian i brynu'r siocledi *a* beiro?

| **Graff trawsnewid** | Byddwn yn defnyddio **graff trawsnewid** i newid un uned yn uned arall. Mae graffiau trawsnewid bob amser yn llinellau syth. | 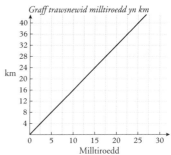 |

Ymarfer 1:2

1   Dyma graff trawsnewid Doleri ($) yn £.

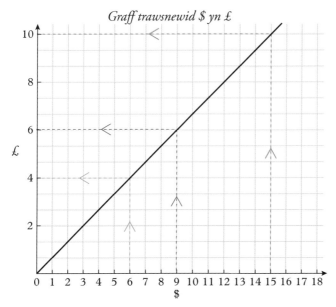

Graff trawsnewid $ yn £

   a   Trawsnewidiwch $9 yn £ (llinell goch).
   b   Trawsnewidiwch $15 yn £ (llinell las).
   c   Trawsnewidiwch $6 yn £ (llinell werdd).

2 Mae'r graff yma'n trawsnewid milltiroedd yn gilometrau.
Gall hefyd drawsnewid cilometrau yn filltiroedd.

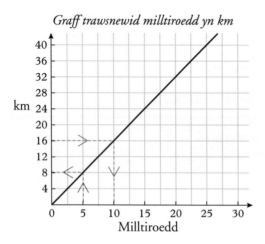

Graff trawsnewid milltiroedd yn km

a Trawsnewidiwch 5 milltir yn km (llinell goch).
b Trawsnewidiwch 15 milltir yn km.
c Trawsnewidiwch 16 **km yn filltiroedd** (llinell las).
ch Trawsnewidiwch 28 km yn filltiroedd.

3 Mae'r graff yma'n trawsnewid cilogramau yn bwysi.

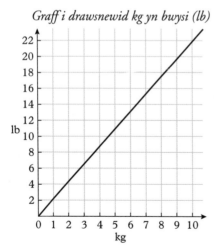

Graff i drawsnewid kg yn bwysi (lb)

a Trawsnewidiwch 7 kg yn bwysi.
b Trawsnewidiwch 10 kg yn bwysi.
c Mae bag o siwgr yn pwyso 1 kg.
Sawl pwys yw hyn yn fras?
ch Mae sachaid fawr o datws yn pwyso 5 lb.
Sawl cilogram yw hyn yn fras?

2 Graffiau a rheolau

Ymarfer 1:3

1 Mae Dafydd yn cymryd rhan yn nhaith gerdded noddedig yr ysgol.
Mae o'n cael ei noddi yn ôl £2 y filltir gan ei deulu. Y pellaf y bydd o'n cerdded
mwyaf yn y byd o arian fydd o'n ei gasglu.
Mae o'n gweithio'r swm mewn tabl.

Nifer y milltiroedd	1	2	3	4	5
Swm £	2	4			

a Copïwch y tabl.
b Llenwch dair colofn olaf y tabl.

Dyma graff o dabl Dafydd:

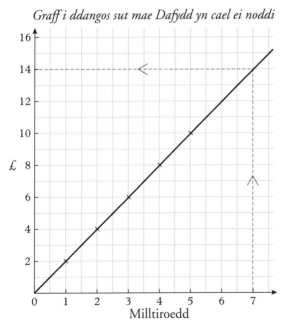

Graff i ddangos sut mae Dafydd yn cael ei noddi

c Dilynwch y llinell goch.
Faint o arian fydd Dafydd yn ei gael os bydd yn cerdded 7 milltir?

2   Mae Geraint hefyd yn cymryd rhan yn y daith gerdded noddedig.
Mae'n cael ei noddi yn ôl £3 y filltir.

   a   Copïwch y tabl ar gyfer Geraint.
Llenwch y colofnau.

Nifer y milltiroedd	1	2	3	4	5
Swm £					

   b   Lluniwch graff ar gyfer Geraint.
Defnyddiwch yr un graddfeydd â graff Dafydd ond trefnwch fod yr echelin
fertigol yn mynd hyd at 22.

   c   Faint o arian fydd Geraint yn ei gael os bydd yn cerdded 7 milltir?

   ch Faint o arian fydd o'n ei gael os bydd yn cerdded $4\frac{1}{2}$ milltir?

   d   Tua pha mor bell fyddai'n rhaid i Geraint gerdded er mwyn cael £20?

● **dd** Faint o arian fydd o'n ei gael os bydd yn cerdded 15 milltir?
(Ni ddangosir hyn ar y graff ond gallwch ddarganfod yr ateb. Sut?)

3   Mae Alaw yn cael ei noddi yn ôl £1.50 y filltir.

   a   Gwnewch dabl i ddangos faint o arian fydd Alaw yn ei gael.

   b   Lluniwch graff gan ddefnyddio'r un graddfeydd ag o'r blaen.

   c   Defnyddiwch eich graff i ddarganfod faint o arian fydd Alaw yn ei gael os
bydd hi'n cerdded $3\frac{1}{2}$ milltir.

   ch Pa mor bell fyddai'n rhaid i Alaw gerdded i gael £10.50?

● **d**   Cymharwch graff Geraint â graff Alaw.
Disgrifiwch y prif wahaniaeth rhwng y ddau graff.
Eglurwch pam y digwyddodd y gwahaniaeth yma.

● **dd** Disgrifiwch sut y byddai graff rhywun fyddai'n cael ei noddi yn ôl £5 y
filltir yn edrych.

◄◄ **AILCHWARAE** ►

Fformiwla	Gelwir rheol sydd wedi ei hysgrifennu mewn algebra yn **fformiwla**.
Enghraifft	Mae Geraint yn cael ei noddi yn ôl £3 y filltir. Mae'r swm mae o'n gasglu yn hafal i **£3** × nifer y *m*illtiroedd. Y ffurf gryno am hyn yw: s = 3 × *m*
	Cofiwch nad ydym yn ysgrifennu'r arwydd × mewn algebra. Mae hyn yn golygu y dylid ysgrifennu'r rheol fel hyn: *s* = **3***m*

Ymarfer 1:4

Ysgrifennwch ffurf gryno'r rheolau yma.
Defnyddiwch y llythrennau a'r rhifau coch.

1   Y *s*wm o arian a godwyd mewn taith gerdded noddedig yn ôl £2 y filltir (*m*).

2   Y *s*wm o arian a godwyd mewn nofio noddedig yn ôl £6 yr *h*yd.

3   Y *c*yflog a enillir gan weithiwr sy'n ennill £4 yr *a*wr.

4   *T*aldra planhigyn sy'n tyfu 3 cm bob *m*is.

5   Y *p*ellter sy'n cael ei deithio gan gar sy'n teithio ar 30 milltir yr *a*wr.

6   Y *s*wm o arian mae Joan yn gynilo os yw hi'n cynilo £6 bob *m*is.

7   Mae'r swm mae Arwel yn ei ennill yn cael ei gyfrifo gan ddefnyddio'r fformiwla
$c = 4a$. Ei gyflog yw c ac a yw nifer yr oriau (*a*wr) mae o'n weithio.

Cyfrifwch gyflog Arwel os yw'n gweithio am:
a   5 awr
b   7 awr
c $3\frac{1}{2}$ awr
d $6\frac{1}{4}$ awr

Weithiau mae hi'n ddefnyddiol llunio graff o reol.

Enghraifft   Mae gan Tim waith rhan amser fel gweinydd.
Mae o'n ennill £3 am bob awr mae o'n ei gweithio.
Mae o'n gwneud tabl i ddangos faint o arian mae'n bosibl iddo ei ennill.

Nifer yr oriau	1	2	3	4	5
Cyflog £	3	6	9	12	15

Dyma'i reol: mae'r *c*yflog yn hafal i £3 × nifer yr oriau (*a*wr) a weithir.
Mewn algebra ysgrifennir: $c = 3 \times a$ neu $c = 3a$.

Mae Tim yn defnyddio'i dabl i lunio graff (gweler y dudalen nesaf).

7

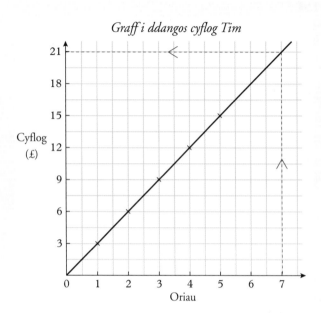

Graff i ddangos cyflog Tim

Nawr gall Tim weld faint fyddai'n ei ennill ar ôl 7 awr o waith.
Dilynwch y llinell goch.

Ymarfer 1:5

1 Mae Anisha yn gweithio yn yr un caffi â Tim.
Mae hi'n hŷn na Tim ac yn ennill £4 yr awr.

Dyma ei rheol hi: mae'r cyflog yn hafal i £4 × nifer yr oriau (awr) a weithir.
a Ysgrifennwch reol Anisha mewn algebra.
b Copïwch y tabl a'i lenwi.

Nifer yr oriau	1	2	3	4	5
Cyflog (£)					

c Plotiwch graff i ddangos cyflog Anisha.
  Defnyddiwch y raddfa yma.
ch Defnyddiwch eich graff i ddarganfod faint
  o arian fydd Anisha yn ei ennill os bydd
  hi'n gweithio:
  (1) 4 awr
  (2) $3\frac{1}{2}$ awr
  (3) 8 awr
  (4) $4\frac{1}{2}$ awr

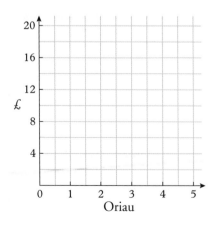

2 Mae rhifydd ar recordydd fideo newydd Nathan.
Mae'n chwarae fideo ac yn darganfod rheol ar gyfer y rhifydd.

Dyma reol Nathan:
mae *r*hif y rhifydd yn hafal i **50** × nifer y *m*unudau.
a Ysgrifennwch reol Nathan mewn algebra.
b Dyma dabl Nathan.
Copïwch y tabl a'i lenwi yn ôl rheol Nathan.

Nifer y munudau	10	20	30	40	50
Rhif y rhifydd					

c Lluniwch graff ar gyfer y tabl yma.
Rhowch yr amser ar hyd y gwaelod a rhif y rhifydd i fyny'r ochr.
ch Defnyddiwch eich graff i ddarganfod beth fydd y rhifydd yn ei ddangos ar ôl:
(1) 30 munud
(2) 50 munud
(3) 35 munud
(4) 45 munud
(5) 75 munud

3 Mae Joel a Lea yn loncian gyda'i gilydd. Cyn bo hir mae Lea yn mynd heibio Joel.
Mae Lea yn loncian 4 metr yr eiliad (m/s).
Mae Joel yn loncian 3 metr yr eiliad.
Mae'r ddau yn darganfod rheol ar gyfer y pellter maen nhw'n ei loncian.

a Ysgrifennwch reol Lea mewn algebra gan ddefnyddio'r llythrennau *p* (pellter mewn metrau) ac *s* (nifer yr eiliadau).
b Copïwch y tabl yma ar gyfer rheol Lea.
Defnyddiwch eich fformiwla i'w lenwi.

Nifer yr eiliadau	10	20	30	40	50
Pellter mewn metrau					

c Lluniwch graff ar gyfer y tabl yma.
ch Ysgrifennwch reol Joel mewn algebra.
d Gwnewch dabl ar gyfer pellteroedd Joel.
Tynnwch y graff ar yr un diagram ag un Lea.
dd Disgrifiwch y gwahaniaethau rhwng y ddau graff.
Eglurwch pam y mae'r graffiau'n wahanol.

3 Amser

Mae hi'n 7.55 am.
Mae taith fws Siôn i'r ysgol yn cymryd 47 munud.
Mae arno eisiau gwybod a fydd yn cyrraedd yr ysgol erbyn 8.45 am.

Am 7.55 am mae hi'n 5 munud i'r awr nesaf.
47 − 5 = 42
Mae'r bws yn cyrraedd am 8.42 am.

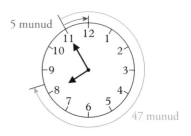

Ymarfer 1:6

1 Beth yw'r amseroedd pan fydd y bysiau yma'n cyrraedd?
  a Bws sy'n gadael am 7.50 am ac yn cymryd 45 munud.
  b Bws sy'n gadael am 3.35 pm ac yn cymryd 50 munud.
  c Bws sy'n gadael am 7.25 am ac yn cymryd 36 munud.
  ch Bws sy'n gadael am 10.17 am ac yn cymryd 52 munud.
  d Bws sy'n gadael am 3.46 pm ac yn cymryd 28 munud.
  dd Bws sy'n gadael am 11.27 am ac yn cymryd 25 munud.

| am | Ystyr **am** yw ante meridiem.   Mae hyn yn golygu cyn hanner dydd. |
| pm | Ystyr **pm** yw post meridiem.   Mae hyn yn golygu wedi hanner dydd. |

Mae 7.55 am yn y bore.   Mae 3.04 pm yn y prynhawn.

Mae amserlenni bysiau a threnau yn defnyddio'r cloc 24 awr.

Enghreifftiau

Ceir pedwar ffigur bob amser.
Mae 7.55 am yr un fath â **0**7 55
Mae 3.04 pm yr un fath â 15 04
Hanner nos yw 00 00
Hanner dydd yw 12 00

---

2 Trawsnewidiwch y rhain yn amseroedd ar y cloc 24 awr.
   a 4.20 pm   **c** 10 am   **d** 9 pm   **e** 12.15 am
   b 5.30 pm   **ch** 6.38 pm   **dd** 1.25 pm   **f** 12.06 pm

3 Trawsnewidiwch y rhain yn amseroedd am neu pm.
   a 03 05   **c** 17 16   **d** 08 55   **e** 12 45
   b 19 00   **ch** 21 35   **dd** 23 00   **f** 00 30

4 Am faint o'r gloch y bydd y bysiau yma'n cyrraedd?
Defnyddiwch y cloc 24 awr.
   a Bws sy'n gadael am 15 52 ac yn cymryd 14 munud.
   b Bws sy'n gadael am 08 05 ac yn cymryd 39 munud.
   c Bws sy'n gadael am 14 19 ac yn cymryd 55 munud.
   d Bws sy'n gadael am 21 43 ac yn cymryd 26 munud.

Enghraifft

Mae trên yn gadael am 08 36.
Mae'r siwrnai yn cymryd 2 awr 45 munud.
Pryd mae'r trên yn cyrraedd?

Ystyriwch y munudau yn gyntaf.
Am 08 36 mae hi'n 24 munud i'r awr nesaf.
$45 - 24 = 21$
Byddai trên sy'n cymryd 45 munud yn cyrracdd am 09 21.
Byddai trên sy'n cymryd 2 awr 45 munud yn cyrraedd am 11 21.

5 Am faint o'r gloch y bydd y trenau yma'n cyrraedd?
Defnyddiwch y cloc 24 awr.
  a Trên sy'n gadael am 12 44 ac yn cymryd 1 awr 37 munud.
  b Trên sy'n gadael am 08 52 ac yn cymryd 3 awr 18 munud.
  c Trên sy'n gadael am 18 25 ac yn cymryd 2 awr 19 munud.
  d Trên sy'n gadael am 15 38 ac yn cymryd 4 awr 26 munud.

6 Mae gan Mrs Davies gyfarfod pwysig.
Mae'n rhaid iddi fod ym Manceinion erbyn 9.45 am.
Mae'r trên yn gadael am 7.52 ac yn cymryd 1 awr 34 munud.
Faint o funudau yn gynnar neu'n hwyr fydd Mrs Davies?

7 Bydd Sara'n dal trên ac wedyn yn cymryd bws i'r ysgol.
Mae'r trên yn cymryd 27 munud ac yn gadael am 07 52.
Mae'r bws yn gadael am 08 22.
Faint o amser sydd gan Sara i fynd o'r trên at y bws?

8 Mae ffilm yn para 112 munud.
  a Pa mor hir mae'r ffilm yn para mewn oriau a munudau?
  b Os yw'r ffilm yn cychwyn am 8.15 pm, am faint o'r gloch fydd hi'n gorffen?

....

Enghraifft   Faint o amser sydd rhwng 8.35 am a
                 9.12 am?

                 Yr amser o 8.35 i 9.00 yw 25 munud.
                 Yr amser o 9.00 i 9.12 yw 12 munud.
                 25 + 12 = 37
                 Ateb = 37 munud

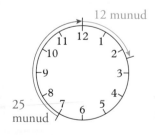

Ymarfer 1:7

1 Faint o amser sydd rhwng yr amseroedd yma?
  a 7.25 am a 8.17 am   **c** 6.48 pm a 7.15 pm
  b 09 34 a 10 28   **ch** 16 25 a 17 33

Enghraifft   Faint o amser sydd rhwng 8.35 pm a 11.42 pm?

Yr amser o 8.35 i 9.00 yw 25 munud   Yr amser o 11.00 i 11.42 yw 42 munud

9.00 ⟶ 11.00
= 2 awr

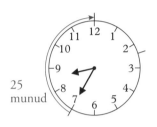
25 munud

42 munud

25 + 42 = 67 munud
= 1 awr 7 munud
2 awr + 1 awr 7 munud = 3 awr 7 munud

---

2 Faint o amser sydd rhwng yr amseroedd yma?
  a 5.15 pm a 7.37 pm
  b 19 29 a 21 08
  c 09 20 a 13 46
  ch 9.05 am a 3.54 pm
  d 17 28 a 21 43
  dd 16 42 a 23 15

3 Mae ysgol Siân yn cychwyn am 8.50 am ac yn gorffen am 3.35 pm.
  a Am faint o amser mae Siân yn yr ysgol?
  b Ceir egwyl 15 munud yn y bore ac 1 awr amser cinio.
    Faint o amser mae Siân yn ei dreulio gyda'i dosbarth?

4 Ar ddydd Sadwrn bydd Mathew yn gweithio mewn archfarchnad.
Bydd yn cychwyn am 8.45 am ac yn gorffen am 4.15 pm.
Bydd yn cael dwy egwyl 15 munud i gael 'paned a 45 munud amser cinio.
Am faint o amser fydd Mathew yn gweithio?

Gallwch ddefnyddio cyfrifiannell â botwm [° ' "] i wneud cyfrifiadau sy'n ymwneud ag amser.

Mae'r symbolau'n cynrychioli graddau, munudau, eiliadau. Pwrpas y rhain yw cyfrifo onglau.

Gallwch eu defnyddio i gyfrifo amser.

Os oes gennych fotwm **DMS** ar eich cyfrifiannell gofynnwch i'ch athro/athrawes am gymorth.

Enghreifftiau **1**   Bwydwch 9 awr 30 munud i mewn i'r cyfrifiannell.

Pwyswch y botymau yma: **9** [° ' "] **3** **0** [° ' "] sy'n rhoi 9.5

Pwyswch y botymau yma: **SHIFT** [° ' "] sy'n rhoi 9°30°0

Mae 9°30°0 yn golygu 9 awr 30 munud 0 eiliad.

2   Bwydwch yr amser 15 25 i mewn i'r cyfrifiannell.

Pwyswch y botymau yma: **1** **5** [° ' "] **2** **5** [° ' "] sy'n rhoi 15.4166...

Pwyswch y botymau yma: **SHIFT** [° ' "] sy'n rhoi 15°25°0

Mae 15°25°0 yn golygu 15 awr 25 munud 0 eiliad.

Ymarfer 1:8

1   Copïwch y tabl yma a'i lenwi.

Amser	Dangosydd degol	Dangosydd oriau/munudau
6 awr 30 munud		
8 awr 15 munud		
15 45		
18 20		
23 35		
12 hanner dydd		

Enghraifft   Faint o amser sydd rhwng 9.40 am a 1.08 pm?

Mae 1.08 pm yn 13 08 ar y cloc 24 awr.
Dyma'r cyfrifiad: 13 08 − 09 40
Pwyswch y botymau yma:

1 **3** [° ' "] **0** **8** [° ' "]

− **9** [° ' "] **4** **0** [° ' "] **=** **SHIFT** [° ' "]

Ateb: 3 awr 28 munud

2 Defnyddiwch gyfrifiannell i ddarganfod faint o amser sydd rhwng yr amseroedd yma.

 a 9.25 am a 11.37 am **ch** 6.23 pm a 8.49 pm

 b 10 05 a 15 38   **d** 10.04 am a 3.52 pm

 c 9.36 pm a hanner nos **dd** 8.45 pm a 11.19 pm

Ymarfer 1:9

Lime Street, Lerpwl	0600	—	0710	0745	—	0845	0945
Runcorn	0617	—	0727	0802	—	0902	1002
Hartford	—	0648	—	—	0856	—	1013
Crewe	0639	0702	0753	—	0914	0925	1025
Stafford	0700	—	—	0837	0935	0944	1047
Tamworth	0720	—	—	—	—	—	—
Nuneaton	0735	—	—	—	—	1008	—
Rugby	—	0802	—	—	—	1023	1125
Milton Keynes Central	—	—	—	0933	1031	1049	—
Watford Junction	—	—	0930	—	—	—	1214
Euston, Llundain	0853	0912	0953	1020	1117	1136	1237

Mae'r amserlen yn dangos trenau sy'n mynd o Lerpwl i Lundain.

1 **a** Pa bryd y mae'r trên cynharaf o Runcorn sy'n aros yn Watford Junction yn gadael?

 b Faint o amser mae'r trên yn ei gymryd i fynd o Runcorn i Watford Junction?

2 Mae gan Dwynwen gyfarfod pwysig yn Milton Keynes am 10 45.
 Pa drên ddylai hi ei gymryd o Lerpwl?

3 **a** Am faint o'r gloch mae'r trên 10 13 o Hartford yn cyrraedd Rugby?

 b Faint o amser mae'r trên yma'n ei gymryd i fynd o Hartford i Rugby?

4 Rydw i newydd golli'r trên 06 39 o Crewe i Orsaf Euston, Llundain.

 a Faint o amser fydd yn rhaid i mi ddisgwyl am y trên nesaf?

 b Am faint o'r gloch fyddaf i'n cyrraedd Llundain?

 c Faint yn hwyrach fyddaf i'n cyrraedd na phetawn i wedi dal y trên 06 39?

5 Ar yr amserlen yma mae pump o drenau sy'n mynd o Lerpwl i Orsaf Euston, Llundain.

 a Darganfyddwch faint o amser mae pob trên yn ei gymryd i fynd o Lerpwl i Orsaf Euston, Llundain.

 b Am faint o'r gloch mae'r trên cyflymaf yn gadael Lerpwl?

 c Am faint o'r gloch mae'r trên mwyaf araf yn gadael Lerpwl?

4 Graffiau teithio

Mae Carl a Siân yn mwynhau edrych ar drenau.
Maen nhw'n gwybod fod trenau cyflym yn
teithio'n gyflym iawn.
Mae trenau eraill yn teithio'n arafach.

Ymarfer 1:10

Copïwch yr echelinau ar bapur sgwariau.
Defnyddiwch nhw ar gyfer yr holl gwestiynau yn yr ymarfer yma.

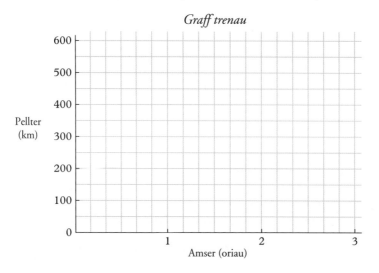

Graff trenau

1 a Copïwch y tabl ar gyfer trên cyflym sy'n teithio ar fuanedd
cyfartalog o 200 km/a.
Llenwch y tabl.

Amser o'r cychwyn (oriau)	0	1	2	3
Pellter a deithiwyd (km)	0	200		

b Plotiwch y pwyntiau o'r tabl.
Cysylltwch nhw er mwyn cael llinell syth.
Labelwch eich llinell yn 'trên cyflym'.

2 **a** Copïwch y tabl ar gyfer trên nwyddau sy'n teithio ar fuanedd cyfartalog o 100 km/awr.
Llenwch y tabl.

Amser o'r cychwyn (awr)	0	1	2	3
Pellter a deithiwyd (km)	0	100		

b Plotiwch y pwyntiau o'r tabl.
Cysylltwch nhw i gael llinell syth.
Labelwch eich llinell yn 'trên nwyddau'.

3 Mae trên traws gwlad yn teithio ar fuanedd cyfartalog o 150 km/awr.
a Disgrifiwch ym mhle bydd llinell y trên yma ar eich graff.
b Copïwch y tabl yma ar gyfer y trên traws gwlad.
Llenwch y tabl.

Amser o'r cychwyn (awr)	0	1	2	3
Pellter a deithiwyd (km)	0	150		

c Plotiwch y pwyntiau o'r tabl.
Cysylltwch nhw i gael llinell syth.
Labelwch eich llinell yn 'trên traws gwlad'.
ch Oedd eich ateb i ran **a** yn gywir?

4 **a** Disgrifiwch sut effaith mae buanedd trên yn gael ar ei graff.
b Disgrifiwch graff trên sy'n llonydd.

5 Mae'r echelinau wnaethoch eu defnyddio ar gyfer yr ymarfer yma yn defnyddio chwe rhaniad ar gyfer un awr.
Sawl munud mae un rhaniad yn ei gynrychioli?

6 Sawl munud mae un rhaniad yn ei gynrychioli ar y graddfeydd yma?

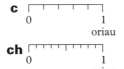

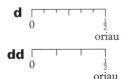

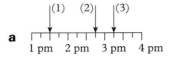

7 Pa amseroedd a ddangosir ar y graddfeydd yma?

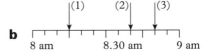

Ymarfer 1:11

1

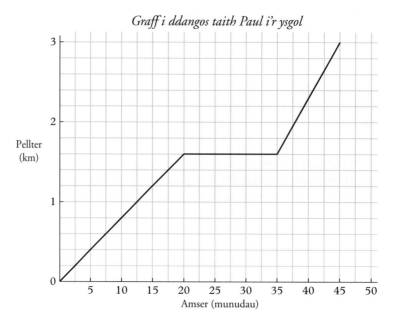

Graff i ddangos taith Paul i'r ysgol

Pellter (km) / Amser (munudau)

Dyma graff yn dangos taith Paul o'i gartref i'r ysgol.
a Dechreuodd Paul gerdded.
  Am faint o amser y bu'n cerdded?
b Arhosodd Paul mewn siop i brynu beiro.
  (1) Sut mae hyn yn cael ei ddangos ar y graff?
  (2) Am faint o amser wnaeth Paul aros?
c Roedd Paul yn hwyr ac felly dechreuodd redeg.
  (1) Am faint o amser y bu'n rhedeg?
  (2) Pa mor bell wnaeth Paul redeg?
ch Faint o amser gymerodd taith Paul i gyd?
d Os gadawodd Paul ei gartref am 8.05 am, am faint o'r gloch wnaeth o gyrraedd yr ysgol?
dd Pa mor bell mae Paul yn gorfod teithio i'r ysgol?

2 Copïwch yr echelinau o gwestiwn **1**.
Lluniwch graff o daith Ann o'i chartref i'r ysgol.
a Mae Ann yn cerdded 1 km mewn 15 munud o'i chartref at yr arhosfan bws.
  Tynnwch linell i ddangos hyn ar eich graff.
b Mae Ann yn disgwyl 10 munud am fws.
  Tynnwch linell lorweddol i ddangos hyn ar eich graff.
c Mae'r bws yn teithio 2 km mewn 15 munud i gyrraedd ysgol Ann.
  (1) Pa mor bell y teithiodd Ann i gyd?
  (2) Faint o funudau mae Ann yn ei gymryd i fynd o'i chartref i'r ysgol?
  (3) Defnyddiwch eich atebion i (1) a (2) i'ch helpu wrth gwblhau eich graff.

3 Copïwch yr echelinau ar bapur sgwariau.

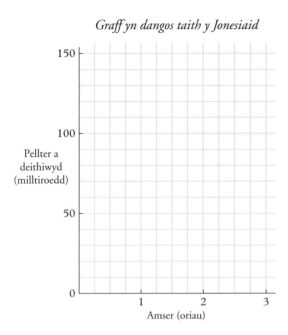

Graff yn dangos taith y Jonesiaid

Mae teulu'r Jonesiaid yn teithio yn eu car ar hyd y draffordd.

a Maen nhw'n teithio ar fuanedd o 60 millitir/awr.
Pa mor bell maen nhw'n teithio mewn un awr?
Plotiwch y pwynt yma ar eich graff.

b Maen nhw'n parhau i deithio ar fuanedd o 60 milltir/awr am
30 munud arall.
(1) Pa mor bell maen nhw'n teithio mewn 30 munud?
(2) Pa mor bell maen nhw wedi teithio i gyd?
(3) Plotiwch y pwynt yma ar eich graff.
(4) Tynnwch y llinell ar gyfer rhan gyntaf y daith.

c Mae'r Jonesiaid yn aros am 30 munud i gael coffi.
Tynnwch hyn ar eich graff.

ch Mae nhw'n gyrru eto am awr arall.
Nawr, maen nhw 120 milltir o'u cartref.
(1) Plotiwch y pwynt maen nhw wedi ei gyrraedd ar eich graff.
(2) Tynnwch linell ar gyfer y rhan yma o'r daith.

d Beth oedd y buanedd ar ôl iddynt aros i gael coffi?

4 Copïwch yr echelinau ar bapur sgwariau.

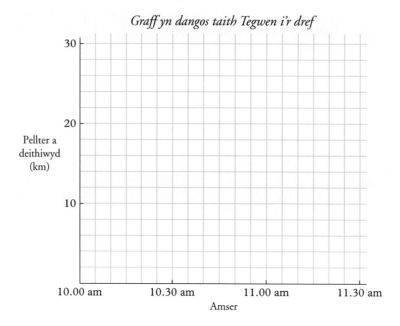

Graff yn dangos taith Tegwen i'r dref

Pellter a deithiwyd (km)

Amser

Mae Tegwen yn mynd am dro ar ei beic fore Sadwrn.
Mae hi'n gadael ei chartref am 10 o'r gloch.

a Mae Tegwen yn cychwyn beicio ar fuanedd o 32 km/awr.
   (1) Pa mor bell mae hi'n teithio mewn 30 munud?
   (2) Plotiwch y pwynt yma ar eich graff.
   (3) Tynnwch y llinell ar gyfer rhan gyntaf taith Tegwen.

b Mae Tegwen yn treulio 20 munud yn y llyfrgell.
   Tynnwch hyn ar eich graff.

c Mae Tegwen yn gadael y llyfrgell gyda'i ffrind.
   Mae hi'n cerdded 2 km gan wthio'i beic. Mae hyn yn cymryd 20 munud.
   Tynnwch Tegwen yn cerdded ar eich graff.

ch Mae Tegwen yn teithio 8 km ar ei beic i'r dref mewn 20 munud.
   Tynnwch hyn ar eich graff.

d Pa mor bell mae Tegwen yn teithio i gyd?

dd Am faint o'r gloch mae Tegwen yn cyrraedd y dref?

1   Mae'r graff yma'n trawsnewid modfeddi yn gentimetrau.

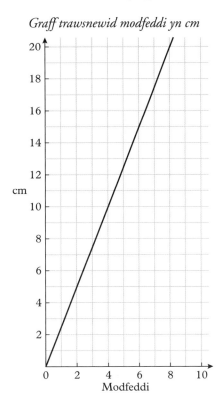

Graff trawsnewid modfeddi yn cm

a   Mae pren mesur yn 6 modfedd o hyd.
      Tua faint o gentimetrau yw hyn?
b   Mae llyfr yn mesur 4 modfedd wrth 8 modfedd.
      Beth yw maint y llyfr mewn centimetrau?
c   Mae gan set deledu sgrîn 67 cm.
      Beth yw hyn mewn modfeddi?

2   Mae cadw cath yn costio tua £4 yr wythnos.
    a   Dyma dabl sy'n dangos y costau.
          Copïwch y tabl a'i lenwi.

Nifer yr wythnosau	1	2	3	4	5
Cost £	4	8			

    b   Plotiwch graff o'r gost.
    c   Ewch â'r llinell yn ei blaen.
          Faint mae hi'n ei gostio i gadw cath am 6 wythnos?

3 Dyma amserlen sy'n rhoi amseroedd trenau o Lundain i Norwich.
Mae'r amseroedd wedi eu rhoi gan ddefnyddio'r cloc 24 awr.

dydd Llun hyd ddydd Gwener	✕	✕	✕						
Llundain, Liverpool Street	1330	1430	1530	1555	1630	1700	1725	1730	1800
Colchester	1418	1518	1618	1645	1718	—	1824	—	—
Harwich International Port	—	—	—	—	—	—	1855	—	—
Ipswich	1436	1536	1636	1711	1736	1801	—	1841	1905
Stowmarket	1447	1547	1647	—	1747	—	—	1852	1916
Diss	1459	1559	1659	—	1800	—	—	1905	1929
Norwich	1523	1623	1723	—	1824	1836	—	1929	1953

Cerbyd bwyta ✕

a Mae gan dri o'r trenau gerbyd bwyta.
(1) Ysgrifennwch yr amseroedd y bydd y tri thrên yma'n gadael Llundain.
(2) Trawsnewidiwch yr amseroedd yma'n amseroedd am neu pm.

b Dim ond un trên yn unig sy'n aros yn Harwich International Port.
(1) Am faint o'r gloch mae'r trên yn cyrraedd Harwich?
(2) Trawsnewidiwch yr amser yma'n amser am neu pm.

c (1) Am faint o'r gloch mae'r trên 17 30 o Lundain yn cyrraedd Norwich?
(2) Trawsnewidiwch yr amser yma'n amser am neu pm.

ch Mae Mererid yn cyrraedd Llundain, Liverpool Street am 4.15 pm.
(1) Am faint o'r gloch mae'r trên nesaf yn gadael am Norwich?
(2) Faint o amser mae'r trên yn ei gymryd i fynd i Norwich?

4 Mae Maureen eisiau recordio *Branwen*.

a Mae Maureen yn rhaglennu ei fideo gan ddefnyddio'r cloc 24 awr. Ysgrifennwch amser cychwyn ac amser gorffen y ffilm yn y ffordd yma.

b Mae gan Maureen dâp gwag 240 munud.
Faint o amser fydd ar ôl ar ei thâp?
Rhowch eich ateb mewn oriau a munudau.

7.20	**Cewri'r Ffydd (T)** Cawn ein tywys heno ar daith sy'n olrhain hanes Cewri'r Ffydd gan yr Athro Derec Llwyd Morgan. 99250854
8.00	**Dechrau Canu Dechrau Canmol (T)** Cyfres newydd gyda Huw Llywelyn Davies. Cymanfa Gorawl Caernarfon 29268403.
8.15	**Sioe Fach (T)** Ymunwch â Sulwyn Thomas a'r criw yn Rali Ewropeaidd y Ffermwyr Ifainc yng Ngogledd Cymru. Bydd y rhaglen yn adlewyrchu hwyl a bwrlwm y sioe ac yn cynnwys sgwrs gyda'r cystadleuwyr. 88110768
9.05	**Newyddion; Chwaraeon;** Tywydd. 364625
9.25	**Maniffesto** Rhoddir sylw i addewidion maniffesto'r Democratiaid Rhyddfrydol a'r Ceidwadwyr ac edrych ar berthynas y Cynulliad Cenedlaethol a chynghorau lleol Cymru 29279519
9.55	**FFILM Branwen** Morfudd Hughes sy'n portreadu Branwen mewn ffilm gyfoes seiliedig ar chwedl o'r Mabinogi. Mae dau genedlaetholwr yn priodi, Branwen o Gymru a Kevin o Belffast, tra bod Mathonwy, brawd Branwen, yn filwr ym myddin Prydain. 62409568
11.30	**FFILM Hedd Wyn** (1991) Yn ystod y Rhyfel Byd 1af mae bardd ifanc yn cael ei anafu'n angheuol. Huw Garmon, Judith Humphries. Cyfarwyddwyd gan Paul Turner.
1.15	**Tywydd**; diwedd 89514452

5 Mae Llewelyn yn adolygu at ei arholiadau TGAU. Mae o eisiau adolygu am dair awr bob nos.
Mae Llewelyn yn cychwyn am 4.25 pm. Mae o'n cael egwyl o 45 munud amser swper.
Am 7.40 pm mae o'n stopio gweithio er mwyn gwylio'r teledu.

a Am faint o amser y mae Llewelyn wedi gweithio?

b Mae'r rhaglen deledu yn gorffen am 8.35 pm. Mae Llewelyn yn ailddechrau adolygu.
Am faint o'r gloch y bydd y tair awr yn gorffen?

1   Mae'r tabl yma'n dangos cyfradd gyfnewid Pesetas Sbaen a £.

£	1	2	3	4
Pesetas Sbaen	200	400	600	800

a   Lluniwch graff trawsnewid.
Defnyddiwch y graddfeydd yma.

b   Ewch â'r graff yn ei flaen hyd at ymyl y raddfa.

c   Defnyddiwch eich graff i ddarganfod cost yr eitemau yma mewn £:

(1)   Asyn tegan sy'n costio 1000 Peseta.

(2)   Llun o Madrid sy'n costio 700 Peseta.

d   Sawl Peseta fyddech chi'n gael am £50?

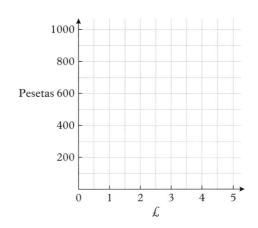

2   Copïwch yr echelinau ar bapur sgwariau.
Lluniwch graff o daith Mr Morgan yn ei gar.

Gyrrodd Mr Morgan am 30 munud ar 70 milltir/awr.
Arhosodd am 30 munud i gael cinio.
Ar ôl cinio gyrrodd Mr Morgan am 45 munud ar 60 milltir/awr.
Yn ystod awr olaf ei daith bu'n gyrru'n arafach ar 40 milltir/awr.

Defnyddiwch eich graff i ddarganfod pa mor bell y teithiodd Mr Morgan i gyd.

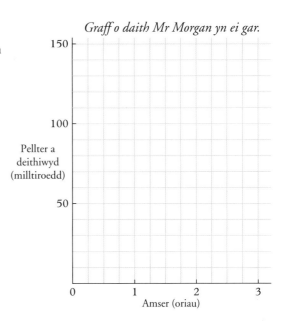

Graff o daith Mr Morgan yn ei gar.

3 Ar ôl ysgol mae Llŷr yn mynd i'r dref. Mae o'n gadael am 4 pm.
Copïwch yr echelinau.
Lluniwch graff teithio i ddangos taith Llŷr.

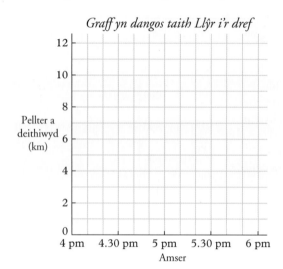

Graff yn dangos taith Llŷr i'r dref

Pellter a deithiwyd (km) / Amser
4 pm   4.30 pm   5 pm   5.30 pm   6 pm

	Pellter	Amser a gymerwyd
cerdded i'r llyfrgell	4 km	40 munud
dewis llyfrau	–	30 munud
bws i'r dref	5 km	20 munud
cerdded drwy'r dref	2 km	30 munud

a (1) Pryd oedd Llŷr yn teithio gyflymaf?
(2) Sut allwch chi ddweud hyn wrth edrych ar y graff?

b Pa mor bell wnaeth o deithio i gyd?

c Y buanedd cyfartalog ar gyfer y daith i gyd $= \dfrac{\text{cyfanswm pellter a deithiwyd}}{\text{cyfanswm amser a gymerwyd}}$

Beth oedd buanedd cyfartalog Llŷr ar gyfer y daith i gyd?

4 Faint o amser sydd rhwng yr amseroedd yma?
Rhowch eich atebion mewn oriau a munudau.

a 11.24 am a 2.15 pm   **ch** 8.51 pm a 10.44 pm
b 08 45 a 11 37   **d** 00 43 a 05 28
c 4.26 pm a 7.55 pm   **dd** 6.21 am a 2.42 pm

5 Mae drama'r ysgol i fod i gychwyn am 7.30 pm. Mae'n cychwyn saith munud yn hwyr.
Ceir egwyl o 15 munud. Mae'r ddrama'n gorffen am 9.44 pm.
Pa mor hir yw'r ddrama?

- **Graff trawsnewid**

  Byddwn yn defnyddio **graff trawsnewid** i newid un uned yn uned arall.
  Mae graffiau trawsnewid bob amser yn llinellau syth.

  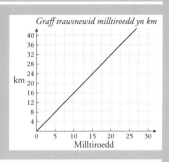
  Graff trawsnewid milltiroedd yn km

- **Graffiau a fformiwlâu**

  Mae Geraint yn cael ei noddi yn ôl £3 y filltir.
  Mae'r swm mae o'n ei gasglu yn hafal i
  £3 × nifer y milltiroedd.
  Mewn algebra mae hyn yn $s = 3 \times m$
  Rydym yn ysgrifennu $s = 3m$

  Er mwyn llunio graff o fformiwla yn gyntaf rhaid llenwi tabl:

Nifer y milltiroedd	1	2	3	4	5
Swm £	3	6	9	12	15

  Yna llunio'r graff.

  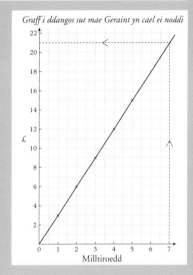
  Graff i ddangos sut mae Geraint yn cael ei noddi

- **Amser**

  Ystyr **am** yw ante meridiem. Mae hyn yn golygu cyn hanner dydd.
  Ystyr **pm** yw post meridiem. Mae hyn yn golygu wedi hanner dydd.

  Mae gan y cloc 24 awr bedwar ffigur bob amser.
  Mae 6.35 am yr un fath â 06 35
  Mae 5.25 pm yr un fath â 17 25

  Gallwch fwydo amseroedd i'ch cyfrifiannell gan ddefnyddio'r botymau **DMS** neu °' ".

- **Graffiau teithio**

  Dangosir amser bob tro ar hyd yr echelin lorweddol.
  Dangosir pellter bob tro ar yr echelin fertigol.

  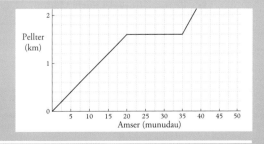

1 Dyma graff trawsnewid Marciau
yr Almaen (DM) yn £.
  a Trawsnewidiwch DM10 yn £
  (llinell goch).
  b Trawsnewidiwch DM12 yn £
  (llinell las).
  c Trawsnewidiwch DM6 yn £.

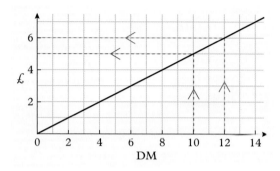

2 Mae Alys yn ennill £5 yr awr fel gweinyddes mewn caffi.
  a Dyma dabl sy'n dangos ei chyflog.
  Copïwch y tabl a'i lenwi.

Nifer yr oriau	1	2	3	4	5
Cyflog £	5	10			

  b Lluniwch graff o gyflog Alys.
  Defnyddiwch y graddfeydd yma.

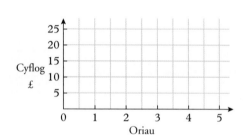

3 **a** Trawsnewidiwch y rhain yn amseroedd ar y cloc 24 awr.
     (1) 6.45 am   (2) 8.20 pm   (3) 12 hanner dydd
  b Trawsnewidiwch y rhain yn amseroedd am neu pm.
     (1) 18 25   (2) 07 45   (3) 22 10

4 Mae'r graff yn dangos taith Madog i'w waith.
  a Ar y ffordd arhosodd mewn
  siop i brynu papur newydd.
  Am faint o amser wnaeth o
  aros?
  b Pa mor hir oedd taith Madog
  i'w waith?
  c Roedd buanedd Madog cyn ac
  ar ôl iddo aros yn wahanol.
     (1) Pa ran o'r daith oedd y
        gyflymaf?
     (2) Eglurwch sut y gallwch
        ddweud hyn wrth edrych
        ar y graff.

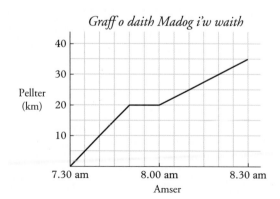

Graff o daith Madog i'w waith

26

2 Amcangyfrif eich gallu i wneud gwaith pen

CRAIDD

1 **Pwerau ac israddau**

2 **Mathemateg pen**

3 **Amcangyfrif**

CWESTIYNAU

ESTYNIAD

CRYNODEB

PROFWCH
EICH HUN

Gelwir y rhif 10^{100} yn gwgol.

Mae hwn yn 1 a chant o seroau.

10^{100} = 10 000 000 000 000 000 000 000 000 000
000 000 000 000 000 000 000 000 000
000 000 000 000 000 000 000 000 000
000 000 000 000 000 000

Mae Ceri yn cymryd $\frac{1}{4}$ eiliad i ysgrifennu sero ac
$\frac{1}{5}$ eiliad i ysgrifennu'r 1.
Faint o amser mae hi'n ei gymryd i ysgrifennu gwgol?

1 Pwerau ac israddau

Mae'r patrwm rhif yma'n arbennig.

Mae'r dotiau bob amser yn ffurfio sgwâr.

◄◄AILCHWARAE►

$$1 \times 1 = 1 \qquad 2 \times 2 = 4 \qquad 3 \times 3 = 9$$

Ar gyfer 1×1 byddwn yn ysgrifennu 1^2 (un wedi'i sgwario)
Ar gyfer 2×2 byddwn yn ysgrifennu 2^2 (dau wedi'i sgwario)
Ar gyfer 3×3 rydym yn ysgrifennu 3^2 (tri wedi'i sgwario)

Rhifau sgwâr	Dyma'r rhifau sgwâr : 1, 4, 9, … Rydym yn eu cael o 1^2, 2^2, 3^2, …

Ymarfer 2:1

1 Copïwch y tabl yma o rifau sgwâr.
Llenwch y bylchau.

1^2	2^2	3^2	4^2	5^2	
1	4	9			36

Gallwn ddefnyddio'r botwm x^2 ar gyfrifiannell i ddarganfod gwerth rhifau sgwâr.

Enghraifft   Darganfyddwch werth 6^2

Pwyswch y botymau yma: **6** x^2

Ateb: 36

2 Defnyddiwch x^2 i ddarganfod gwerth:
   a 3^2 **b** 5^2 **c** 7^2 **ch** 9^2 **d** 10^2 **dd** 13^2

3 Defnyddiwch x^2 i ddarganfod gwerth:
   a 21^2 **b** 26^2 **c** 31^2 **ch** 43^2 **d** 29^2 **dd** 45^2

4 Defnyddiwch x^2 i ddarganfod gwerth:
   a 20^2 **b** 30^2 **c** 40^2
   Heb ddefnyddio'ch cyfrifiannell, ysgrifennwch yr atebion i'r canlynol:
   ch 50^2 **d** 60^2 **dd** 70^2

5 Defnyddiwch x^2 i ddarganfod gwerth:
   a 4.3^2 **b** 7.5^2 **c** 2.6^2 **ch** 31.2^2 **d** 100^2 **dd** 130^2

Enghraifft   Darganfyddwch arwynebedd
                     y sgwâr yma.

Arwynebedd $=$ hyd $\times$ lled
           $= 4 \times 4$
           $= 16\,cm^2$

4 cm

Mae 4×4 yn 4^2. Gallwch ddefnyddio x^2

Pwyswch y botymau yma: **4** x^2

Ateb: $16\,cm^2$

4 cm

6 Defnyddiwch x^2 i ddarganfod arwynebeddau'r sgwariau yma:
   a

   7 cm

   7 cm

   b

   12 cm

   12 cm

   c

   2.3 cm

   2.3 cm

7 Mae'r lawnt fowlio yma'n sgwâr.
Hyd yr ochr yw 25 m.
Darganfyddwch arwynebedd y lawnt fowlio.

8 Mae gan Mrs Morgan garped sgwâr.
Hyd yr ochr yw 3.6 m.
Darganfyddwch arwynebedd y carped.

9 Darganfyddwch arwynebedd y
bwrdd gwyddbwyll sgwâr yma.
Hyd yr ochr yw 48 cm.

Enghraifft

Mae arwynebedd y sgwâr yma'n 25 cm².
Beth yw hyd yr ochr?

Rydym yn gwybod fod
$5 \times 5 = 25$
Felly mae hyd yr ochr yn 5 cm.

arwynebedd = 25 cm²

Ymarfer 2:2

1 Darganfyddwch hyd ochr pob un o'r sgwariau yma:

a
arwynebedd = 4 cm²

c
arwynebedd = 9 cm²

b
arwynebedd = 16 cm²

ch

arwynebedd = 1 cm²

Ail isradd

Ceir botwm $\sqrt{}$ ar gyfrifiannell.
Gelwir hwn yn fotwm **ail isradd**.
Bydd y botwm yma'n darganfod hyd ochr sgwâr i chi.

Enghraifft

Mae arwynebedd y sgwâr yma'n 16 cm².

Hyd yr ochr yw $\sqrt{16}$

Pwyswch y botymau yma: ▮1▮ ▮6▮ $\sqrt{}$

Ateb: 4 cm

> arwynebedd
> = 16 cm²

2 Defnyddiwch $\sqrt{}$ i ddarganfod hyd ochr sgwâr ag arwynebedd o:
   a 36 cm²   **b** 49 cm²   **c** 121 cm²   **ch** 81 cm²

3 Darganfyddwch werth
   a $\sqrt{25}$ **ch** $\sqrt{169}$ **e** $\sqrt{361}$ **g** $\sqrt{676}$
   b $\sqrt{64}$ **d** $\sqrt{196}$ **f** $\sqrt{225}$ **ng** $\sqrt{900}$
   c $\sqrt{144}$ **dd** $\sqrt{324}$ **ff** $\sqrt{256}$ **h** $\sqrt{3136}$

Mae arwynebedd y sgwâr yma'n 7 cm².
Hyd yr ochr yw $\sqrt{7}$

Mae ▮7▮ $\sqrt{}$ ar y cyfrifiannell yn rhoi

2.6457513

> arwynebedd
> = 7 cm²

2.6   ↑   2.7

Mae 2.64 yn nes at 2.6 nag at 2.7

Hyd yr ochr yw 2.6 cm yn gywir i un lle degol (1 ll. d.).

Ymarfer 2:3

1 Copïwch y tabl yma
a'i lenwi:

Arwynebedd y sgwâr	$\sqrt{}$ o'r cyfrifiannell	Hyd yr ochr (i 1 ll.d.)
11	3.3166248	
20		4.5
34		
19		
43		

2 Darganfyddwch hyd yr ochr yn y sgwariau yma.
Ychwanegwch ddwy res arall at eich tabl yng nghwestiwn **1**.
Ysgrifennwch eich atebion yn y rhesi newydd.

a

arwynebedd
$= 14\,\text{cm}^2$

b

arwynebedd
$= 15.4\,\text{cm}^2$

3 Darganfyddwch werth y canlynol.
Rhowch eich atebion yn gywir i 1 lle degol.

a $\sqrt{29}$ **c** $\sqrt{42}$ **d** $\sqrt{200}$ **e** $\sqrt{378}$

b $\sqrt{60}$ **ch** $\sqrt{189}$ **dd** $\sqrt{569}$ **f** $\sqrt{206}$

4 Mae'r clawr record yma yn sgwâr.
Mae'r arwynebedd yn 920 cm².
Darganfyddwch hyd yr ochr.

◀◀AILCHWARAE▶

Weithiau mae'n rhaid i chi luosi rhif ag ef ei hun nifer o weithiau.

$$2 \times 2 \times 2 \times 2 \times 2$$

Ffordd gyflym o ysgrifennu hyn yw 2^5.
Pŵer yw'r enw ar y rhif 5 bychan.

$$2^5 = 2 \times 2 \times 2 \times 2 \times 2$$

Pŵer	4^3. Mae'r **pŵer** '3' yn dweud wrthych sawl pedwar sy'n cael eu lluosi â'i gilydd.
Enghraifft	Darganfyddwch werth 3^5 $3^5 = 3 \times 3 \times 3 \times 3 \times 3$ $3^5 = 243$

Ymarfer 2:4

1 Ysgrifennwch y rhifau yma gan ddefnyddio pŵer.
- **a** 3×3
- **b** $5 \times 5 \times 5$
- **c** $6 \times 6 \times 6 \times 6 \times 6$
- **ch** $8 \times 8 \times 8 \times 8$
- **d** $9 \times 9 \times 9 \times 9 \times 9 \times 9$
- **dd** $4 \times 4 \times 4 \times 4 \times 4 \times 4 \times 4$

Enghraifft

Gallwn ddefnyddio'r botwm x^y ar gyfrifiannell i ddarganfod gwerth pwerau.

Er mwyn darganfod gwerth 3^2
Pwyswch y botymau yma: **3** x^y **2** **=** Ateb: 9

Er mwyn darganfod gwerth 5^3
Pwyswch y botymau yma: **5** x^y **3** **=** Ateb: 125

2 Defnyddiwch x^y i ddarganfod gwerth:
- **a** 5^4
- **b** 3^6
- **c** 7^3
- **ch** 6^4
- **d** 4^7
- **dd** 2^8
- **e** 8^3
- **f** 6^5
- **ff** 21^2
- **g** 15^3
- **ng** 4.1^3
- **h** 3.7^5

3 Copïwch y patrwm rhif yma a'i gwblhau. Mae enw arbennig ar y rhifau sydd yn y golofn olaf. Dyfalwch beth yw'r enw sydd arnynt.

$$
\begin{array}{lcccl}
1^3 &=& 1 \times 1 \times 1 &=& 1 \\
2^3 &=& 2 \times 2 \times 2 &=& 8 \\
3^3 &=& 3 \times 3 \times 3 &=& \ldots \\
4^3 &=& \ldots \times \ldots \times \ldots &=& \ldots \\
5^3 &=& \ldots \times \ldots \times \ldots &=& \ldots \\
\ldots^3 &=& \ldots \times \ldots \times \ldots &=& \ldots \\
\ldots^3 &=& \ldots \times \ldots \times \ldots &=& \ldots \\
\ldots^3 &=& \ldots \times \ldots \times \ldots &=& \ldots \\
\ldots^3 &=& \ldots \times \ldots \times \ldots &=& \ldots \\
\ldots^3 &=& \ldots \times \ldots \times \ldots &=& \ldots \\
\end{array}
$$

2 Mathemateg pen

Mae gan Ruth, Aled ac Angharad £2 i'w wario ar hufen iâ.
Maen nhw eisiau gwybod pa fathau o hufen iâ y gallant eu prynu.

Weithiau mae'n rhaid i ni wneud pethau yn ein pennau.

Ymarfer 2:5 Adio

Gwnewch y rhain yn eich pen.
Ysgrifennwch yr atebion.

1 **a** 4 + 7   **b** 17 + 8   **c** 23 + 8   **ch** 33 + 8
   8 + 8   13 + 9   25 + 4   7 + 36
   6 + 9   8 + 15   26 + 8   6 + 35
   5 + 6   17 + 9   7 + 24   42 + 8
   4 + 9   19 + 5   8 + 27   39 + 7
   5 + 7   7 + 16   29 + 5   46 + 4
   8 + 9   8 + 14   28 + 6   5 + 38
   7 + 8   12 + 9   7 + 26   37 + 8

2 **a** 30 + 40   **c** 80 + 70   **d** 50 + 16   **e** 27 + 40
   b 50 + 20   **ch** 900 + 400   **dd** 70 + 19   **f** 54 + 30

3 **a** 34 + 7   **b** 25 + 8   **c** 37 + 4   **ch** 42 + 9
   34 + 17   25 + 18   37 + 14   42 + 19
   34 + 27   25 + 28   37 + 24   42 + 29

Enghraifft   Gwnewch   38 + 24

        24 = 4 + 20   Adiwch 4   38 + 4 = 42
                         Nawr adiwch 20   42 + 20 = 62

---

4   Gwnewch y rhain yn eich pen yn yr un modd ag yn yr enghraifft.
   Ysgrifennwch yr atebion.
   a 35 + 23   **c** 45 + 34   **d** 57 + 34   **e** 65 + 36
   b 28 + 24   **ch** 36 + 17   **dd** 44 + 36   **f** 73 + 28

5 Mae gan Ruth, Aled ac Angharad £2 i'w
wario ar hufen iâ.
Darganfyddwch yr holl wahanol gyfuniadau
o dri hufen iâ y gallant eu prynu.

HUFEN IÂ
BACH 60c
CANOLIG 70c
MAWR 80c

Gêm   Osgoi Chwech

Dyma gêm ar gyfer unrhyw nifer o
chwaraewyr.
Bydd arnoch angen dis a darn o bapur a
phensil i gadw'r sgôr.

Taflwch y dis.
Adiwch y sgôr wrth fynd yn eich blaen.
Gallwch daflu'r dis gymaint o weithiau ag y
dymunwch.
Os byddwch yn taflu chwech byddwch yn
colli'r sgôr ar gyfer y tro hwnnw!

Mae Sali'n chwarae'r gêm.
Mae hi'n taflu'r dis ac yn cadw cyfanswm yn
ei phen.
Dyma dafliadau Sali:
$4 + 1 + 3 + 5 + 3 = 16$

Os bydd Sali'n taflu chwech bydd hi'n sgorio 0.
Mae Sali yn penderfynu stopio. Mae hi'n ysgrifennu ei sgôr, sef 16.

Nawr tro Steffan yw hi.
Mae o'n taflu $5 + 2 + 6$.
Felly mae Steffan yn sgorio 0.

Y cyntaf i gyrraedd 100 sy'n ennill y gêm.

Chwaraewch y gêm yma gyda rhai o'ch ffrindiau.

Ymarfer 2:6 Tynnu

1 Gwnewch y rhain yn eich pen.
Ysgrifennwch yr atebion.

	a	**b**	**c**	**ch**
	$11 - 4$	$20 - 2$	$16 - 7$	$27 - 13$
	$12 - 7$	$30 - 9$	$23 - 6$	$45 - 34$
	$14 - 8$	$50 - 4$	$45 - 7$	$36 - 25$
	$15 - 6$	$20 - 7$	$34 - 5$	$58 - 47$
	$12 - 4$	$70 - 6$	$17 - 8$	$29 - 17$
	$13 - 9$	$90 - 3$	$53 - 4$	$44 - 23$
	$14 - 6$	$40 - 8$	$68 - 7$	$56 - 34$
	$11 - 8$	$80 - 5$	$85 - 6$	$39 - 18$

2 Copïwch bob patrwm rhif. Ysgrifennwch y rheol ar gyfer pob un.
Defnyddiwch eich rheol i lenwi'r rhifau sydd ar goll.

   a   19, 16, 13, …, …, …   **c**   29, 24, 19, …, …, …

   b   23, 19, 15, …, …, …   **ch** 26, 22, 18, …, …, …

3 Gwnewch y rhain yn eich pen.
Ysgrifennwch yr atebion.

   a $90 - 50$ **c** $120 - 30$ **d** $60 - 51$ **e** $50 - 42$

   b $700 - 500$ **ch** $200 - 60$ **dd** $56 - 40$ **f** $64 - 50$

Enghraifft   Gwnewch $53 - 27$

            $27 = 7 + 20$ Tynnwch 7 $53 - 7 = 46$

                             Nawr tynnwch 20 $46 - 20 = 26$

---

4 Gwnewch y rhain yn eich pen fel yn yr enghraifft.
Ysgrifennwch yr atebion.

   a $45 - 17$ **c** $54 - 27$ **d** $51 - 28$ **e** $83 - 64$

   b $63 - 35$ **ch** $72 - 43$ **dd** $65 - 36$ **f** $74 - 55$

5 Copïwch y canlynol.
Llenwch y rhifau sydd ar goll.

   a $18 - 9 = …$ **b** $23 - 6 = …$ **c** $42 - 28 = …$

       $… + 9 = 18$ $… + 6 = 23$ $… + 28 = 42$

6 Ysgrifennwch atebion y symiau tynnu yma.
Ar gyfer pob un, ysgrifennwch sym adio gan ddefnyddio'r un rhifau.

   a $17 - 8$ **b** $34 - 16$ **c** $47 - 29$ **d** $96 - 78$

Gêm   **Dis tynnu i ffwrdd**

Dyma gêm ar gyfer unrhyw nifer o chwaraewyr.
Bydd arnoch angen dis. (Beth am ddefnyddio dis 8 neu 10 wyneb?)
Mae pob chwaraewr yn gwneud taflen sgôr fel hyn.

Mae un chwaraewr yn taflu'r dis.
Mae'r chwaraewyr i gyd yn ysgrifennu'r rhif rywle
uwchben y llinell ar eu taflen sgôr.
Ni allwch symud rhif unwaith y byddwch wedi ei
ysgrifennu.

Gêm 1

6	2	5	4
4	3	4	2

Ar ôl 8 o dafliadau bydd yr holl focsys wedi'u llenwi.

Nawr gwnewch 4 sym dynnu.
Tynnwch y rhif gwaelod o'r rhif uchaf.
Os yw'r rhif uchaf yn llai na'r rhif gwaelod, gadewch yr ateb yn wag.

6	2	5	4
4	3	4	2
2̸		1	2̸

Sgôr: 1

Croeswch unrhyw atebion sydd yr un fath.
Adiwch weddill yr atebion at ei gilydd i ddarganfod eich sgôr.

Gêm 2

5	6	4	6
3	2	1	6
2	4	3	

Sgor: 2 + 4 + 3 = 9

Y chwaraewr sydd wedi cael y sgôr mwyaf sy'n ennill.

Chwaraewch y gêm yma gyda rhai o'ch ffrindiau.

Ymarfer 2:7 Lluosi

1 Copïwch y tabl lluosi yma ar bapur sgwariau.
Trefnwch ei fod yn mynd hyd at 12 × 12.
Llenwch y tabl.

×	1	2	3	4
1				
2				
3				
4				

2 Defnyddiwch eich tabl lluosi i'ch helpu wrth ateb y canlynol:

a	6 × 5	**ch**	7 × 8	**e**	6 × 7	**g**	8 × 9
b	7 × 4	**d**	9 × 12	**f**	9 × 5	**ng**	7 × 7
c	8 × 6	**dd**	6 × 9	**ff**	12 × 7	**h**	5 × 8

3 **a** Faint o weithiau mae 40 wedi ei ysgrifennu yn eich tabl lluosi?
   b Ysgrifennwch yr holl barau o rifau sy'n lluosi i roi 40.

4 **a** Faint o weithiau mae 36 wedi ei ysgrifennu yn eich tabl lluosi?
   b Ysgrifennwch yr holl barau o rifau sy'n lluosi i roi 36.

5 Gwnewch y rhain yn eich pen.
Ysgrifennwch yr atebion.

a	12 × 3	**b**	2 × 8	**c**	5 × 9	**ch**	7 × 4
	12 × 30		20 × 8		5 × 90		7 × 40
	12 × 300		20 × 80		50 × 90		7 × 400

Enghraifft

Gwnewch **a** 7×500 **b** 40×60

a $500 = 5 \times 100$
Lluoswch â 5 $\qquad$ $7 \times 5 = 35$
Lluoswch â 100 $\qquad$ $35 \times 100 = 3500$

b $40 = 4 \times 10$ $\qquad$ $60 = 6 \times 10$
$4 \times 6 = 24$
$40 \times 6 = 240$
$40 \times 60 = 2400$

6 Gwnewch y rhain yn eich pen.
Ysgrifennwch yr atebion.
a 6×30 $\qquad$ **c** 40×70 $\qquad$ **d** 8×300 $\qquad$ **e** 4×9000
b 7×300 $\qquad$ **ch** 60×70 $\qquad$ **dd** 400×8 $\qquad$ **f** 50×40

7 Copïwch y rhain.
Llenwch y rhifau sydd ar goll.
a $24 \times 6 = 12 \times 12$ $\qquad$ **b** $14 \times 15 = 7 \times \ldots$ $\qquad$ **c** $24 \times 35 = \ldots \times 70$
$= \ldots$ $\qquad\qquad$ $= \ldots$ $\qquad\qquad$ $= \ldots$

8 Gwnewch y rhain yn yr un modd ag yng nghwestiwn 7.
a 18×4 $\qquad$ **b** 28×3 $\qquad$ **c** 16×45 $\qquad$ **ch** 22×15

Dewis y mis

a Beth ydych chi'n sylwi ynglŷn â
$7 + 15$ a $8 + 14$?

7	8
14	15

Rhowch gynnig ar sgwariau pedwar rhif eraill.
Oes yna reol?

Rhowch gynnig ar sgwâr mwy.
A yw'r sgwâr yma'n dilyn
eich rheol?

2	3	4
9	10	11
16	17	18

AWST

S	LL	M	M	I	G	S
...	...	1	2	3	4	5
6	7	8	9	10	11	12
13	14	15	16	17	18	19
20	21	22	23	24	25	26
27	28	29	30	31	...	...

b Beth ydych chi'n sylwi ynglŷn â
7×15 a 8×14?

7	8
14	15

Rhowch gynnig ar sgwariau eraill.

c A yw'r un rheolau yn gweithio ar gyfer petryalau?

Ymarfer 2:8 Rhannu

Enghraifft

$5 \times 4 = 20$
Gallwn ysgrifennu dwy sym rannu sy'n defnyddio'r un rhifau.
$20 \div 5 = 4$ $20 \div 4 = 5$

1 Gwnewch y rhain yn eich pen.
Ysgrifennwch yr atebion.
Ar gyfer pob un, ysgrifennwch y ddwy sym rannu sy'n defnyddio'r un rhifau.
a 8×5 b 7×9 c 12×8 ch 7×6

Enghraifft

Defnyddiwch eich tabl lluosi i ateb hyn:
$24 \div 6 =$

×	1	2	3	4	5	6	7	8
1	1	2	3	4	5	6	7	8
2	2	4	6	8	10	12	14	15
3	3	6	9	12	15	18	21	24
4	4	8	12	16	20	24	28	32
5	5	10	15	20	25	30	35	40
6	6	12	18	24	30	36	42	48
7	7	14	21	28	35	42	49	56
8	8	16	24	32	40	48	56	64

Ateb: $24 \div 6 = 4$

2 Defnyddiwch eich tabl lluosi i ateb y rhain.
a $35 \div 7$ c $36 \div 9$ d $56 \div 8$ e $54 \div 6$
b $48 \div 6$ ch $42 \div 7$ dd $64 \div 8$ f $72 \div 8$

3 Copïwch y rhain.
Llenwch y rhifau sydd ar goll.
a $27 \div 3 = \ldots$ b $32 \div 8 = \ldots$ c $42 \div 6 = \ldots$
  $270 \div 3 = \ldots$ $320 \div 8 = \ldots$ $420 \div 6 = \ldots$
                          $3200 \div 8 = \ldots$ $4200 \div 6 = \ldots$

Enghraifft

Gwnewch $48 \div 24$

$24 = 4 \times 6$ Rhannwch â 4 $48 \div 4 = 12$
                  Rhannwch â 6 $12 \div 6 = 2$

4 Gwnewch y rhain yn eich pen.
Ysgrifennwch yr atebion.
a $56 \div 28$ b $36 \div 18$ c $48 \div 16$ ch $72 \div 24$

5 Gwnewch y rhain yn eich pen.
Ysgrifennwch yr atebion.
a $240 \div 48$ b $180 \div 36$ c $560 \div 28$ ch $720 \div 48$

3 Amcangyfrif

Mae Siwan yn dewis papur wal ar gyfer ei hystafell wely.
Mae hi'n gwybod fod arni angen 7 rholyn.

Mae'r patrwm blodeuog yn costio £6.30 y rholyn.
Mae'r patrwm tedi bêrs yn costio £7.85 y rholyn.
Mae gan fam Siwan £50 i'w wario.

Mae Siwan yn amcangyfrif cost y ddau fath o bapur wal.
Mae hi'n dweud fod y papur blodeuog yn costio tua £6 y rholyn,
    mae 7 rholyn yn costio tua $7 \times £6 = £42$.

Mae hi'n dweud fod y papur tedi bêrs yn costio tua £8 y rholyn,
    mae 7 rholyn yn costio tua $7 \times £8 = £56$.

Mae Siwan yn gwybod mai dim ond y papur wal blodeuog fydd yn bosibl iddi ei gael.

◄◄AILCHWARAE►

Talgrynnu

Enghreifftiau **1**   Talgrynnwch y rhif 5.7 i'r rhif cyfan agosaf.

5   5.7   6

Mae 5.7 yn nes at 6 nag at 5. Mae'n cael ei dalgrynnu i 6.

2   Talgrynnwch y rhif 3.5 i'r rhif cyfan agosaf.

Mae 3.5 hanner ffordd rhwng 3 a 4. Mae'n cael ei dalgrynnu i 4.

3   Talgrynnwch y rhif 63 i'r 10 agosaf.

Mae 63 yn nes at 60 nag at 70.
Felly mae 63 yn cael ei dalgrynnu i 60 i'r 10 agosaf.

4   Talgrynnwch y rhif 633 i'r 100 agosaf.

Mae 633 yn nes at 600 nag at 700.
Felly mae 633 yn cael ei dalgrynnu i 600 i'r 100 agosaf.

Ymarfer 2:9

1 Talgrynnwch y rhifau yma i'r rhif cyfan agosaf.

a 4.6	**c** 5.9	**d** 8.1	**e** 13.6
b 3.8	**ch** 6.5	**dd** 4.3	**f** 10.2

2 Talgrynnwch y rhifau yma i'r 10 agosaf.

a 18	**c** 57	**d** 91	**e** 101
b 46	**ch** 55	**dd** 52	**f** 247

3 Talgrynnwch y rhifau yma i'r 100 agosaf.

a 127	**c** 757	**d** 411	**e** 1234
b 426	**ch** 650	**dd** 635	**f** 8935

4 Talgrynnwch y rhifau yma:
- **a** 27 i'r 10 agosaf
- **b** 13.5 i'r rhif cyfan agosaf
- **c** 243 i'r 100 agosaf
- **d** 3678 i'r 100 agosaf

Ffigur ystyrlon	Mewn unrhyw rif y **ffigur ystyrlon** cyntaf yw'r digid cyntaf nad yw'n 0. Yn y rhan fwyaf o rifau hwn yw'r digid cyntaf.
Enghreifftiau	Y ffigur ystyrlon cyntaf yw'r digid coch: 21.4 312 45.78 0.81
Talgrynnu i 1 ffigur ystyrlon (1 ffig. yst.)	Er mwyn **talgrynnu i 1 ffigur ystyrlon (1 ffig. yst.):** **a** edrychwch ar y digid cyntaf ar ôl y digid ystyrlon cyntaf **b** defnyddiwch reolau arferol talgrynnu **c** cofiwch gadw'r rhif tua'r maint cywir.
Enghreifftiau	21.4 i 1 ffig. yst. yw 20. *Nid* 2. 312 i 1 ffig. yst. yw 300 Mae 45.78 i 1 ffig. yst. yn 50 Mae 0.81 i 1 ffig. yst. yn 0.8

---

5 Talgrynnwch y rhifau yma yn gywir i un ffigur ystyrlon.

a 22.7	**ch** 780	**e** 0.64	**g** 6661
b 346	**d** 672	**f** 0.78	**ng** 4012
c 75	**dd** 6.5	**ff** 0.375	• **h** 99

Amcangyfrif

Yn aml rydym yn defnyddio cyfrifiannell i gyfrifo.
Mae'n syniad da gwirio fod eich ateb fwy neu lai yn gywir.
Mae hi'n hawdd iawn taro'r botwm anghywir yn ddamweiniol!

Er mwyn cael amcangyfrif, talgrynnwch bob rhif i un ffigur ystyrlon.

Enghraifft

Gwnewch 4.9×3.2

Cyfrifiad: $\boxed{4}\ \boxed{\cdot}\ \boxed{9}\ \boxed{\times}\ \boxed{3}\ \boxed{\cdot}\ \boxed{2}\ \boxed{=}$

Ateb: 15.68

Amcangyfrif: Mae 4.9 yn 5 i 1 ffig. yst.
Mae 3.2 yn 3 i 1 ffig. yst.
Mae 4.9×3.2 tua $5 \times 3 = 15$

Mae 15 yn agos at 15.68. Felly mae'r ateb yn debyg o fod yn gywir.

Ymarfer 2:10

1 Gwnewch y canlynol.
Ysgrifennwch yr ateb a'r amcangyfrif ar gyfer pob un.
a 4.6×3.1 **c** 3.2×7.5 **d** 6×4.8 **e** 5×2.3
b 2.4×4.7 **ch** 2.9×7.3 **dd** 3×6.5 **f** 8×4.12

Enghraifft

Gwnewch 36×82

Cyfrifiad: $\boxed{3}\ \boxed{6}\ \boxed{\times}\ \boxed{8}\ \boxed{2}\ \boxed{=}$

Ateb: 2952

Amcangyfrif: Mae 36 yn 40 i 1 ffig. yst.
Mae 82 yn 80 i 1 ffig. yst.
Mae 36×82 tua $40 \times 80 = 3200$

Mae 3200 yn agos at 2952. Felly mae'r ateb yn debyg o fod yn gywir.

---

2 Gwnewch y canlynol.
Ysgrifennwch yr ateb ac amcangyfrif ar gyfer pob un.
a 54×36 **c** 58×23 **d** 40×23 **e** 60×56
b 26×72 **ch** 39×21 **dd** 20×57 **f** 80×45

Enghraifft

Gwnewch 352 × 286

Cyfrifiad: **3** **5** **2** **×** **2** **8** **6** **=**

Ateb: 100 672

Amcangyfrif: Mae 352 yn 400 i 1 ffig.yst.
Mae 286 yn 300 i 1 ffig.yst.
Mae 352 × 286 tua 400 × 300 = 120 000

Mae 120 000 yn agos at 100 672. Felly mae'r ateb yn debyg o fod yn gywir.

Gwnewch y canlynol.
Ysgrifennwch yr ateb ac amcangyfrif ar gyfer pob un.

3 **a** 124 × 356 **c** 578 × 123 **d** 200 × 278 **e** 300 × 525
b 278 × 312 **ch** 234 × 652 **dd** 400 × 897 **f** 800 × 233

4 **a** 231 × 34 **ch** 25.3 × 768 **e** 234 + 567 **g** 3.6 ÷ 1.2
b 1.9 × 435 **d** 256.1 × 22 **f** 315 − 189 **ng** 248 ÷ 49.6
c 345 × 85 **dd** 201.3 × 350 **ff** 535 − 95 **h** 499.2 ÷ 9.6

Pan fyddwch yn ateb cwestiynau dylech bob amser wneud amcangyfrif er mwyn gwirio'ch ateb.

Ymarfer 2:11

Yn yr ymarfer yma:
a darganfyddwch yr atebion gan ddefnyddio cyfrifiannell
b ysgrifennwch amcangyfrif i wirio fod pob ateb fwy neu lai yn gywir.

1 Mae pedwar o'r dosbarthiadau ym Mlwyddyn 8 yn casglu poteli i'w hailgylchu. Mae'r tabl yn dangos faint o boteli maen nhw eu casglu.

8D	8F	8M	8P
246	624	335	479

Faint o boteli sy'n cael eu casglu i gyd?

2 Mae uchder set deledu ar ei stand
yn 118 cm.
Mae'r stand yn 53 cm o uchder.
Pa mor uchel yw'r set deledu?

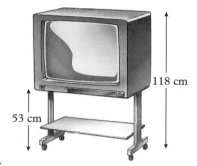

118 cm

53 cm

3 Mae Danial yn rhedeg cownter snaciau Blwyddyn 8.
Mae tun o cola yn costio 38c.
Mae paced o greision yn costio 23c.
Mae o'n prynu 180 o bob un.
Faint o arian mae o'n wario?

4 Mae'r set yma o ddodrefn gardd yn
costio £137.50
Mae'r bwrdd yn costio £39.50.
  a Faint mae'r pedair cadair yn ei gostio?
  b Faint mae un gadair yn ei gostio?

5 Mae Ennys yn cael parti. Mae ei mam yn
prynu potyn sy'n cynnwys 396 o felysion.
Mae 18 o blant yn dod i'r parti.
Faint o felysion mae pob plentyn yn
ei gael?

6 Mae 126 o ddisgyblion Blwyddyn 8 yn
mynd i fowlio deg.
Chwech yn unig sy'n gallu chwarae ym
mhob ali.
Sawl ali fydd eu hangen ar gyfer y
disgyblion?

7 Mae 54 o ddisgyblion Blwyddyn 8 yn cael
mynd am ddiwrnod i Alton Towers. Mae hyn yn costio £375.30.
Faint o arian fydd yn rhaid i bob disgybl dalu?

Yn Alton Towers mae pob un o'r disgyblion yn prynu can o ddiod.
Os yw un can yn costio 58c, beth yw'r gost i gyd?

Ymarfer 2:12

1 **a** Copïwch y rhestr yma o rifau sgwâr.
Llenwch y bylchau.

1^2	2^2	3^2	4^2	5^2	6^2	7^2	8^2	9^2	10^2
1	4	9	…	…	…	…	…	…	…

b (1) Copïwch hyn.
Llenwch y rhifau sydd ar goll.

Amcangyfrif o $\sqrt{13}$

$\sqrt{9} = 3$ $\sqrt{16} = 4$

Mae $\sqrt{13}$ rhwng … a …

Mae $\sqrt{13}$ tua … (Rhowch amcangyfrif yma).

(2) Defnyddiwch gyfrifiannell i wirio i weld pa mor agos ydych.

c Amcangyfrifwch y rhain yn yr un modd.

(1) $\sqrt{46}$ (2) $\sqrt{51}$ (3) $\sqrt{90}$ (4) $\sqrt{20}$

2 Amcangyfrifwch werth $3.6^2 + \sqrt{47}$
Bydd angen i chi benderfynu sut i dalgrynnu'r rhifau dan sylw.
Dangoswch eich gwaith i gyd.

Gêm 3 chynnig

Dyma gêm i ddau chwaraewr.
Mae gan un chwaraewr gownteri coch. Mae gan y chwaraewr arall gownteri glas.

Bydd angen cerdyn chwarae fel yma:

13	19	26	35	46	57	69

a thabl fel yma:

598	741	3174	665
3933	455	247	1083
1196	494	2622	874
1311	897	1482	338

Ceir pob rhif yn y tabl drwy luosi dau o'r rhifau ar y cerdyn chwarae.

Gallwch osod cownter i guddio rhif ar eich tabl os gallwch ddyfalu o ba ddau
rif y daw.
Defnyddiwch amcangyfrif i ddyfalu pa ddau rif sydd eu hangen arnoch.
Yr enillydd yw'r chwaraewr cyntaf i gael 3 chownter mewn rhes: ar draws,
i lawr neu'n groeslinol.

Chwaraewch y gêm gyda ffrind.

1 Mae gan Nerys ddarn o bapur coch siâp sgwâr. Mae hyd yr ochr yn 8 cm.

   a Defnyddiwch x^2 i ddarganfod arwynebedd y sgwâr coch.

   Mae gan Nerys gerdyn melyn siâp sgwâr.
   Mae hyd yr ochr yn 15 cm.

   b Defnyddiwch x^2 i ddarganfod arwynebedd y cerdyn melyn.

   c Mae Nerys yn llunio patrwm o'r enw tangram ar y sgwâr coch.
   Mae hi'n gludio pob darn o'r tangram ar y cerdyn melyn i wneud llun.
   Faint o arwynebedd y cerdyn melyn nad yw'n cael ei orchuddio?

2 Defnyddiwch $\sqrt{}$ i ateb y canlynol.
Ysgrifennwch eich atebion yn gywir i 1 ll. d. pan fydd angen talgrynnu:

   a $\sqrt{1764}$ **b** $\sqrt{1600}$ **c** $\sqrt{3.8}$ **ch** $\sqrt{59}$ **d** $\sqrt{200}$

3 **a** Defnyddiwch $\sqrt{}$ i gyfrifo hyd ochr y sgarff sidan yma. Mae arwynebedd y sgarff yn 3721 cm².

   b Mae hem gul o amgylch ymyl y sgarff.
   Defnyddiwch eich ateb i **a** i ddarganfod hyd yr hem.

4 Copïwch y canlynol.
Llenwch y rhifau sydd ar goll.

   a $34 + 28 = \ldots$ **c** $32 \times 8 = \ldots$
       $\ldots - 28 = 34$ $\ldots \div 8 = 32$

   b $56 - 19 = \ldots$ **ch** $72 \div 18 = \ldots$
       $\ldots + 19 = 56$ $\ldots \times 18 = 72$

   Gwnewch y rhain yn yr un modd ag yn **a** i **ch**.
   Darganfyddwch yr atebion. Yna ysgrifennwch gwestiwn newydd gan ddefnyddio'r un rhifau.

   d $56 + 25 =$ **dd** $83 - 47 =$ **e** $58 \times 6 =$ **f** $80 \div 5 =$

5 Defnyddiwch x^y i ateb y canlynol:

   a 3^4 **c** 9^5 **d** 5.2^3 **e** 0.4^3
   b 5^3 **ch** 8^6 **dd** 1.8^7 **f** 0.2^4

6 Gwnewch y canlynol yn eich pen.

Ysgrifennwch yr atebion.

  a $27 + 56$ **c** $150 - 28$ **d** 30×50 **e** $72 \div 18$

  b $45 + 38$ **ch** $84 - 65$ **dd** 4×7000 **f** $64 \div 16$

7 Talgrynnwch y rhifau yma:

  a 5.5 i'r rhif cyfan agosaf   **dd** 514 i'r 100 agosaf

  b 790 i'r 100 agosaf   **e** 85 i'r 10 agosaf

  c 4.612 i 1 ll. d.   **f** 3894 i 1 ffig. yst.

  ch 17.45 i 1 ffig. yst.   **ff** 13.915 i 1 ll. d.

  d 23 i'r 10 agosaf   **g** 12.1 i'r rhif cyfan agosaf

8 **a** Talgrynnwch y canlynol yn gywir i 1 ffig. yst.

    (1) £328   (2) £54   (3) £563   (4) £1150

  b Defnyddiwch eich atebion i **a** i amcangyfrif yr atebion i'r canlynol.

    (1) £328 + £54   (4) £328 + £563 + £1150

    (2) £563 − £328   (5) £563 ÷ 2

    (3) £1150 − £563   (6) £54 × 3

  c Darganfyddwch yr atebion manwl gywir i **b**.

    Cymharwch eich atebion â'ch amcangyfrifon.

9 Mae Mr a Mrs Davies eisiau peintio a phapuro cyntedd, grisiau a landin eu tŷ.

Mae arnynt angen 18 rholyn o bapur wal a thri thun o baent gwyn.

  a Ysgrifennwch amcangyfrif cost y papur wal a'r paent.

  b Darganfyddwch beth yw'r gost mewn gwirionedd.

10 **a** Copïwch y patrwm yma.

Defnyddiwch ▢ i lenwi'r rhifau sydd ar goll.

Ysgrifennwch eich atebion yn gywir i 1 ll. d. pan fydd angen talgrynnu.

Rhagfynegwch $\sqrt{10\,000}$

             $\sqrt{1} = \ldots$

             $\sqrt{10} = \ldots$

             $\sqrt{100} = \ldots$

             $\sqrt{1000} = \ldots$

  b Defnyddiwch eich cyfrifiannell i wirio'ch rhagfynegiad.

11 Rhowch amcangyfrifon ar gyfer y canlynol:

    a $\sqrt{48}$ **b** $\sqrt{90}$ **c** $\sqrt{18}$ **ch** $\sqrt{57}$ **d** $\sqrt{44}$

1 **a** Defnyddiwch x^2 i ddarganfod arwynebedd y sgwâr yma.
    b Copïwch hyn. Llenwch y rhif sydd ar goll.
      $1 \, m^2 = \ldots cm^2$

100 cm

100 cm

    c Mae carped bychan yn sgwâr ag ochr
      220 cm.
      Defnyddiwch x^2 i ddarganfod
      arwynebedd y carped mewn cm^2.
    ch Defnyddiwch eich ateb i **b** i drawsnewid yr   220 cm
      arwynebedd yn m^2.

2 **a** Defnyddiwch x^2 i wneud y canlynol:
      (1) 13^2 (2) 4.2^2 (3) 54^2 (4) 0.2^2 (5) 0.4^2
    b Pa fath o rif sy'n mynd yn llai wrth i chi bwyso x^2 ?
    c Defnyddiwch eich ateb i **b** i ragfynegi pa un o'r rhifau yma fydd yn
      mynd yn fwy wrth i chi bwyso $\sqrt{}$
      (1) $\sqrt{0.09}$ (3) $\sqrt{0.0036}$ (5) $\sqrt{0.0081}$
      (2) $\sqrt{1225}$ (4) $\sqrt{10\,404}$
Darganfyddwch yr atebion er mwyn gwirio eich rhagfynegiadau.

3 **a** Amcangyfrifwch yr atebion i'r canlynol gan ddefnyddio rhifau wedi'u
      talgrynnu i 1 ffig.yst. Ysgrifennwch a ydych yn meddwl fod eich amcangyfrif
      yn isel, yn uchel neu 'fwy neu lai yn gywir'.
      (1) 3.8×6.7 (4) 73×84 (7) 617×53
      (2) 4.2×7.3 (5) 66×53 (8) 875×7.9
      (3) 8.9×6.1 (6) 27×39 (9) 125×218
    b Darganfyddwch yr ateb manwl gywir a chymharwch ef â'ch amcangyfrif.

4 Mae'r prifathro yn dweud fod yna 1265 o ddisgyblion ym Mlynyddoedd 7 i 11
    yn yr ysgol, a bod yna 253 o ddisgyblion ym mhob blwyddyn.
    a Ailysgrifennwch y frawddeg â'r rhifau wedi'u talgrynnu i 1 ffig.yst.
    b Eglurwch pam yn eich barn chi na fyddai'r prifathro yn defnyddio'r
      amcangyfrifon yn rhan **a**.
    c Ailysgrifennwch y frawddeg gan ddefnyddio amcangyfrifon y gallai'r
      prifathro eu defnyddio.

5 **a** Copïwch y patrwm yma.
      Llenwch y rhifau sydd ar goll.
      10^2 20^2 30^2 40^2 50^2
      100   …   …   …   …
    b Defnyddiwch y patrwm i ddyfalu beth fyddai amcangyfrifon ar gyfer y canlynol.
      (1) $\sqrt{200}$ (2) $\sqrt{750}$ (3) $\sqrt{1200}$ (4) $\sqrt{2000}$

- Gallwn ddefnyddio'r botwm x^2 ar gyfrifiannell i ddarganfod rhifau sgwâr.

    Enghraifft   Darganfyddwch werth 6^2

    Pwyswch y botymau yma: **6** x^2 Ateb: 36

    Gallwch ddefnyddio x^2 i ddarganfod arwynebeddau sgwariau.

    Enghraifft   Mae arwynebedd y sgwâr yma'n 4×4 neu 4^2

    Pwyswch y botymau yma: **4** x^2 Ateb: 16 cm²

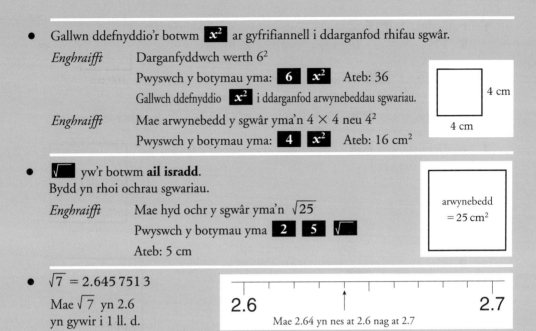

4 cm
4 cm

- $\sqrt{}$ yw'r botwm **ail isradd**.
  Bydd yn rhoi ochrau sgwariau.

    Enghraifft   Mae hyd ochr y sgwâr yma'n $\sqrt{25}$

    Pwyswch y botymau yma **2** **5** $\sqrt{}$

    Ateb: 5 cm

    arwynebedd = 25 cm²

- $\sqrt{7} = 2.645\,751\,3$

    Mae $\sqrt{7}$ yn 2.6
    yn gywir i 1 ll. d.

    2.6   **2.7**

    Mae 2.64 yn nes at 2.6 nag at 2.7

- Mae 4^3 yn golygu $4 \times 4 \times 4 = 64$. Gallwn ddefnyddio x^y i ddarganfod gwerth pwerau.

    Enghraifft   Pwyswch y botymau yma: **4** x^y **3** **=**   Ateb: 64

- Er mwyn ateb y cwestiynau yn eich pen, gwnewch nhw fesul rhan.

    Enghraifft   **1** $38 + 24$ Adiwch y 4, yna adiwch y 20
    2 $53 - 27$ Tynnwch 7, yna tynnwch 20
    3 7×500 Lluoswch â 5, yna lluoswch â 100
    4 $48 \div 24$ Rhannwch â 4, yna rhannwch â 6

- Er mwyn talgrynnu i un ffigur ystyrlon, edrychwch ar y digid cyntaf nad oes ei angen. Yna defnyddiwch reolau arferol talgrynnu.

    Enghraifft   21.4 i 1 ffig. yst. yw 20 ac nid 2   312 i 1 ffig. yst. yw 300
    45.78 yw 50 i 1 ffig. yst. ac 0.81 yw 0.8 i 1 ffig. yst.

- Er mwyn rhoi amcangyfrif, talgrynnwch bob rhif i 1 ffig. yst.

    Enghraifft   **1** 2.8×34 **2** $589 - 128$
    Amcangyfrif: $3 \times 30 = 90$ Amcangyfrif: $600 - 100 = 500$
    Ateb: 95.2   Ateb: 461

- Gallwch amcangyfrif ail israddau.

    Enghraifft   Mae $\sqrt{13}$ rhwng $\sqrt{9}$ a $\sqrt{16}$
    Mae'n nes at $\sqrt{16}$
    Mae $\sqrt{13}$ tua 3.6

1 Defnyddiwch x^2 i wneud y canlynol:
   a 17^2 b 3.6^2 c 0.08^2

2 Defnyddiwch $\sqrt{}$ i wneud y canlynol.
   Rhowch eich ateb yn gywir i 1 ll. d. pan fydd angen talgrynnu.
   a $\sqrt{625}$ b $\sqrt{7.9}$ c $\sqrt{12\,345}$ ch $\sqrt{45}$

3 a Defnyddiwch x^2 i ddarganfod arwynebedd y sgwâr yma.

   7.3 cm

   b Mae arwynebedd y sgwâr yma'n 250 cm².
   Defnyddiwch $\sqrt{}$ i ddarganfod hyd yr ochr.
   Rhowch eich ateb yn gywir i 1 ll. d.

   arwynebedd $= 250\,cm^2$

4 Defnyddiwch x^y i wneud y canlynol:
   a 7^5 b 13^4 c 8.4^3 ch 0.2^6

5 Gwnewch y rhain yn eich pen.
   Ysgrifennwch yr atebion.
   a $37 + 56$ c $170 - 38$ d 80×8 e $108 \div 9$
   b $39 + 44$ ch $38 - 19$ dd 16×3 f $56 \div 14$

6 a Talgrynnwch 5.6 i'r rhif cyfan agosaf.
   b Talgrynnwch 65 i'r 10 agosaf.
   c Talgrynnwch 640 i'r 100 agosaf.
   ch Talgrynnwch 1731 i'r 100 agosaf.

7 Ysgrifennwch y rhifau yma yn gywir i un ffigur ystyrlon.
   a 2.6   b 85   c 467   ch 2370

8 a Talgrynnwch y rhifau yn gywir i 1 ffig. yst. er mwyn rhoi amcangyfrifon ar gyfer y canlynol.
   (1) $327 + 589$ (3) 5.6×3.2
   (2) $1270 - 943$ (4) $504 \div 18$
   b Cyfrifwch yr atebion. Cymharwch nhw â'ch amcangyfrifon.

9 Rhowch amcangyfrifon ar gyfer y canlynol.
   a $\sqrt{30}$ b $\sqrt{61}$ c $\sqrt{80}$ ch $\sqrt{17}$

3 Ystadegaeth: cwestiynau ac atebion

CRAIDD

1 **Diagramau a siartiau**

2 **Siartiau cylch**

3 **Cynllunio holiadur**

CWESTIYNAU

ESTYNIAD

CRYNODEB

PROFWCH
EICH HUN

Y cyntaf i wneud arolwg barn oedd
George Gallup ym **1935.**

Gelwir arolygon barn heddiw yn aml yn
arolygon Gallup. Gallup yw un o'r cwmnïau
arolwg mwyaf yn y byd.

1   Diagramau a siartiau

◀◀ **AILCHWARAE** ▶

Mae pawb ym Mlwyddyn 8 wedi cymryd rhan mewn arolwg.
Roedd y cwestiynau'n ymwneud â faint o deledu yr oedd y disgyblion yn ei wylio.
Gofynnwyd iddynt hefyd beth oedd eu hoff fath o raglen a pha un oedd eu hoff sianel.

Dyma ganlyniadau'r arolwg.

Nifer yr oriau gwylio bob dydd

Oriau bob dydd	0	1	2	3	4	5	6
Nifer y disgyblion	20	45	75	60	10	5	5

Hoff fath o raglen deledu

Math o raglen	plant	operâu sebon	chwaraeon	comedi	ffilmiau	dramâu	newyddion
Nifer y disgyblion	15	55	40	25	35	25	25

Hoff sianel

Sianel	BBC1	BBC2	HTV	S4C	Sky	Arall
Nifer y disgyblion	73	22	66	19	24	16

Mae Blwyddyn 8 yn arddangos y data yma.
Dyma enghreifftiau o'u gwaith.

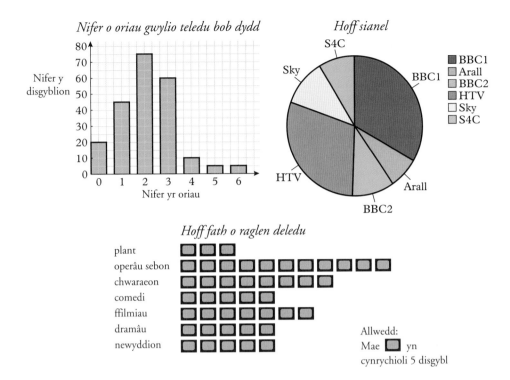

Nifer o oriau gwylio teledu bob dydd

Hoff sianel

Hoff fath o raglen deledu

Allwedd:
Mae ▢ yn cynrychioli 5 disgybl

Ymarfer 3:1

1 Edrychwch ar y siart bar.
   a Adiwch uchder pob bar.
   Faint o ddisgyblion sydd ym Mlwyddyn 8?
   b Pa un yw'r bar uchaf?
   Beth mae hyn yn ei ddweud wrthych?
   c Faint o ddisgyblion sy'n gwylio'r teledu am *fwy* na 3 awr bob diwrnod?
   ch Mae 20 o ddisgyblion yn y bar 0 awr.
   Ydych chi'n meddwl nad ydyn nhw'n gwylio teledu o gwbl?
   Eglurwch eich ateb.

2 Edrychwch ar y pictogram.
   a Faint o ddisgyblion mae ▢ yn eu cynrychioli?
   b Faint mwy o ddisgyblion sy'n hoffi operâu sebon o'u cymharu â'r rhai sy'n hoffi newyddion?
   c Pa fath o raglen yw'r lleiaf poblogaidd?
   ch Sut y gallech chi ddangos 3 disgybl ar y diagram yma?

3 Edrychwch ar y siart cylch.
   a Pa un yw'r sianel fwyaf poblogaidd?
   b Pa un yw'r sianel leiaf poblogaidd?
   c Allwch chi ddweud faint o ddisgyblion oedd yn hoffi BBC2 fwyaf?
   Eglurwch eich ateb.

Ymarfer 3:2

1 Copïwch yr echelinau ar bapur sgwariau.
Gwnewch siart bar o'r hoff fathau o raglenni.
Rhowch deitl i'ch diagram.

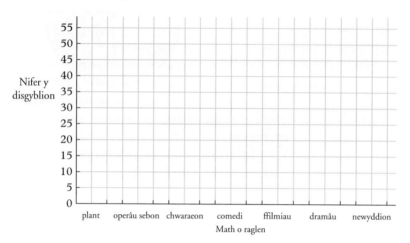

2 Gwnewch siart bar i ddangos yr hoff sianelau.
Peidiwch ag anghofio rhoi teitl i'r siart a'i labelu.

3 Gwnewch bictogram i ddangos nifer yr
oriau gwylio teledu.
Dewiswch eich symbol eich hun.
Sicrhewch fod gan eich diagram allwedd.

Oriau
0
1
2
3
4
5
6

4 Gwnewch bictogram o'r hoff sianelau.
Dewiswch symbol gwahanol.
Peidiwch ag anghofio rhoi allwedd.

5 Cymharwch bob diagram â'r rhai sydd ar dudalen 53.
Ysgrifennwch pa ddiagram yw'r gorau, yn eich barn chi, ar gyfer pob
set o ddata.
Eglurwch eich ateb.

Gofynnwyd i Flwyddyn 8 sawl fideo oeddynt wedi eu llogi yn ystod y mis diwethaf.

Dyma atebion dosbarthiadau 8J a 8K.

8J

0	6	9	5	4	6	0	4	5	11
3	6	5	8	7	4	6	2	2	0
11	3	1	9	7	5	6	2	3	10

8K

2	5	4	9	6	8	2	3	4	0
1	8	5	3	10	5	9	4	2	6
4	5	8	9	6	3	5	10	2	0

Ymarfer 3:3

1 **a** Copïwch a chwblhewch y tabl marciau rhifo yma ar gyfer 8J. Llenwch y bylchau.

Nifer y fideos	Marciau rhifo	Cyfanswm
0		
1		
2		
3		

b Defnyddiwch y canlyniadau yma i wneud pictogram.

2 **a** Gwnewch dabl marciau rhifo arall ar gyfer dosbarth 8K.
b Defnyddiwch y canlyniadau yma i wneud pictogram.

Weithiau mae hi'n ddefnyddiol casglu data mewn grwpiau. Golyga hyn fod gennych lai o gategorïau. Yn aml mae hyn yn hwyluso gwneud diagramau.

Yn achos y nifer o fideos sy'n cael eu llogi dyma grwpiau synhwyrol posibl:
0–2   3–5   6–8   9–11

Nifer y fideos	
0	
1	gelwir hyn yn grŵp 0-2
2	
3	
4	gelwir hyn yn grŵp 3-5
5	

Ymarfer 3:4

1 **a** Copïwch y tabl marciau rhifo yma ar gyfer dosbarth 8J.
Cwblhewch y tabl.
Gallwch ddefnyddio'ch siart yn Ymarfer **3:3** i'ch helpu.
Nid oes raid i chi ddechrau o'r dechrau!

Nifer y fideos a logwyd gan ddosbarth 8J

Nifer y fideos	Marciau rhifo	Cyfanswm
0–2		
3–5		
6–8		
9–11		

b Copïwch y graddfeydd a ddangosir ar bapur sgwariau.

0–2 3–5 6–8 9–11

c Defnyddiwch eich data sydd wedi eu grwpio i wneud siart bar.
Cofiwch fod y barrau yn cyffwrdd â'i gilydd mewn siartiau bar lle mae'r data wedi eu grwpio.

2 **a** Gwnewch dabl marciau rhifo ar gyfer dosbarth 8K.
Defnyddiwch yr un grwpiau.
b Gwnewch siart bar ar gyfer y data yma.
Defnyddiwch yr un raddfa ag yng nghwestiwn **1**.

3 Dyma'r data ar gyfer y fideos a logwyd gan 8L.

5	1	9	0	0	6	7	10	5	9
8	3	5	6	8	9	0	0	1	4
5	10	1	7	3	6	7	7	5	4

a Gwnewch dabl marciau rhifo wedi ei grwpio ar gyfer y data yma.
b Gwnewch siart bar ar gyfer dosbarth 8L.

2 Siartiau cylch

| Siart cylch | Mae **siart cylch** yn dangos sut mae rhywbeth yn cael ei rannu. |
| | Mae ongl y sector yn cynrychioli nifer yr eitemau. |

Enghraifft

Gofynnwyd i ddosbarth 8N
beth oedd eu hoff bwnc.

O'r 28 o ddisgyblion:
dywedodd 14 Mathemateg
dywedodd 7 Addysg gorfforol
dywedodd 7 Ffrangeg

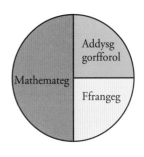

Mae 14 o ddisgyblion yn hanner y dosbarth.
Mae Mathemateg yn cael hanner y cylch.

Mae 7 o ddisgyblion yn chwarter y dosbarth.
Mae Addysg gorfforol a Ffrangeg yn cael chwarter y cylch yr un.

Ymarfer 3:5

1 Gofynnwyd i ddosbarth 8N hefyd ym mhle'r oeddynt yn cael cinio.
Roedd hanner y dosbarth yn mynd i ffreutur yr ysgol. Roedd chwarter yn
gadael yr ysgol a'r chwarter arall yn dod â brechdanau.
Lluniwch siart cylch i ddangos yr wybodaeth yma.

2 Gofynnwyd i 100 o bobl enwi dinas yn Lloegr.
Dyma'r canlyniadau: Llundain 50
                         Birmingham 25
                         Efrog 25
a Ysgrifennwch pa ffracsiwn o'r bobl wnaeth enwi pob dinas.
b Gwnewch siart cylch i ddangos yr wybodaeth yma.

3 Gofynnwyd i 80 o bobl enwi dinas yn yr Alban.
Dyma'r canlyniadau:
Caeredin 20
Aberdeen 20
Glasgow 20
Inverness 10
Dundee 10

a Lluniwch gylch.
Rhannwch o'n 8 rhan hafal.
Gallech wneud hyn drwy ei dorri â
siswrn ac yna'i blygu.

b Defnyddiwch eich cylch i wneud siart cylch.

4 Gofynnwyd i'r un 80 o bobl enwi dinas yn yr Iwerddon.

Dywedodd 40 o bobl Dulyn
Dywedodd 30 o bobl Belfast
Dywedodd 10 o bobl Galway

a Rhannwch gylch yn 8 rhan hafal fel y gwnaethoch yng nghwestiwn **3**.
b Gwnewch siart cylch i ddangos yr wybodaeth yma.

5 Yn olaf, gofynnwyd i'r 80 o bobl enwi tref yng Nghymru.

Dywedodd 20 o bobl Gaerdydd.
Dywedodd 30 o bobl Abertawe
Dywedodd 25 o bobl Aberystwyth
Dywedodd 5 o bobl Aberdyfi

Gwnewch siart cylch i ddangos yr wybodaeth yma.

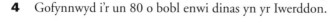

Weithiau nid yw'r data yn rhoi atebion sy'n ffracsiynau syml.
Pan fydd hyn yn digwydd bydd rhaid i chi gyfrifo onglau.

Cofiwch: ceir 360° mewn troad cyfan.
Golyga hyn fod 360° yng nghanol siart cylch.
Mae angen rhannu'r 360° yma.

360°

Enghraifft
Gofynnwyd i 30 o bobl pa bapur newydd yr oedden nhw'n ei ddarllen.
Dyma'r canlyniadau: *The Guardian* 8 *The Times* 3 *Western Mail* 6
Daily Mirror 7 *Daily Post* 6

Dangoswch y canlyniadau mewn siart cylch.

1 Rhannwch y 360°.

Mae 30 o bobl yn yr arolwg felly 360° ÷ 30 = 12°.
Golyga hyn fod pob un yn cael 12° o'r cylch.

2 Cyfrifwch yr ongl ar gyfer pob papur newydd. Mae hyn yn hawdd i'w wneud mewn tabl.

Papur newydd	Nifer y bobl	Gwaith cyfrifo	Ongl
The Guardian	8	$8 \times 12° =$	96°
Daily Mirror	7	$7 \times 12° =$	84°
The Times	3	$3 \times 12° =$	36°
Daily Post	6	$6 \times 12° =$	72°
Western Mail	6	$6 \times 12° =$	72°
Cyfanswm	30		360°

3 Gwiriwch fod yr onglau yn adio i 360°.
$96° + 84° + 36° + 72° + 72° = 360°$

4 a Lluniwch gylch. Marciwch y canol.
Tynnwch linell i dop y cylch.

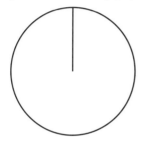

b Lluniwch yr ongl gyntaf (96°).

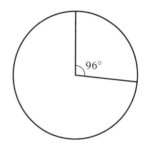

c Mesurwch yr ongl nesaf (84°) o'r llinell yr ydych chi newydd ei thynnu.

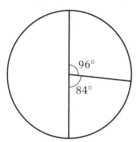

ch Daliwch ati i wneud hyn nes bydd pob ongl wedi ei llunio.

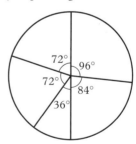

d Lliwiwch eich siart cylch. Ychwanegwch allwedd.

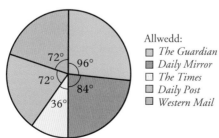

Allwedd:
- ☐ *The Guardian*
- ■ *Daily Mirror*
- ☐ *The Times*
- ☐ *Daily Post*
- ■ *Western Mail*

Ymarfer 3:6

1 Gofynnwyd i ddosbarth 8J beth yr oedden nhw'n ei gael i frecwast fel arfer.
  a Copïwch y tabl yma.

Brecwast	Nifer y disgyblion	Gwaith cyfrifo	Ongl
grawnfwyd	9	9 ×	
tôst	8	8 ×	
brecwast poeth	2	2 ×	
diod yn unig	6	6 ×	
dim	5	5 ×	
Cyfanswm	30		360°

  b Copïwch a llenwch y bwlch:
    360° ÷ 30 o ddisgyblion = …° ar gyfer pob disgybl.
  c Llenwch y colofnau 'Gwaith cyfrifo' ac 'Ongl' yn y tabl.
  ch Dilynwch y cyfarwyddiadau yn yr enghraifft er mwyn llunio eich siart cylch.

2 Gofynnwyd i ddosbarth 8J hefyd sut yr oedden nhw'n teithio i'r ysgol.
  a Copïwch y tabl yma.

Dull o deithio	Nifer y disgyblion	Gwaith cyfrifo	Ongl
cerdded	14		
bws	7		
car	6		
beic	3		
jet breifat	0		
Cyfanswm	30		360°

  b Cyfrifwch yr ongl ar gyfer pob disgybl.
    360° ÷ 30 =
  c Llenwch weddill y tabl.
  ch Lluniwch siart cylch i ddangos yr wybodaeth yma.
    Peidiwch ag anghofio rhoi allwedd.

3 Mae 24 o ddisgyblion yn nosbarth 8P
Dyma atebion y dosbarth i'r arolwg teithio.

Dull o deithio	Nifer y disgyblion	Gwaith cyfrifo	Ongl
cerdded	10		
bws	7		
car	6		
beic	1		

a Copïwch y tabl.
b Cyfrifwch yr ongl ar gyfer pob disgybl.
360° ÷ 24 =
c Llenwch weddill y tabl.
ch Gwnewch siart cylch i ddangos yr wybodaeth yma.
Peidiwch ag anghofio rhoi allwedd.

4 Gofynnwyd i 90 o bobl ym mha
fis y cawsant eu geni.

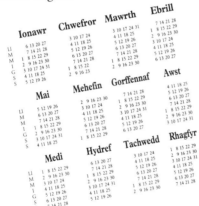

Dyma'r canlyniadau.

Mis	Pobl	Mis	Pobl
Ionawr	7	Gorffennaf	6
Chwefror	4	Awst	8
Mawrth	9	Medi	11
Ebrill	8	Hydref	7
Mai	7	Tachwedd	10
Mehefin	6	Rhagfyr	7

a Cyfrifwch yr ongl ar gyfer pob person.
360° ÷ 90 =
b Cyfrifwch yr ongl ar gyfer pob mis.
c Gwnewch siart cylch i ddangos yr wybodaeth yma.
Peidiwch ag anghofio rhoi allwedd.

3 Cynllunio holiadur

Er mwyn cael gwybodaeth mae angen i chi ofyn cwestiynau.

Mae angen i chi feddwl yn ofalus pa gwestiynau fyddwch chi'n eu gofyn.
Rhaid i chi sicrhau eich bod yn cael yr holl wybodaeth angenrheidiol.
Rhaid i'ch cwestiynau fod yn hawdd i'w hateb.

Holiadur

Set o gwestiynau yw **holiadur** ar bwnc penodol.

Ceir dau fath o holiaduron.
Weithiau mae'r person sy'n holi yn gofyn y cwestiynau ac yn llenwi'r atebion.
Dro arall rydych yn cael ffurflen i'w llenwi eich hun.

Ceir rhai rheolau y dylech fod yn ymwybodol ohonynt wrth baratoi eich holiadur eich hun.

Rheol 1

Ni ddylai cwestiynau fod yn **dueddol**. Ni ddylent wneud i chi feddwl fod ateb arbennig yn gywir.
Gelwir cwestiwn sy'n gwneud hyn yn **gwestiwn arweiniol**.

Enghraifft

Mae pobl normal yn hoffi gwylio pêl-droed.
Fyddwch chi'n gwylio pêl-droed?

Mae'r cwestiwn yma'n dueddol.
Ni ddylai'r frawddeg gyntaf fod yno o gwbl.
Mae'n gwneud i chi feddwl nad ydych yn normal os nad ydych yn gwylio pêl-droed.

Ymarfer 3:7

Dyma restr o gwestiynau.

a Mae'r rhan fwyaf o bobl yn meddwl y dylech fedru dysgu gyrru car yn 16 mlwydd oed. Ydych chi'n cytuno?

b Ydych chi'n meddwl y dylech fwyta llai o siocled a mwy o ffrwythau?

c Sawl wythnos o wyliau ysgol ddylai plant ei chael bob blwyddyn?

ch Mae'r rhan fwyaf o ddisgyblion deallus yn gwylio'r newyddion ar y teledu. Ydych chi'n gwylio'r newyddion?

d Ydych chi'n darllen papur newydd dyddiol?

1 Yn eich barn chi, pa rai o'r cwestiynau yma sy'n dueddol? Ysgrifennwch lythrennau'r cwestiynau.

2 Ysgrifennwch beth sy'n gwneud pob un o'r cwestiynau yma'n dueddol.

3 Ysgrifennwch gwestiynau gwell yn lle'r rhai sydd, yn eich barn chi, yn dueddol.

Rheol 2   Ni ddylai cwestiynau dramgwyddo pobl neu godi cywilydd arnynt.

Ymarfer 3:8

Dyma restr o gwestiynau.

a Faint ydych chi'n ei bwyso?

b Faint o arian sydd gennych yn eich cyfrif banc?

c Pa mor aml ydych chi'n cael cawod?

ch Oes gennych chi anifeiliaid anwes gartref?

d Mae'r rhan fwyaf o bobl yn defnyddio sebon. Ydych chi'n gwneud?

1 Pa rai o'r cwestiynau yma, yn eich barn chi, sy'n tramgwyddo neu'n codi cywilydd? Ysgrifennwch lythrennau'r cwestiynau.

2 Ysgrifennwch beth sy'n anghywir ynglŷn â'r cwestiynau y gwnaethoch eu dewis.

3 Ysgrifennwch gwestiynau gwell yn lle'r rhai nad ydych yn eu hoffi.

Rheol 3   Gall cwestiynau roi dewis o atebion posibl. Dyma enghreifftiau:

A   Ydw, Nac ydw neu Ddim yn gwybod.

B   Cytuno, Anghytuno neu Ddim yn gwybod.

C   Set o focsys lle byddwch yn ticio'r atebion.

CH Graddfa lle byddwch yn rhoi cylch o amgylch eich dewis. Gall hyn fod yn ddefnyddiol pan yr ydych yn gofyn am farn rhywun.

Ymarfer 3:9

Dyma restr o gwestiynau.

Dewiswch y math o ateb y byddech chi'n ei ddefnyddio ar gyfer pob un.

Ysgrifennwch **A**, **B**, **C** neu **CH**.

A ☐ Ydy ☐ Nac ydy ☐ Ddim yn gwybod

B ☐ Cytuno ☐ Anghytuno ☐ Ddim yn gwybod

C ☐ 0–2 ☐ 3–5 ☐ mwy na 5

CH Cytuno'n gryf   1   2   3   4   5   Anghytuno'n gryf

1   Faint o fisgedi siocled ydych chi'n eu bwyta bob dydd?

2   Mae'r Loteri Genedlaethol yn ffordd dda o godi arian at achosion da.

3   A yw car diesel yn achosi llai o lygredd na char petrol?

4   Mae ysmygu yn arfer gwael.

5   Sawl brawd a chwaer sydd gennych chi?

Rheol 4	Dylai cwestiynau fod yn glir. Os na fydd pobl yn deall eich cwestiwn ni fyddwch yn cael yr wybodaeth angenrheidiol.
Rheol 5	Peidiwch â gofyn cwestiynau fydd yn rhoi cyfle i bobl roi nifer o wahanol atebion. Mae hyn yn ei gwneud hi'n anodd iawn gwneud diagramau i ddangos eich canlyniadau.
Rheol 6	Peidiwch â gofyn cwestiynau nad oes a wnelo nhw ddim â'r arolwg.
Rheol 7	Dylai cwestiynau fod mewn trefn synhwyrol. Peidiwch â neidio yn ôl ac ymlaen o un syniad i'r llall.

Ymarfer 3:10

 Bydd angen y daflen waith **Arolwg Ffitrwydd** i wneud yr ymarfer yma.

1 Llenwch yr holiadur.

2 Ar gyfer pob cwestiwn, ysgrifennwch rif y rheol mae o wedi ei thorri.

3 Ailysgrifennwch yr holiadur gan ddefnyddio'r rheolau rydych chi newydd eu dysgu.

Ymarfer 3:11

Nawr rydych yn mynd i gynllunio'ch holiadur eich hun.
Gallwch ddewis unrhyw bwnc sydd o ddiddordeb i chi.

Ni allwch 'wneud' pwnc eang fel 'chwaraeon'. Rhaid i chi ganolbwyntio ar un peth penodol.
Er enghraifft, gallech ddarganfod faint o chwaraeon mae disgyblion Blwyddyn 8 yn cymryd
rhan ynddynt.

Ar ôl penderfynu beth rydych yn mynd i'w wneud, dylech ddyfalu beth, yn eich barn chi, y
byddwch yn ei ddarganfod.
Er enghraifft, gallech ddyfalu fod disgyblion Blwyddyn 8 yn treulio llai nag 1 awr yr wythnos
yn gwneud chwaraeon.
Gelwir y dyfaliad yma'n rhagdybiaeth.
Yna rydych yn cynllunio'ch cwestiynau i brofi a yw eich rhagdybiaeth yn gywir neu'n
anghywir.
Dylech gynllunio'ch gwaith fel hyn:

1 Dewiswch eich pwnc.
2 Dyfalwch beth, yn eich barn chi, y gwnewch chi ei ddarganfod.
3 Penderfynwch pwy fyddwch yn eu dewis
   i lenwi'r holiadur.

Cynllunio

4 Ysgrifennwch gwestiynau ar gyfer eich holiadur.
5 Gofynnwch i ffrind ateb yr holiadur er mwyn ei brofi.
6 Newidiwch y cwestiynau os oes angen.

7 Gwnewch yr arolwg!

Gwneud

8 Cofnodwch eich canlyniadau.
9 Penderfynwch pa fath o ddiagramau y dylid eu defnyddio.
10 Gwnewch eich diagramau.
11 Cyfrifwch rai cyfartaleddau.
12 Ysgrifennwch eich canlyniadau.
13 Eglurwch a oedd eich rhagdybiaeth yn gywir neu beidio.

Dadansoddi

1 Gofynnwyd i ddosbarth 8J enwi eu hoff operâu sebon.
Dangosir eu hatebion yn y tabl yma.

Opera sebon	Eastenders	Coronation Street	Brookside	Neighbours	Pobol y Cwm
Nifer y disgyblion	6	3	9	8	4

a Faint o ddisgyblion sydd yn nosbarth 8J?
b Copïwch yr echelinau ar bapur sgwariau.
Gwnewch siart bar i ddangos yr wybodaeth yma.
Peidiwch ag anghofio rhoi teitl i'r siart a'i labelu.
c Gwnewch bictogram i ddangos yr un wybodaeth.
Peidiwch ag anghofio rhoi allwedd a theitl i'ch diagram.

2 Edrychwch ar y siart cylch. Mae'n dangos canlyniadau arolwg o 80 o bobl.
Gofynnwyd iddynt sawl car oedd ganddynt fel teulu.
a Sawl teulu oedd ag 1 car yn unig?
b Sawl teulu oedd â 2 gar?
c Sawl teulu oedd heb gar o gwbl?

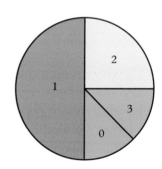

3 Mewn arolwg o 30 o drenau: roedd 12 ar amser, 10 yn gynnar ac 8 yn hwyr.
a Copïwch y tabl yma a'i lenwi.

	Nifer y trenau	Gwaith cyfrifo	Ongl
ar amser	12	$12 \times 12° =$	
cynnar	10		
hwyr	8		

b Gwnewch siart cylch i ddangos yr wybodaeth yma.
c Lliwiwch eich siart. Ychwanegwch allwedd.

4 Gofynnwyd i ddosbarth 8J faint o amser yr oeddynt yn ei gymryd i ddod i'r ysgol.

Dyma'r canlyniadau, yn gywir i'r funud agosaf.

Amser a gymerwyd	Nifer y disgyblion
1–5	6
6–10	3
11–15	5
16–20	4
21–25	8
26–30	4

a Copïwch yr echelinau ar bapur sgwariau.

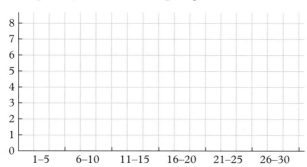

b Gwnewch siart bar i ddangos yr wybodaeth yma.
Peidiwch ag anghofio rhoi teitl i'r siart a'i labelu.
c Faint o ddisgyblion oedd yn cymryd 15 munud neu lai i ddod i'r ysgol?
d Faint o ddisgyblion oedd yn cymryd mwy na 20 munud i ddod i'r ysgol?

5 Cofnododd meddyg faint o amser yr oedd hi'n ei dreulio gyda phob claf.
Dyma'r amseroedd yn gywir i'r funud agosaf.

10	5	9	20	14	3	8	6	9
4	25	16	11	15	17	8	6	3
9	5	6	8	19	21	6	10	11
5	9	29	3	6	14	18	17	8

a Faint o gleifion welodd hi?
b Copïwch y tabl marciau rhifo yma.
Rhowch y rhesi ychwanegol sydd eu hangen.

Nifer y munudau	Marciau rhifo	Cyfanswm
1–5		
6–10		
11–15		

c Llenwch eich tabl marciau rhifo.
ch Gwnewch siart bar i ddangos yr wybodaeth yma.

1 Dewisodd y 250 o ddisgyblion ym Mlwyddyn 8 yr iaith fydden nhw'n hoffi ei dysgu nesaf.
Dangosir y canlyniadau yn y siart cylch yma.

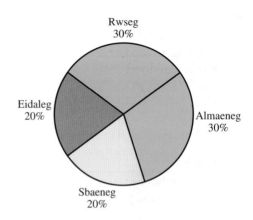

Dewisodd 50 o ddisgyblion Eidaleg.
  a Faint o ddisgyblion ddewisodd Sbaeneg?
  b Faint o ddisgyblion ddewisodd Rwseg?
  c Faint o ddisgyblion ddewisodd Almaeneg?

2 Mae Guto'n cynllunio arolwg ar ysmygu. Mae o wedi ysgrifennu rhai cwestiynau.
  a Yn eich barn chi, sawl cwestiwn sy'n dueddol?
    Dywedwch pam y maen nhw'n dueddol.
  b Pa gwestiynau ddylai gynnwys bocsys i'w ticio?
    Ailysgrifennwch y cwestiynau yma gan ddangos y bocsys.
  c Pa rai yw'r cwestiynau nad ydynt yn ddigon clir?
    Ailysgrifennwch y cwestiynau yma er mwyn eu gwneud yn gliriach.

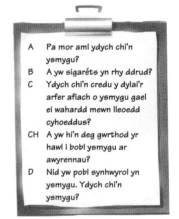

A   Pa mor aml ydych chi'n ysmygu?
B   A yw sigaréts yn rhy ddrud?
C   Ydych chi'n credu y dylai'r arfer afiach o ysmygu gael ei wahardd mewn lleoedd cyhoeddus?
CH A yw hi'n deg gwrthod yr hawl i bobl ysmygu ar awyrennau?
D   Nid yw pobl synhwyrol yn ysmygu. Ydych chi'n ysmygu?

3 Dyma'r data i ddangos pa sianeli teledu sy'n cael eu gwylio fwyaf.

Sianel	BBC1	BBC2	HTV	S4C	Sky	Arall
Nifer y disgyblion	73	22	66	19	24	16

Mae 220 o ddisgyblion yn yr arolwg.
  a Cyfrifwch yr ongl ar gyfer pob disgybl.
  b Cyfrifwch yr ongl ar gyfer pob sianel.
  c Talgrynnwch yr onglau ac yna'u hadio at ei gilydd.
    Byddwch $1°$ yn brin. Adiwch $1°$ at y sector mwyaf (BBC1).
  d Gwnewch siart cylch i ddangos y data yma.
    Cymharwch ef â'r siart ar dudalen 53.

- **Siart cylch**

  Mae **siart cylch** yn dangos sut mae rhywbeth yn cael ei rannu.
  Mae ongl y rhan yn cynrychioli'r nifer o eitemau.
  Weithiau nid yw'r data yn rhoi atebion sy'n ffracsiynau syml.
  Pan fydd hyn yn digwydd bydd rhaid i chi gyfrifo onglau.
  Mae siart cylch yn cynnwys 360°.
  Mae angen rhannu'r 360° yma.

  Enghraifft
  Gofynnwyd i 30 o bobl pa bapur newydd yr oedden nhw'n ei ddarllen.

  Mae 30 o bobl yn yr arolwg felly 360° ÷ 30 = 12°.
  Golyga hyn fod pob person yn cael 12° o'r cylch.

  Cyfrifwch yr ongl ar gyfer pob papur newydd. Mae hyn yn hawdd i'w wneud mewn tabl.

Papur newydd	Nifer y bobl	Gwaith cyfrifo	Ongl
The Guardian	8	8 × 12° =	96°
Daily Mirror	7	7 × 12° =	84°
The Times	3	3 × 12° =	36°
Daily Post	6	6 × 12° =	72°
Western Mail	6	6 × 12° =	72°
Cyfanswm	30		360°

  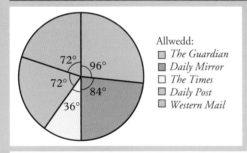

  Allwedd:
  - ☐ *The Guardian*
  - ■ *Daily Mirror*
  - ☐ *The Times*
  - ☐ *Daily Post*
  - ☐ *Western Mail*

- **Holiadur**

  Set o gwestiynau ar bwnc penodol yw **holiadur.**
  Ceir dau fath o holiaduron.
  Weithiau mae'r person sy'n holi yn gofyn y cwestiynau ac yn llenwi'r atebion.
  Dro arall rydych yn cael ffurflen i'w llenwi eich hun.

  Cofiwch:
  1. Ni ddylai cwestiynau fod yn dueddol.
  2. Ni ddylai cwestiynau dramgwyddo pobl neu godi cywilydd arnynt.
  3. Gall cwestiynau roi dewis o atebion posibl.
  4. Dylai cwestiynau fod yn glir.
  5. Peidiwch â gofyn cwestiynau fydd yn rhoi cyfle i bobl roi nifer o wahanol atebion.
  6. Peidiwch â gofyn cwestiynau nad oes a wnelo nhw ddim â'r arolwg.
  7. Dylai cwestiynau fod mewn trefn synhwyrol.

1   Mae Emyr yn gwneud arolwg i ddarganfod faint o amser fydd dosbarth 8J yn ei gymryd i ddod i'r ysgol.
Dyma'r amseroedd yn gywir i'r funud agosaf.

15	10	14	8	3	9	24	23	6	4
7	18	26	7	5	12	17	4	21	19
5	8	17	24	28	10	3	9	7	25

    a   Gwnewch dabl marciau rhifo wedi'i grwpio ar gyfer y data yma.
Defnyddiwch y grwpiau 1–5, 6–10, 11–15, 16–20, 21–25, 26–30.
    b   Lluniwch siart bar i ddangos yr wybodaeth hon.

2   Gofynnwyd i Flwyddyn 8 beth oedd eu hoff orsaf radio.
Atebodd 200 y cwestiwn.
Dywedodd 100 ohonynt Radio 1, dywedodd 25 Radio 2, dywedodd 25 Atlantic 252 a dywedodd 50 Radio Cymru.

    a   Pa ffracsiwn ddewisodd bob gorsaf radio?
    b   Gwnewch siart cylch i ddangos yr wybodaeth hon.
Peidiwch ag anghofio rhoi allwedd.

3   Gofynnodd Megan i ddosbarth 8J ddewis eu hoff orsaf radio.
Dyma atebion y dosbarth: Radio 1   10
                                 Radio 2   4
                                 Radio Cymru   9
                                 Atlantic 252   7

    a   Cyfrifwch yr ongl ar gyfer pob disgybl.
$360° \div 30 =$
    b   Copïwch y tabl yma a'i lenwi.

	Nifer y disgyblion	Gwaith cyfrifo	Ongl
Radio 1	10		
Radio 2	4		
Radio Cymru	9		
Atlantic 252	7		
Cyfanswm	30		360°

    c   Defnyddiwch y tabl i'ch helpu i wneud siart cylch yn dangos atebion dosbarth 8J.
Peidiwch ag anghofio rhoi allwedd.

4 Algebra

CRAIDD

1 **Patrymau rhif**

2 **Cildroi rheolau**

3 **Amnewid**

CWESTIYNAU

ESTYNIAD

CRYNODEB

PROFWCH
EICH HUN

Muhammed ibn Musa al-Khwarizmi
c780 – c850

Roedd Al-Khwarizmi yn fathemategydd a seryddwr adnabyddus oedd yn byw yn Baghdad ddechrau'r 9fed ganrif. Ysgrifennodd lyfr o'r enw *Kitab al-jabr wa al-nuqabalah*, oedd yn ymwneud â datrys hafaliadau.

Daw'r gair algebra o'r gair *al-jabr*.

1 Patrymau rhif

Mae Iwan yn gwneud patrymau gan ddefnyddio cownteri.
Maen nhw ar ffurf priflythrennau.

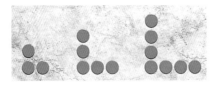
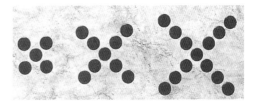

Mae o eisiau darganfod y rheolau ar gyfer ei batrymau.

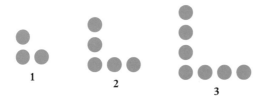

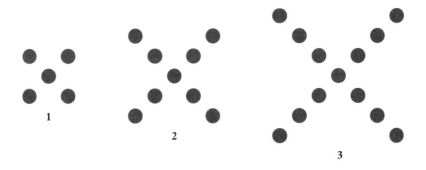

Ymarfer 4:1 Patrymau'r wyddor

1 **a** Copïwch y siapiau L 1, 2 a 3 o'r llun.
  b Tynnwch lun y siapiau L 4 a 5.
  c Rhifwch sawl cylch sydd ym mhob siâp.
  ch Copïwch y tabl yma a'i gwblhau.

Rhif y siâp L	1	2	3	4	5
Nifer y cylchoedd	3	5			

  d Edrychwch ar eich tabl.
  Sawl cylch ydych chi'n ei adio bob tro?
  dd Copïwch y frawddeg a llenwch y bwlch:
   Y rheol yw adio … o gylchoedd bob tro.

2 **a** Copïwch y siapiau X 1, 2 a 3 o'r llun.
  b Tynnwch lun y siapiau X 4 a 5.
  c Rhifwch sawl cylch sydd ym mhob siâp.
  ch Copïwch y tabl yma a'i gwblhau.

Rhif y siâp X	1	2	3	4	5
Nifer y cylchoedd	5	9			

  d Edrychwch ar eich tabl.
  Sawl cylch ydych chi'n ei adio bob tro?
  dd Copïwch y frawddeg a llenwch y bwlch:
   Y rheol yw adio … o gylchoedd bob tro.

3 Allwch chi ddarganfod mwy o lythrennau sy'n rhoi patrymau?
  Lluniwch y llythrennau.
  Llenwch dabl a darganfyddwch y rheol.

Enghraifft Mae Lili yn gwneud trionglau o fatsys.

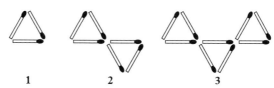

1 2 3

Mae'r tabl yn dangos faint o fatsys sydd angen arni.

Nifer y trionglau	1	2	3	4	5
Nifer y matsys	3	6	9	12	15

+3 +3 +3 +3

Dangosir y rheol mewn coch. Y rheol yw +3.

Mae Lili hefyd yn darganfod fformiwla.
Os yw hi'n gwybod beth yw nifer y trionglau, gall ddarganfod beth yw nifer y matsys.

Dyma fformiwla Lili:
    mae nifer y *m*atsys yn hafal i 3 × nifer y *t*rionglau.
    Mewn algebra mae hyn yn $m = 3 \times t$

Ymarfer 4:2

1 Mae Lowri yn gwneud pentagonau â matsys.

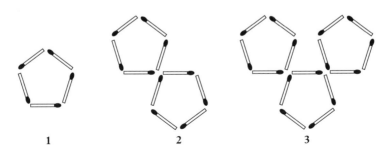

1   2   3

  a Copïwch y tabl yma
    a'i gwblhau.

Nifer y pentagonau	1	2	3	4	5
Nifer y matsys			15		

+? +? +? +?

  b Llenwch y rheol yn eich tabl.
  c Copïwch a llenwch y bwlch.
    Dyma'r fformiwla:
        nifer y *m*atsys = … × nifer y *p*entagonau
ch Ysgrifennwch y fformiwla yma mewn algebra.

2 Gwerthir afalau mewn pacedi o bedwar.

  a Gwnewch dabl i ddangos nifer yr afalau.

    Ewch hyd at 5 paced.

  b Ysgrifennwch y fformiwla i ddarganfod nifer yr afalau.

  c Ysgrifennwch y fformiwla mewn algebra.

Enghraifft   Gwerthir disgiau cyfrifiadur mewn bocsys o 10.

Dyma'r fformiwla ar gyfer y disgiau:

nifer y $d$isgiau = **10** × nifer y $b$ocsys.

Mewn algebra mae hyn yn: $d = \mathbf{10} \times \boldsymbol{b}$

Gallwn ddefnyddio'r fformiwla yma i ddarganfod nifer y disgiau mewn unrhyw nifer o focsys.

Defnyddiwch eich fformiwla i ddarganfod sawl disg sydd mewn 20 o focsys.

$$\text{nifer y } d\text{isgiau} = 10 \times 20$$
$$= 200$$

---

3 Defnyddiwch fformiwla'r disgiau i ddarganfod faint o ddisgiau sydd mewn:

  a 6 bocs

  b 9 bocs

  c 100 bocs

4 Y fformiwla ar gyfer y pacedi o afalau yng nghwestiwn 2 yw: $a = 4 \times p$

Defnyddiwch y fformiwla yma i ddarganfod faint o afalau sydd mewn:

  a 8 paced

  b 11 paced

  c 25 paced

5 Mae Fflûr yn defnyddio $m$atsys i wneud $h$ecsagonau.

Dyma'r fformiwla: $m = 6 \times h$

Defnyddiwch y fformiwla yma i ddarganfod faint o fatsys sydd mewn:

  a 3 hecsagon

  b 12 hecsagon

  c 100 hecsagon

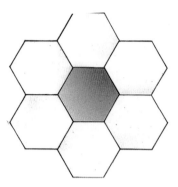
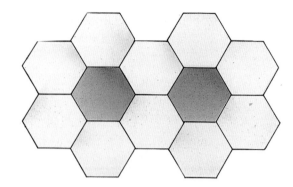

Mae Robin yn adeiladu patio newydd.
Mae'n defnyddio slabiau coch a gwyn.
Mae o eisiau darganfod faint o slabiau gwyn fydd eu hangen ar gyfer pob slab coch.

Dyma'r fformiwla:

nifer y slabiau *g*wyn = **4** × nifer y slabiau *c*och + **2**
neu $g = \mathbf{4} \times c + \mathbf{2}$

Enghraifft

Defnyddiwch y fformiwla yma i ddarganfod nifer y slabiau gwyn sydd eu hangen ar Robin ar gyfer 5 o slabiau coch.

nifer y slabiau *g*wyn = **4** × nifer y slabiau *c*och + **2**
$= \mathbf{4} \times 5 + \mathbf{2}$
$= 20 + 2$
$= 22$

Ymarfer 4:3

1 Defnyddiwch y fformiwla slabiau i ddarganfod faint o slabiau gwyn fydd eu hangen ar gyfer:

a 7 slab coch **b** 10 slab coch **c** 16 slab coch

2 Mae Angela yn gosod teils yn ei hystafell ymolchi.
Mae hi'n defnyddio fformiwla i ddarganfod faint o deils fydd eu hangen arni.
Dyma'r fformiwla:
$t = 10 \times h + 8$
(t = nifer y teils, h = hyd y wal)
Mae'r wal wedi ci mesur mewn metrau.

Cyfrifwch faint o deils fydd eu hangen arni os yw hyd y wal yn:

a 3 metr **b** 5 metr **c** 2.5 metr

3 Mae'r fformiwla yma'n dweud wrthych faint o amser mae'n ei gymryd i goginio twrci.

$$a = 10 \times p + 30$$

Mae'r pwysau (p) mewn cilogramau a'r amser (a) mewn munudau.
Faint o amser mae'n ei gymryd i goginio twrci sy'n pwyso:

a 3 kg **b** 6 kg **c** 7 kg

Mae Aisha yn gwneud ymchwil gyda sgwariau.

Mae'n rhaid iddi ddarganfod y fformiwla sy'n rhoi nifer y matsys.

Mae hi wedi gwneud tabl.

Nifer y sgwariau	1	2	3	4	5
Nifer y matsys	4	7	10	13	16

+3 +3 +3 +3

Mae Aisha'n sylwi fod y patrwm yn tyfu fesul tri.
Mae hi'n gwybod fod hyn yn golygu y bydd rhan gyntaf y fformiwla yn:
nifer y *m*atsys = 3 × nifer y *s*gwariau.

Mae angen iddi ddarganfod yr ail ran.
Hyd yn hyn, mae'r fformiwla sydd ganddi yn rhoi'r rhifau gwyrdd sydd yn y tabl.

Nifer y sgwariau	1	2	3	4	5
	3 +1	6 +1	9 +1	12 +1	15 +1
Nifer y matsys	4	7	10	13	16

Mae Aisha angen adio 1 i gael yr atebion cywir.

Mae hi'n ysgrifennu'r fformiwla yn llawn:
nifer y *m*atsys = 3 × nifer y *s*gwariau + 1

Mae Aisha'n defnyddio ei fformiwla i ddarganfod faint o fatsys fydd eu hangen arni i wneud 6 o sgwariau:

nifer y *m*atsys = 3 × 6 + 1
= 18 + 1
= 19

Mae hi'n gwneud 6 o sgwariau gyda matsys i wirio fod ei hateb yn gywir.

Ymarfer 4:4

1 Mae'r patrymau yma wedi eu gwneud â theils sgwâr.

 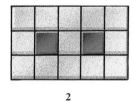 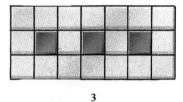

    1   2   3

a Edrychwch ar y patrymau.
Lluniwch y ddau nesaf.
b Copïwch y tabl yma
a'i gwblhau.

Nifer y teils glas	1	2	3	4	5
Nifer y teils melyn	8	13			

+? +? +? +?

c Faint o deils melyn ydych chi'n adio bob tro?
ch Ysgrifennwch ran gyntaf y fformiwla.
d Gorffennwch y rhes o rifau gwyrdd.
Defnyddiwch ran gyntaf y fformiwla.

Nifer y teils glas	1	2	3	4	5
	5 +?	10 +?	+?	+?	+?
Nifer y teils melyn	8	13			

dd Beth sydd raid i chi adio at y rhifau gwyrdd i gael nifer y teils melyn?
e Copïwch a chwblhewch y fformiwla gyfan:
nifer y teils melyn = ... @ nifer y teils glas ~ ...

Darganfod rhan gyntaf y fformiwla

Edrychwch ar eich tabl canlyniadau.
Darganfyddwch beth sydd raid i chi ei adio bob tro.
Dyma'r rhif a ddefnyddir i luosi yn eich fformiwla.

2 Dyma rai diagramau o siapiau C wedi eu gwneud â sgwariau.

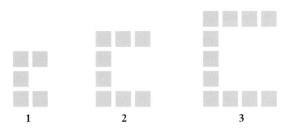

1   2   3

a Copïwch y diagramau yma.
Tynwch lun y ddau nesaf.
b Gwnewch dabl i ddangos y nifer o sgwariau sydd ym mhob diagram.
c Sawl sgwâr ydych chi'n ei adio bob tro?
ch Ysgrifennwch ran gyntaf y fformiwla.
d Beth sydd raid i chi adio i gael y rhifau sydd yn eich tabl?
dd Ysgrifennwch y fformiwla yn llawn.
e Defnyddiwch eich fformiwla i ddarganfod nifer y sgwariau sydd yn y 10fed diagram.

3   **a** Copïwch y diagramau dotiau yma.

1   2   3

b Tynnwch lun y ddau ddiagram nesaf.
Rhifwch y dotiau sydd ynddynt.
c Gwnewch dabl o'ch canlyniadau.
ch Ysgrifennwch y fformiwla yn llawn.
d Gwiriwch fod eich fformiwla yn gweithio ar gyfer y diagram nesaf.
dd Defnyddiwch eich fformiwla i ddarganfod nifer y dotiau sydd yn y 20fed diagram.

| Dilyniant rhif | Patrwm o rifau yw **dilyniant rhif**. |

| Term | Gelwir pob rhif sydd yn y dilyniant yn **derm**. Ceir rheol bob amser i gyfrifo'r term nesaf yn y dilyniant. |

Enghraifft

Rhif term	1	2	3	4	5	6
Term	4	7	10	13	16	19

Y rheol i gael y term nesaf yw $+3$.

Gellir darganfod pob term hefyd drwy ddefnyddio fformiwla.
Os ydych yn defnyddio'r fformiwla i gyfrifo'r 20fed term yna nid oes raid i chi weithio'r 19 term blaenorol!

Yn yr enghraifft yma y fformiwla yw: $t = 3 \times n + 1$
n yw'r rhif term a t yw'r term

$$
\begin{aligned}
\text{Y 20fed term yw } t &= 3 \times 20 + 1 \\
&= 60 + 1 \\
&= 61
\end{aligned}
$$

Ymarfer 4:5

1 Ar gyfer pob un o'r dilyniannau yma darganfyddwch:
  a y tri therm nesaf
  b y rheol i gael y term nesaf.
  c y fformiwla i gyfrifo pob term o'r rhif term.

(1)	7	9	11	13	...	...	...
(2)	5	8	11	14	...	...	...
(3)	6	10	14	18	...	...	...
(4)	20	30	40	50	...	...	...
(5)	18	36	54	72	...	...	...
(6)	18	16	14	12	...	...	...

c

2 Ar gyfer pob un o'r dilyniannau yma:
  a llenwch y bylchau
  b darganfyddwch y fformiwla i gyfrifo pob term o'r rhif term.

(1)	5	8	...	14
(2)	7	...	13	16
(3)	4	9	...	...
(4)	12	...	...	33

c

2 Cildroi rheolau

Mae Robin wedi archebu 26 o slabiau gwyn i wneud patio.
Mae o wedi anghofio faint o slabiau coch sydd eu hangen.

Mae ar Robin angen gwrthdro'r fformiwla.
Dyma'r fformiwla: $g = 4 \times c + 2$

Yn gyntaf mae'n ysgrifennu ei fformiwla ar sgriniau robotiaid.

c ⟶ | × 4 | ⟶ | + 2 | ⟶ 26

Dyma'r peiriant gwrthdro:

6 ⟵ | ÷ 4 | ⟵24 | − 2 | ⟵ 26

Mae arno angen 6 o slabiau coch.

Ymarfer 4:6

1 Faint o slabiau coch sydd eu hangen ar Robin ar gyfer:
   a 34 o slabiau gwyn   **b** 22 o slabiau gwyn   **c** 42 o slabiau gwyn

2 Mae ar Zeta angen helmed beicio newydd. Mae'r helmed yn costio £23.

Mae Zeta yn ennill arian drwy ddosbarthu taflenni.
Mae hi'n ennill £2 am bob pecyn o daflenni mae hi'n ddosbarthu.
Mae hi hefyd yn cael £5 i dalu am ginio a thocynnau bws.

Dyma'r fformiwla: $c$yflog = 2 × nifer y p ecynnau + 5
neu: $c = 2 \times p + 5$

   a Ysgrifennwch y fformiwla yma ar sgriniau robotiaid.
   b Lluniwch y peiriant gwrthdro.
   c Faint o becynnau fydd angen i Zeta eu dosbarthu er mwyn gallu prynu'r helmed beicio?

3 Mae George yn cymryd rhan mewn distawrwydd noddedig.
Mae ei rieni yn rhoi £5 iddo.
Mae ei ffrindiau yn ei noddi yn ôl £2 yr awr.

Dyma'r fformiwla: $s$wm a godwyd $= 2 \times$ nifer yr oriau($a$wr) $+ 5$
a Ysgrifennwch fformiwla George mewn algebra.
b Ysgrifennwch y fformiwla ar sgriniau robotiaid.
c Lluniwch y peiriant gwrthdro.
ch Am faint o amser fydd yn rhaid i George fod yn ddistaw er mwyn codi:
    (1) £11   (2) £23   (3) £53?

4 Mae rhai o ddisgyblion Blwyddyn 8 yn mynd i Longleat.
Mae cyfanswm y gost (mewn £) yn cael ei ddarganfod gan ddefnyddio'r fformiwla:
      $c$ost $= 7 \times$ nifer o d disgyblion $+ 80$
neu: $c = 7 \times d + 80$

Cyfrifwch y gost ar gyfer:
a 20 o ddisgyblion   **b** 36 o ddisgyblion

· ·

Gallwch ddatrys problemau hefyd gan ddefnyddio hafaliadau.
Er mwyn datrys hafaliad rydych yn edrych i weld beth sydd wedi digwydd i x.
Yna rydych yn darganfod gwrthdro hynny.

Enghreifftiau   **1** Datryswch $x + 9 = 17$
                  Gwrthdro $+9$ is -9 felly tynnwch 9 o'r ddwy ochr.

                  $x + 9 - 9 = 17 - 9$
                             $x = 8$

       2 Datryswch $4c + 2 = 30$
                  Mae $4c$ yn golygu $4 \times c$

                  Dyma'r fformiwla ar gyfer y slabiau coch a gwyn.
                  Bydd datrys hyn yn ateb y cwestiwn
                  'Faint o slabiau coch sydd eu hangen ar Robin ar gyfer 30 o slabiau gwyn?'

                  Gwrthdro $+2$ yw -2 felly tynnwch 2 o'r ddwy ochr.

                  $4c + 2 - 2 = 30 - 2$
                          $4c = 28$

                  Gwrthdro $\times 4$ yw $\div 4$ felly rhannwch y ddwy ochr â 4.
                  $\dfrac{4c}{4} = \dfrac{28}{4}$
                  $c = 7$

◄◄AILCHWARAE►

Ymarfer 4:7

Datryswch yr hafaliadau yma.
Gallech eu hysgrifennu gan ddefnyddio sgriniau robotiaid i'ch helpu.

1 $x + 4 = 10$

2 $x - 7 = 12$

3 $x + 15 = 23$

4 $3y = 12$

5 $4x = 24$

6 $\frac{1}{2}d = 5$

7 $2x + 1 = 9$

8 $7x - 3 = 46$

9 $2x - 5 = 15$

10 $3a - 2 = 8$

11 $6x + 7 = 19$

12 $\frac{b}{2} = 14$

13 $\frac{x}{3} = 5$

14 $\frac{x}{5} + 1 = 6$

15 $8 + 2y = 20$

● **16** $2z - 6 = 5$

Ymarfer 4:8

Mae ffermwr defaid eisiau gweithio faint o ddefaid fydd hi'n bosibl iddo eu cadw ym mhob un o'i gaeau.
Mae ar bob dafad angen digon o le i bori.

Y fformiwla i gyfrifo arwynebedd angenrheidiol yw: $A = 6d + 10$
d yw'r nifer o ddefaid.

Mae'r tabl yma'n rhoi arwynebeddau caeau'r ffermwr mewn metrau sgwâr.
Cyfrifwch faint o ddefaid fydd o'n eu cadw ym mhob cae.

Cae	A	B	C	CH	D	DD
Arwynebedd y cae	40	190	220	165	16	310

3   Amnewid

Mae llawer o hafaliadau mewn mathemateg a gwyddoniaeth yn cynnwys pwerau.

◄◄AILCHWARAE►

Ymarfer 4:9

Mae'r llythrennau'n cynrychioli'r rhifau a ddangosir:

$$a = 2 \quad b = 5 \quad c = 3 \quad d = 4 \quad e = 10$$

Gwnewch y canlynol:
(*Cofiwch*: Ysgrifennir $3 \times a$ fel $3a$ mewn algebra ac ysgrifennir $a \times b$ fel ab.)

1 $b + 8$ **3** $d + e$ **5** $d + b - c$ **7** ab

2 $3a$ **4** $2c - a$ **6** $5d - 4b$ **8** $2cd - e$

9   Ceir y fformiwla yma mewn gwyddoniaeth: $F = ma$ ($F =$ grym).
Darganfyddwch F os yw $m = 6$ ac $a = 9$.

10   Mae'r fformiwla $P = 2h + 2l$ yn rhoi perimedr petryal.
Darganfyddwch P pan yw $h = 8$ ac $l = 2$.

Pŵer	a^2	Mae'r **pŵer** '2' yn dweud wrthych sawl a sy'n cael eu lluosi â'i gilydd.
		$a \times a = a^2$
		$a \times a \times a = a^3$

---

11 Ysgrifennwch y rhain fel pwerau.

   a $d \times d \times d$

   b $a \times a \times a \times a \times a$

   c $y \times y$

   ch $c \times c \times c \times c$

12 Darganfyddwch werth y canlynol:

   a 4^2 **b** 2^4 **c** 5^3

Mae Ceri a Seren yn helpu ar fferm yn ystod y gwyliau. Mae'r ffermwr yn gofyn iddyn nhw ddarganfod arwynebedd y caeau yma.

Mae Ceri a Seren yn gweithio'r arwynebedd mewn gwahanol ffyrdd.

Dull Ceri

Arwynebedd 1 cae $= 10 \times 10$

$= 100$

Arwynebedd 4 cae $= 4 \times 100$

$= 400$

Dull Seren

Arwynebedd sgwâr mawr $= 20 \times 20$

$= 400$

Mae'r ddwy ohonynt yn cael yr un ateb.

Maen nhw'n ysgrifennu fformiwla sy'n rhoi arwynebedd cae o unrhyw faint.

Dull Ceri

Arwynebedd 1 cae $= y \times y$

$= y^2$

Arwynebedd 4 cae $= 4 \times y^2$

$= 4y^2$

Dull Seren

Arwynebedd sgwâr mawr $= 2y \times 2y$

$= 2 \times y \times 2 \times y$

$= 4 \times y \times y$

$= 4y^2$

Mae'r ddwy ohonynt yn cael yr un ateb unwaith eto.

Ysgrifennir $y \times y$ fel y^2 felly ysgrifennir $2y \times 2y$ fel $(2y)^2$

Mae $(2y)^2$ yr un fath â $4y^2$

Mewn algebra eu fformiwlâu yw:

$A = 4y^2$ $A = (2y)^2$

Enghraifft   Defnyddiwch fformiwlâu Ceri a Seren i ddarganfod arwynebedd y
caeau pan yw $y = 30$.

$$A = 4y^2$$
$$= 4 \times 30^2$$
$$= 4 \times 900$$
$$= 3600$$

$$A = (2y)^2$$
$$= (2 \times 30)^2$$
$$= (60)^2$$
$$= 60 \times 60$$
$$= 3600$$

Ymarfer 4:10

1   Defnyddiwch fformiwlâu Ceri a Seren i ddarganfod arwynebedd y caeau pan
yw gwerth y yn:

   a 20   **b** 35   **c** 40   **ch** 25   **d** 33

2   Mae John yn defnyddio'r fformiwla $D = 3t^2$ mewn gwyddoniaeth.
Darganfyddwch werth D pan yw gwerth t yn:

   a 2   **b** 5   **c** 9   **ch** 10

3   Mae'r fformiwla $a = (4d)^2$ yn rhoi arwynebedd siâp.
Darganfyddwch werth a pan yw gwerth d yn:

   a 3   **b** 4   **c** 5   **ch** 6

Enghraifft $c = 2$ $d = 3$ $e = 5$ $f = 10$

Cyfrifwch y canlynol **a** $3f^2$ **b** $4c^3$

$$\textbf{a}\quad 3f^2 = 3 \times f^2$$
$$= 3 \times 10^2$$
$$= 3 \times 100$$
$$= 300$$

$$\textbf{b}\quad 4c^3 = 4 \times c^3$$
$$= 4 \times 2^3$$
$$= 4 \times 8$$
$$= 32$$

Cyfrifwch y canlynol.

4 d^3 **6** e^3 **8** $4e^2$ **10** $7f^4$

5 c^4 **7** $2d^2$ **9** $5c^3$ **11** $3e^2$

Enghraifft

$c = 2$ $d = 3$ $e = 5$ $f = 10$

Cyfrifwch y canlynol: **a** $(4d)^2$ **b** $(2e)^3$

a $(4d)^2 = (4 \times d)^2$
$= (4 \times 3)^2$
$= 12^2$
$= 144$

b $(2e)^3 = (2 \times e)^3$
$= (2 \times 5)^3$
$= 10^3$
$= 1000$

Ymarfer 4:11

$c = 2$ $d = 3$ $e = 5$ $f = 10$

Cyfrifwch y canlynol:

1 $(2f)^2$ **4** $5d^2$ **7** $(4f)^3$

2 $(3d)^3$ **5** $(5d)^2$ **8** $3c^4$

3 $(4c)^2$ **6** $4f^3$ **9** $(3c)^4$

c **10** Llenwch y rhifau sydd ar goll.
    a $(y^2)^3 = y^?$ **b** $(m^4)^2 = m^?$ **c** $(s^3)^4 = s^?$

Ymarfer 4:12 Sgwariau goleuadau traffig

Edrychwch ar y patrymau yma o sgwariau lliw.

1

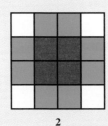

2

Faint o sgwariau melyn a gwyrdd fyddai yn y 50fed sgwâr
goleuadau traffig?
Sawl sgwâr coch fyddai yn y 50fed sgwâr goleuadau traffig?

Cynlluniwch rai patrymau sgwâr eich hun.
Gallech ddefnyddio mwy o liwiau.
Ar gyfer pob patrwm, darganfyddwch faint o bob lliw
fyddai yn y 50fed sgwâr.

1   Mae'r gost o drwsio car yn £10 a £15 am bob awr mae'r gwaith yn ei gymryd.
- **a**   Copïwch a llenwch y bwlch:
  Dyma'r fformiwla:
  $$cost = \ldots \times \text{nifer yr oriau } (a\text{wr}) + \mathbf{10}$$
- **b**   Ysgrifennwch y fformiwla mewn algebra.
- **c**   Darganfyddwch y gost gwaith trwsio sy'n cymryd 3 awr.

2   Mae cylchfannau yn cael eu gosod ar groesffyrdd fel hyn:

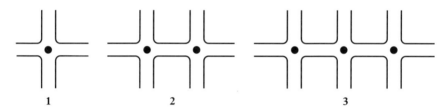

   1   2   3

- **a**   Lluniwch y ddau ddiagram nesaf yn y patrwm yma.
- **b**   Copïwch y tabl yma a'i gwblhau.

Nifer y cylchfannau	1	2	3	4	5
Nifer y ffyrdd	4	7			

- **c**   Edrychwch ar y tabl.
  Sawl ffordd ydych chi'n ei hadio bob tro?
- **ch**   Copïwch a llenwch y bylchau:
  Dyma'r fformiwla:
  $$\text{nifer y } f\text{fyrdd} = \ldots \times \ldots\ldots\ldots\ldots\ldots + \ldots$$
- **d**   Ysgrifennwch eich fformiwla mewn algebra.
  $$f = \ldots \times \ldots + \ldots$$

3   Mae Jên yn cael parti.
Mae cost y bwyd yn £15 a £3 ar gyfer pob plentyn.
- **a**   Copïwch a llenwch y bylchau:
  Dyma'r fformiwla:
  $$cost = \ldots \times \text{nifer y } p\text{lant} + \ldots$$
- **b**   Ysgrifennwch y fformiwla mewn algebra.
- **c**   Cyfrifwch gost y bwyd ar gyfer 40 o blant.
- **ch**   Ysgrifennwch y fformiwla ar sgriniau robotiaid.
- **d**   Tynnwch lun y peiriant gwrthdro.
- **dd**   Mae'r bwyd yn costio £78.
  Faint o blant sy'n dod i'r parti?

4 Ar gyfer pob un o'r dilyniannau yma darganfyddwch:
  a y tri therm nesaf
  b y rheol i ddarganfod y term nesaf
  c y fformiwla i ddarganfod pob term o'r rhif term.
      (1)   1   3   5   7   ...   .
      (2)   7   11   15   19   ...   .
      (3)   1   6   11   16   ...   .
      (4)   9   12   15   18   ...   .
      (5)   4   14   24   34   ...   .

5 Datryswch yr hafaliadau yma.
  a $x + 6 = 11$ **dd** $8d + 11 = 35$

  b $y - 9 = 15$ **e** $\dfrac{x}{2} = 4$

  c $7x = 21$ **f** $\dfrac{y}{3} = 12$

  ch $2x + 3 = 15$ **ff** $\dfrac{t}{2} + 6 = 20$

  d $5y - 8 = 12$ **g** $\dfrac{y}{2} - 7 = 11$

6 Ysgrifennwch y rhain fel pwerau.
  a $t \times t$ **b** $s \times s \times s \times s$ **c** $y \times y \times y$

7 Darganfyddwch werth y canlynol:
  a 5^2 **b** 4^3 **c** 2^5 **ch** 3^4

8 $a = 5$ $b = 3$ $c = 2$ $d = 10$
  Cyfrifwch y canlynol:
  a $4 + b$ **d** $2a + 3c$ **ff** b^2
  b $c + d$ **dd** $4d - 3a$ **g** $a^2 + c^2$
  c $3d$ **e** d^2 **ng** $5c^2$
  ch $5 + 3c$ **f** c^4 **h** $(5c)^2$

1   Mae arwynebedd libart cwningen mewn metrau sgwâr yn cael ei ddarganfod gan ddefnyddio'r fformiwla:

   $A = 4c + 3$

   c yw nifer y cwningod.

   Faint o arwynebedd fydd ei angen ar gyfer:
   a   4 cwningen   **b**   7 cwningen

   Faint o gwningod allwch chi roi mewn libart ag arwynebedd o:
   c   11 m²   **d**   51 m²

2   Mae $V = IR$ yn fformiwla a ddefnyddir mewn gwyddoniaeth.
   Darganfyddwch V pan yw:
   a $I = 8$ ac $R = 5$ **b** $I = 12$ ac $R = 2$

3   Mae Pedr yn defnyddio'r fformiwla $D = 5t^2$ mewn mathemateg.
   Darganfyddwch werth D pan yw:
   a $t = 7$ **b** $t = 12$

4   Mewn gwyddoniaeth rydym yn defnyddio'r fformiwla Egni $= 8x^2$.
   Darganfyddwch yr egni pan yw:
   a $x = 12$ **b** $x = 20$

5   Llenwch y bylchau yn y dilyniannau yma:
   a   6.5   10   13.5   ...   .
   b   8   7.8   ...   ...   7.2   ...
   c   7   ...   10   ...   ...   14.5
   ch 6   ...   .   8.5

6   Darganfyddwch y fformiwla ar gyfer y dilyniant:
        15   13   11   9   7   5

7   Y fformiwla ar gyfer dilyniant yw $t = 8n - 7$
   a   Darganfyddwch y 26ed term.
   b   Pa derm sy'n hafal i 65?

| c | **Dilyniant rhif** | Patrwm o rifau yw **dilyniant rhif**. |
| | **Term** | Gelwir pob rhif yn y dilyniant yn **derm**. |

Enghraifft

Rhif term	1	2	3	4	5	6
Term	4	7	10	13	16	19

Y rheol i ddarganfod y term nesaf yw $+3$.

Gellir cyfrifo pob term hefyd drwy ddefnyddio fformiwla.
Yn yr enghraifft yma y fformiwla yw: $t = 3 \times n + 1$
n yw'r rhif term a t yw'r term.

Y 20fed term yw: $t = 3 \times 20 + 1$
$\qquad = 61$

c Gallwch weithio'n ôl drwy gildroi'r fformiwla.
Yr enw ar hyn yw **darganfod y gwrthdro**.

Os hon yw'r fformiwla $g4$ $c2$ $4 \sim 2$,
yn gyntaf ysgrifennwch hyn ar sgriniau robotiaid.

Yna cildrowch y fformiwla i ddarganfod y **gwrthdro**.

c ## Datrys hafaliadau
Gallwch ddatrys problemau drwy ddefnyddio hafaliadau.

Enghraifft Datryswch $4r + 2 = 30$
Mae $4r$ yn golygu $4 \times r$

Gwrthdro $+2$ yw -2 felly tynnwch 2 o'r ddwy ochr.

$4r + 2 - 2 = 30 - 2$
$\qquad 4r = 28$

Gwrthdro $\times 4$ yw $\div 4$ felly rhannwch y ddwy ochr â 4.

$$\frac{4r}{4} = \frac{28}{4}$$
$$r = 7$$

c **Pŵer** a^2 Mae'r **pŵer** '2' yn dweud wrthych sawl 'a' sy'n cael eu lluosi â'i gilydd.
$\qquad a \times a = a^2 \qquad\qquad a \times a \times a = a^3$

Byddwch yn ofalus wrth amnewid mewn pwerau.
Edrychwch ar y rhain pan fydd $d = 3$.
Maen nhw'n rhoi gwahanol atebion.

$4d^2 = 4 \times 3^2 \qquad\qquad (4d)^2 = (4 \times 3)^2$
$\quad = 4 \times 9 \qquad\qquad\qquad\quad = 12^2$
$\quad = 36 \qquad\qquad\qquad\qquad\quad = 144$

1   Mae Wil yn gosod teils yn ei ystafell ymolchi gan ddefnyddio patrwm fel yma:

   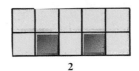   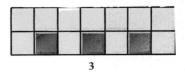

1   2   3

a   Lluniwch y ddau batrwm nesaf.
b   Copïwch y tabl yma
       a'i gwblhau.

Nifer y teils glas	1	2	3	4	5
Nifer y teils llwyd	5	8			

+?   +?   +?   +?

c   Faint o deils llwyd ydych chi'n adio bob tro?
ch Ysgrifennwch ran gyntaf y fformiwla.
d   Beth sydd raid i chi ei adio i gael y rhifau yn eich tabl?
dd Copïwch y fformiwla gyfan a'i chwblhau drwy lenwi'r bylchau:
          nifer y teils *l*lwyd = … × nifer y teils *g*las + …
e   Mae Wil yn defnyddio 17 o deils glas.
       Faint o deils llwyd mae o'n eu defnyddio?
f   Ysgrifennwch eich fformiwla ar sgriniau robotiaid.
ff Lluniwch y peiriant gwrthdro.
g   Defnyddiodd Wil 62 o deils llwyd.
       Faint o deils glas wnaeth o eu defnyddio?

2   Y fformiwla ar gyfer dilyniant yw: $t = 4 \times n + 3$
       Beth yw 3 therm cyntaf y dilyniant?

3 $a = 2$ $b = 5$ $c = 7$
       Cyfrifwch y canlynol:
       a $2a + 10$ **c** c^2 **d** $2b^2$
       b $2b + c$ **ch** b^3 **dd** $(2b)^2$

5 Trawsffurfiadau

CRAIDD

1 **Adlewyrchiadau**

2 **Symudiad – trawsfudiadau**

3 **Cylchdro**

4 **Helaethiad**

CWESTIYNAU

ESTYNIAD

CRYNODEB

PROFWCH
EICH HUN

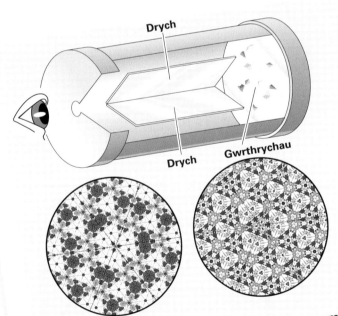

David Brewster ddyfeisiodd y caleidosgop ym 1816. Mae'n cynnwys dau ddrych mewn tiwb. Gall yr ongl rhwng y drychau fod naill ai'n 45° neu'n 60°.

Pan fydd pen y tiwb yn cael ei gylchdroi, mae darnau o blastig lliw rhwng y ddau ddrych yn cael eu hadlewyrchu i ffurfio patrymau cymesur.

Pa onglau eraill fyddai'n gweithio? Pam?

1 Adlewyrchiadau

Mae'r llyn yn gweithio fel drych.
Mae'r coed yn cael eu hadlewyrchu ynddo.
Mae'r llinell ddrych yn llinell cymesuredd.

◄◄AILCHWARAE►

Ymarfer 5:1

Copïwch y diagramau yma ar bapur sgwariau.
Lluniwch eu hadlewyrchiadau yn y llinellau drych.

1 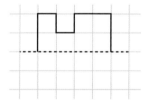   **2**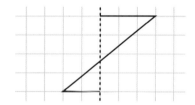

Nid oes raid i'r gwrthrych gyffwrdd y llinell ddrych.
Mae'r adlewyrchiad yr un pellter oddi wrth y llinell ddrych â'r gwrthrych ei hun.

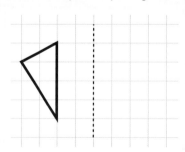   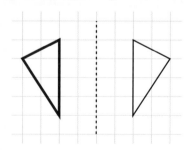

Gosodwch wrthrych 2 sgwâr
o flaen llinell ddrych.

Mae ei adlewyrchiad 2 sgwâr
y tu ôl i'r llinell ddrych.

Copïwch y diagramau yma ar bapur sgwariau.
Lluniwch eu hadlewyrchiadau yn y llinellau drych.

3

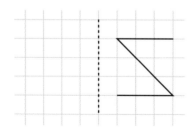

5

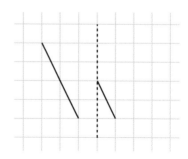

4

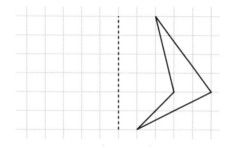

6

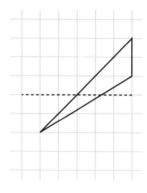

Nid yw'r llinell ddrych bob amser yn llinell ar y grid.

Mae'r adlewyrchiad neu'r ddelwedd yn parhau i fod yr un pellter oddi wrth y llinell ddrych â'r gwrthrych ei hun. Yma mae'r pellter yn groeslinol ar draws dau sgwâr.

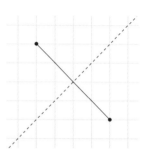

Delwedd Y **ddelwedd** yw'r hyn a welir ar ôl adlewyrchiad neu gylchdro.

Copïwch y diagramau yma ar bapur sgwariau.
Lluniwch eu hadlewyrchiadau yn y llinellau drych.

7

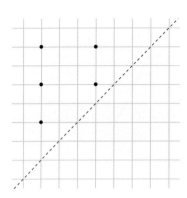

8

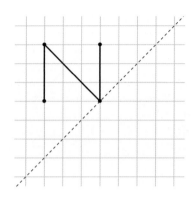

9 Dargopïwch y diagramau yma ar bapur dargopïo.
Plygwch y papur dargopïo ar hyd y llinell ddrych.
Dargopïwch y gwrthrych unwaith eto.
Agorwch eich papur dargopïo yn fflat a'i ddal at y golau.
Byddwch yn gweld y gwrthrych a'i adlewyrchiad.

a

b

c

Ymarfer 5:2

1 Copïwch yr echelinau ar bapur sgwariau.
  a Plotiwch y pwyntiau yma:
    A (1, 2)   B (2, 4)   C (5, 1)
    Labelwch bob pwynt â'i lythyren.
    Cysylltwch y pwyntiau i gael triongl ABC.
  b Adlewyrchwch y triongl ABC yn echelin y i
    gael triongl newydd $A_1B_1C_1$.
    Adlewyrchiad A yw A_1, etc.

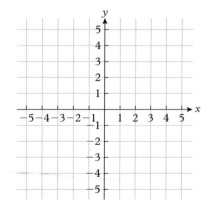

c Copïwch y tabl yma ar gyfer yr adlewyrchiad a'i gwblhau.

Cyfesurynnau ABC	$A(1, 2)$	$B(2, 4)$	$C(5, 1)$
Cyfesurynnau $A_1B_1C_1$	$A_1(-1, 2)$	B_1	C_1

ch Mae'r adlewyrchiad yn newid y cyfesurynnau.
   Ysgrifennwch y rheol ar gyfer y newid yma.
d Adlewyrchwch y triongl ABC gwreiddiol yn echelin x i gael triongl $A_2B_2C_2$.
dd Copïwch y tabl yma ar gyfer yr adlewyrchiad a'i gwblhau.

Cyfesurynnau ABC	$A(1, 2)$	$B(2, 4)$	$C(5, 1)$
Cyfesurynnau $A_2B_2C_2$	$A_2(1, ...)$	B_2	C_2

e Mae'r adlewyrchiad yn newid y cyfesurynnau.
   Ysgrifennwch y rheol ar gyfer y newid yma.
f Er mwyn cwblhau'r patrwm triongl gellid llunio $A_3B_3C_3$ yn y trydydd
   pedrant.
   Defnyddiwch eich rheolau o rannau **ch** ac **e** i ragfynegi beth fydd
   cyfesurynnau triongl $A_3B_3C_3$.
   Lluniwch $A_3B_3C_3$ i weld a ydych chi'n gywir.

2 Copïwch yr echelinau o gwestiwn **1** unwaith eto.
   a Mae'r tabl cyfesurynnau yma ar gyfer y llinell $y = x$
      Mae'r cyfesuryn y yn hafal i'r cyfesuryn x.
      Copïwch y tabl a'i gwblhau.

x	-5	-4	-3	-2	-1	0	1	2	3	4	5
y	-5			-2			1				

   b Plotiwch y pwyntiau. Cysylltwch nhw â phren mesur.
      Labelwch eich llinell yn $y = x$
   c Plotiwch y pwyntiau yma: $A(-2, 1)$ $B(-2, 5)$ $C(3, 5)$ $D(2, 3)$
      Labelwch bob pwynt â'i lythyren.
      Cysylltwch y pwyntiau i gael pedrochr ABCD.
   ch Adlewyrchwch ABCD yn y llinell $y = x$
      Labelwch siâp yr adlewyrchiad yn $A_1B_1C_1D_1$.

Mae'r siâp yma sydd wedi ei
wneud â chiwbiau yn cael ei
adlewyrchu yn y drych.

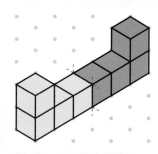

drych

Ymarfer 5:3

Byddwch angen ciwbiau a phapur isomedrig gyda dotiau i wneud yr
ymarfer yma.

1 Gwnewch y siapiau yma â chiwbiau.
Lluniwch eu hadlewyrchiadau.

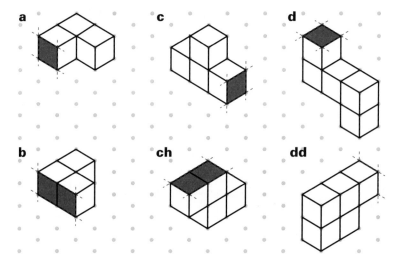

a   c   d

b   ch   dd

2 **a** Gwnewch y siâp yma a'i adlewyrchiad.
 b Lluniwch eich siâp ar bapur isomedrig.

3 Gwnewch rai siapiau a'u hadlewyrchiadau eich hun.

2 Symudiad – trawsfudiadau

Ceir gwahanol reidiau yn y ffair.
Gallwch fynd yn syth ar draws y cae ar y trên.
Gallwch droi rownd a rownd ar y ceffylau bach.

Trawsfudiad	**Trawsfudiad** yw symudiad mewn llinell syth.
Cylchdro	**Cylchdro** yw symudiad ar ffurf cylch.

Ymarfer 5:4

1 Ysgrifennwch pa un ai trawsfudiad ynteu cylchdro yw'r symudiadau yma.
   a agor drws cyffredin
   b rhedeg 100 metr
   c mynd i fyny mewn lifft
   ch agor llyfr
   d nofio hyd pwll nofio
   dd dadsgriwio topyn potel

2 Rhowch ddwy enghraifft eich hun o drawsfudiad.

3 Rhowch ddwy enghraifft eich hun o gylchdro.

Trawsfudiadau

Enghraifft

Trawsfudwch y siâp L 4 sgwâr i'r dde.

Dewiswch un pwynt.
Symudwch y pwynt 4 sgwâr i'r dde.
Symudwch y pwyntiau eraill yn yr un modd.

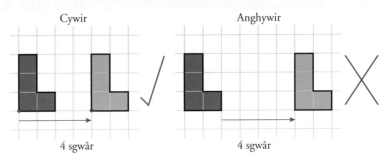

Cywir

Anghywir

4 sgwâr   4 sgwâr

Ymarfer 5:5

Byddwch angen papur sgwariau ar gyfer yr ymarfer yma.

1 Copïwch y siâp L yma ar bapur sgwariau.
Byddwch angen copi newydd ar gyfer pob rhan o'r cwestiwn.
Labelwch bob copi gan nodi rhif y cwestiwn.

Trawsfudwch eich L:
a 5 sgwâr i'r dde
b 4 sgwâr i lawr
c 3 sgwâr i'r chwith
ch 5 sgwâr i fyny
d 6 sgwâr i lawr
dd 5 sgwâr i'r chwith

2 Mae'r L las tywyll wedi symud
4 sgwâr i'r dde a
3 sgwâr i fyny.
a Copïwch y diagram ar bapur
sgwariau.
b Lluniwch L newydd ar yr un
darn o bapur.
Trawsfudwch yr L 2 sgwâr i'r
chwith a 4 sgwâr i lawr.

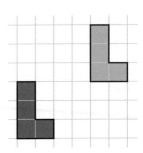

3 Ysgrifennwch sawl sgwâr mae'r L las tywyll wedi symud.
Ysgrifennwch a yw hi wedi symud i'r chwith, i'r dde, i fyny ynteu i lawr.

a

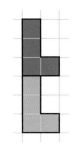

c

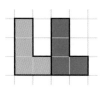

d

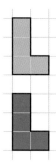

b

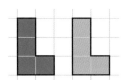

ch

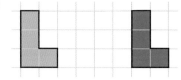

4 Tynnwch echelin x ac echelin y o 0 i 10.

a Plotiwch y pwyntiau yma:

A (1, 1)   B (4, 1)   C (3, 3)

Cysylltwch y pwyntiau i wneud triongl.

b Trawsfudwch y triongl ABC 5 uned i'r dde a 2 uned i fyny.
Labelwch ddelwedd y triongl yn $A_1B_1C_1$.

c Trawsfudwch y triongl ABC 2 uned i'r dde a 6 uned i fyny.
Labelwch ddelwedd y triongl yn $A_2B_2C_2$.

ch Ysgrifennwch y trawsfudiad sy'n symud $A_1B_1C_1$ i $A_2B_2C_2$.

d Ysgrifennwch y trawsfudiad sy'n symud $A_2B_2C_2$ i $A_1B_1C_1$.

Gêm Trawsfudo ciwb

Dyma gêm i ddau chwaraewr.
Byddwch angen bwrdd (gweler y
tudalen nesaf), dis coch a dis glas a chiwb
bychan. Gosodwch y ciwb ar 'Cychwyn'.

Mae'r chwaraewr cyntaf yn taflu'r
ddau ddis.

Mae'r dis coch yn dweud sawl sgwâr ar draws fydd rhaid symud y ciwb.
Gallwch symud i'r chwith neu i'r dde.
Mae'r dis glas yn dweud sawl sgwâr i fyny neu i lawr fydd rhaid symud
y ciwb.
Mae'r chwaraewr cyntaf yn symud y ciwb.

Mae'r ail chwaraewr nawr yn taflu'r ddau ddis ac yn symud y ciwb.

Rydych yn sgorio pwyntiau os ydych yn glanio ar sgwâr lliw.

     = 1 pwynt   = 3 phwynt

Y cyntaf i sgorio 5 pwynt neu fwy sy'n ennill.

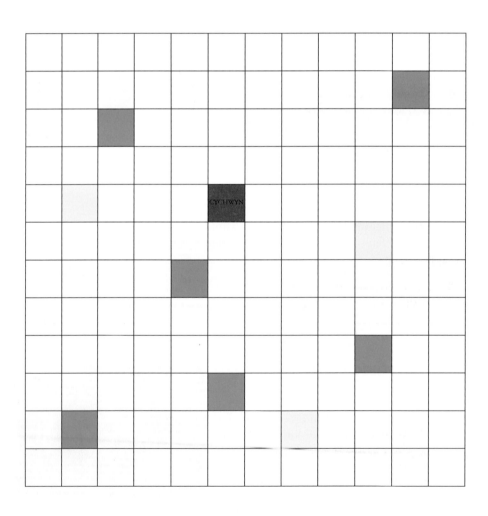

3 Cylchdroeon

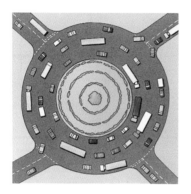

Pan fydd y traffig ar y gylchfan
mae'n symud mewn cylchoedd.
Canol y cylchoedd yw canol
y gylchfan.

CC AILCHWARAEV

Gall cylchdro neu droad fod yn glocwedd
neu'n wrthglocwedd.
Gall faint y troad amrywio.

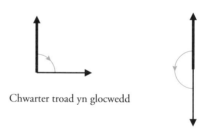

Chwarter troad yn glocwedd

Hanner troad yn wrthglocwedd

Ymarfer 5:6

1 A yw'r cylchdroadau yma'n glocwedd ynteu'n wrthglocwedd?
Beth yw maint eu troadau?

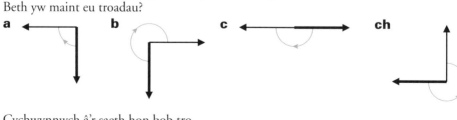

a   b   c   ch

2 Cychwynnwch â'r saeth hon bob tro.
Tynnwch lun y saeth ar ôl pob cylchdro.:
   a chwarter troad yn wrthglocwedd
   b hanner troad yn glocwedd
   c tri chwarter troad yn glocwedd

Canol cylchdro Pan fydd gwrthrych yn cylchdroi mae'n troi o amgylch y **canol cylchdro**.

Gall y canol cylchdro fod mewn gwahanol leoedd.

Mae'r saeth wedi symud chwarter troad yn glocwedd o amgylch gwahanol ganolau.

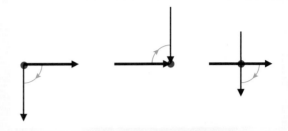

Yn yr ymarfer yma dangosir y canolau cylchdro mewn coch.

I ddechrau copïwch saeth yn eich llyfr.
Defnyddiwch bapur dargopïo i ddargopïo'r saeth.
Rhowch flaen eich pensil ar y canol.
Cylchdrowch eich papur dargopïo.
Mae'r papur dargopïo yn dangos i chi beth yw lleoliad newydd y saeth yn eich llyfr.
Lluniwch leoliad newydd y saeth yn eich llyfr.

Cylchdrowch y papur dargopïo

3 Rhowch chwarter troad i'r saeth yn wrthglocwedd o amgylch y canol.
Mae'r canol bob amser yn cael ei farcio â ●

a **b** **c**

4 Rhowch hanner troad i'r saeth yn glocwedd o amgylch y canol.

a **b** **c**

Nid oes raid i'r canol cylchdro fod ar y saeth.

Mae'r saeth wedi symud chwarter troad yn glocwedd o amgylch gwahanol ganolau.
Nid yw'r arc sy'n dangos y troad wedi'i llunio.

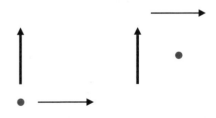

5 Rhowch chwarter troad i'r saeth yn wrthglocwedd o amgylch y canol.
Defnyddiwch bapur dargopïo i'ch helpu.
Peidiwch â llunio arc sy'n dangos y troad.

a **b**

6 Rhowch hanner troad i'r saeth yn glocwedd o amgylch y canol.

a **b**

◄◄AILCHWARAE►

Cymesuredd cylchdro	Mae gan siâp **gymesuredd cylchdro** os yw'n dod i ffitio arno'i hun fwy nag unwaith wrth iddo wneud troad cyfan.
Trefn cymesuredd cylchdro	**Trefn cymesuredd cylchdro** yw'r nifer o weithiau mae siâp yn dod i ffitio arno'i hun wrth iddo wneud troad cyfan. Mae'n rhaid i hyn ddigwydd 2 waith o leiaf.

Mae gan y siapiau hyn gymesuredd cylchdro.

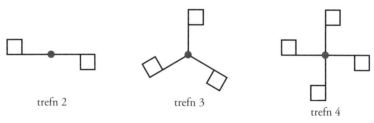

trefn 2   trefn 3   trefn 4

Ymarfer 5:8

Mae C yn nodi'r canol cylchdro.

1 a Copïwch y diagram ar bapur sgwariau.
b Rhowch hanner troad i'r faner o amgylch C.
Lluniwch y lleoliad newydd.
c Ysgrifennwch beth yw trefn cymesuredd cylchdro eich diagram.

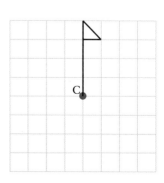

2 **a** Copïwch y diagram sydd ar gyfer cwestiwn **1** ar bapur sgwariau.
   b Rhowch chwarter troad i'r faner yn glocwedd o amgylch C.
   Lluniwch y lleoliad newydd.
   c Rhowch chwarter troad arall i'r faner yn glocwedd o amgylch C.
   Lluniwch y lleoliad newydd.
   ch Rhowch chwarter troad arall i'r faner yn glocwedd o amgylch C.
   Lluniwch y lleoliad newydd.
   d Ysgrifennwch beth yw trefn cymesuredd cylchdro eich diagram.

Ymarfer 5:9

1 Copïwch y canlynol. Llenwch y rhifau sydd ar goll.

| troad cyfan | $= 360°$ | hanner troad | $= \dots°$ |
| chwarter troad | $= \dots°$ | tri chwarter troad | $= \dots°$ |

2 Copïwch bob diagram ar bapur sgwariau.
Cylchdrowch y triongl o amgylch C bob tro.

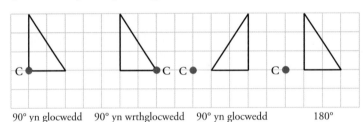

90° yn glocwedd   90° yn wrthglocwedd   90° yn glocwedd   180°

3 Copïwch yr echelinau yma ar bapur sgwariau.
   a Plotiwch y pwyntiau yma:
   A(2, 1) B(6, 1) C(6, 3) D(4, 3)
   Cysylltwch y pwyntiau i wneud
   trapesiwm.
   b Cylchdrowch ABCD 90° yn glocwedd
   o amgylch y tardd.
   Labelwch y ddelwedd yn $A_1 B_1 C_1 D_1$
   c Cylchdrowch ABCD 180° o amgylch y
   tardd
   Labelwch y ddelwedd yn $A_2 B_2 C_2 D_2$
   ch Cylchdrowch ABCD 90° yn
   wrthglocwedd o amgylch y tardd.
   Labelwch y ddelwedd yn $A_3 B_3 C_3 D_3$
   d Trwy sawl gradd (clocwedd) y mae
   ABCD wedi troi i roi $A_3 B_3 C_3 D_3$?

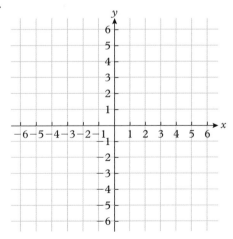

Patrymau yn cynnwys adlewyrchiadau, trawsfudiadau a chylchdroeon

Byddwch angen darn mawr o bapur sgwariau.
Torrwch grid 4 × 4 o sgwariau.

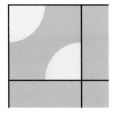

Lluniwch batrwm yn y gornel uchaf ar y chwith.

Trawsfudwch y patrwm i
bob sgwâr i gael hyn:

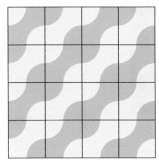

Adlewyrchwch y patrwm ym mhob
llinell o'r grid i gael y canlynol:

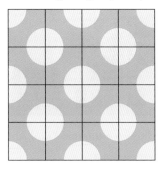

Mae'r patrwm yma
wedi cael ei gylchdroi
drwy chwarter troad yn
glocwedd bob tro.

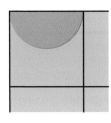
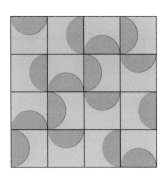

Rhowch gynnig ar wneud eich patrymau eich hun.

4 Helaethiadau

Mae'r lluniau o ddrama Ysgol Abergwynant yn barod.

Mae'n bosibl cael maint safonol neu helaethiad.
Mae'r helaethiad ddwywaith lled a dwywaith hyd y maint safonol.

Helaethiad Mae **helaethiad** yn newid maint gwrthrych.
Mae'r newid yr un fath ym mhob cyfeiriad.

Ffactor graddfa Mae'r **ffactor graddfa** yn dweud wrthym sawl gwaith yn fwy yw'r helaethiad.

Enghraifft Helaethwch y petryal gan ddefnyddio ffactor graddfa o **2**.

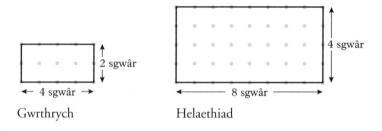

Gwrthrych   Helaethiad

Mae'r helaethiad **2** waith hyd a **2** waith lled y gwrthrych.

Ymarfer 5:10

1 Copïwch y siapiau yma ar bapur sgwariau.
Helaethwch bob siâp gan ddefnyddio ffactor graddfa o 2.

a   **b** 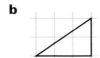 **c** 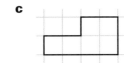 **ch**

2 Helaethwch y siapiau yng nghwestiwn **1** gan ddefnyddio ffactor graddfa o 3.

· ·

Ymarfer 5:11

1 Tynnwch echelin *x* o 0 i 9 ac echelin *y* o 0 i 12.
   a Plotiwch y pwyntiau yma mewn trefn.
   Cysylltwch nhw wrth fynd yn eich blaen.
   $(2, 2)$ $(2, 4)$ $(1, 6)$ $(3, 6)$ $(3, 2)$ $(2, 2)$
   b Copïwch y tabl yma a'i gwblhau.

Cyfesurynnau'r gwrthrych	$(2, 2)$	$(2, 4)$	$(1, 6)$	$(3, 6)$	$(3, 2)$	$(2, 2)$
Cyfesurynnau $\times$ 2	$(4, 4)$	$(4, 8)$	…			

   c Plotiwch y cyfesurynnau newydd mewn trefn.
   Cysylltwch nhw wrth fynd yn eich blaen.
   ch Ysgrifennwch ffactor graddfa'r helaethiad.

2 Tynnwch echelin *x* o 0 i 9 ac echelin *y* o 0 i 12.
   a Plotiwch y pwyntiau yma mewn trefn.
   Cysylltwch nhw wrth fynd yn eich blaen.
   $(1, 1)$ $(1, 4)$ $(2, 4)$ $(3, 2)$ $(3, 1)$ $(1, 1)$
   b Copïwch y tabl yma a'i gwblhau.

Cyfesurynnau'r gwrthrych	$(1, 1)$	$(1, 4)$	$(2, 4)$	$(3, 2)$	$(3, 1)$	$(1, 1)$
Cyfesurynnau $\times$ 3	…					

   c Plotiwch y cyfesurynnau newydd mewn trefn.
   Cysylltwch nhw wrth fynd yn eich blaen.
   ch Ysgrifennwch ffactor graddfa'r helaethiad.

Canol helaethiad	Gellir llunio helaethiad o **ganol**.
	Mesurwch bellteroedd y pwyntiau ar y gwrthrych o'r canol. Lluoswch y pellteroedd yma â'r ffactor graddfa. Mae hyn yn rhoi pellteroedd y pwyntiau ar y ddelwedd o'r canol.
Enghraifft	Helaethwch y trionglau gan ddefnyddio ffactor graddfa o 2. Defnyddiwch C fel canol yr helaethiad.

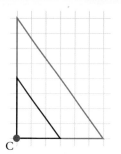 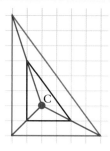 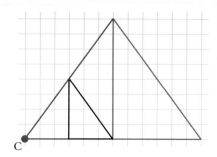

Ymarfer 5:12

1 Copïwch y diagramau yma ar bapur sgwariau.
Defnyddiwch C fel canol yr helaethiad.
Helaethwch y triongl gan ddefnyddio ffactor graddfa o 2.

a   **b** 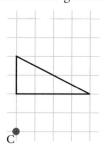 **c**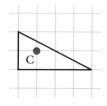

2 Copïwch y diagramau yma ar bapur sgwariau.
Defnyddiwch C fel canol yr helaethiad.
Helaethwch y pedrochr gan ddefnyddio ffactor graddfa o 3.

a  **b** 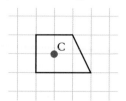 **c**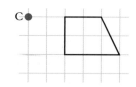

1 Copïwch y diagramau yma ar bapur sgwariau.
Tynnwch eu hadlewyrchiadau yn y llinellau drych.

a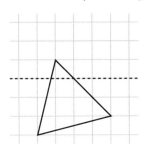

b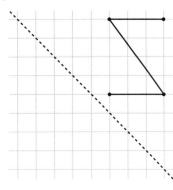

2 Dargopïwch y diagram yma ar
bapur dargopïo.
Plygwch y papur dargopïo ar hyd y
llinell ddrych.
Dargopïwch y gwrthrych unwaith eto.

Agorwch y papur dargopïo yn fflat a'i
ddal at y golau.
Byddwch yn gweld y gwrthrych a'i
adlewyrchiad.

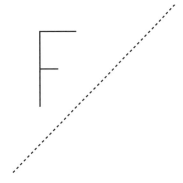

3 Tynnwch echelin x o 0 i 10 ac echelin y o 0 i 16.
  a Plotiwch y pwyntiau yma:
    $(4, 1)$ $(9, 1)$ $(9, 3)$ $(4, 3)$
    Cysylltwch y pwyntiau i wneud petryal.
    Trawsfudwch y petryal 5 uned i fyny.
  b Plotiwch y pwyntiau yma:
    $(2, 13)$ $(4, 13)$ $(4, 16)$
    Cysylltwch y pwyntiau i wneud triongl.
    Trawsfudwch y triongl 5 uned i lawr.
  c Plotiwch y pwyntiau yma: $(0, 8)$ $(1, 10)$
    Cysylltwch y pwyntiau i wneud llinell.
    Trawsfudwch y llinell 9 uned i'r dde.
 ch Plotiwch y pwyntiau yma: $(0, 5)$ $(0, 6)$ $(1, 6)$
    Cysylltwch y pwyntiau i wneud triongl.
    Trawsfudwch y triongl 4 sgwâr i'r dde.
    Trawsfudwch y triongl 4 sgwâr i'r dde eto.
  d Plotiwch y pwynt $(1, 4)$.
    Trawsfudwch y pwynt 2 uned i'r dde a 5 uned i fyny.

4 a Gwnewch y trefniannau yma o giwbiau.
Dychmygwch fod drych ar ochr dde pob siâp.
Lluniwch adlewyrchiad pob siâp yn y drych.
Mae'r un cyntaf wedi cael ei wneud i chi.

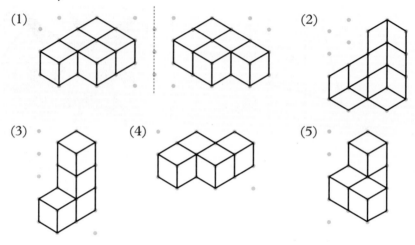

(1) (2) (3) (4) (5)

b Dewiswch un siâp a'i adlewyrchiad.
Lluniwch nhw ar bapur isomedrig.

5 Copïwch y diagram ar bapur sgwariau.
a Rhowch chwarter troad i'r saeth
yn wrthglocwedd o amgylch C.
Tynnwch y lleoliad newydd.
b Rhowch ddau chwarter troad arall
i'r saeth yn wrthglocwedd.
Lluniwch bob un.
c Ysgrifennwch drefn cymesuredd
cylchdro'r diagram gorffenedig.

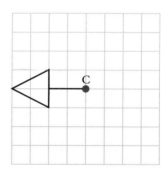

6 Copïwch y siapau yma ar bapur sgwariau.
Helaethwch nhw gan ddefnyddio ffactor graddfa o 3.

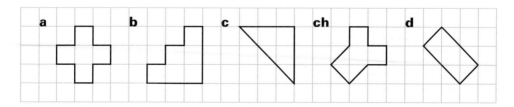

a   **b**   **c**   **ch**   **d**

1 Mae patrymau traddodiadol Islamaidd yn cael eu gwneud fel hyn:

Gwnewch batrwm mewn sgwâr.

Adlewyrchwch y patrwm ar draws ac i lawr.

Lliwiwch y patrwm.

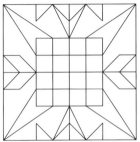

Gwnewch eich patrwm eich hun yn y ffordd yma.

2 Dechreuwch â siap syml y gellir ei ddefnyddio i wneud brithwaith. Gallwch wneud siapiau mwy diddorol gan ddefnyddio cylchdroeon a thrawsfudiadau.

Torrwch hanner cylch o'r siâp.
Rhowch hanner troad i'r hanner cylch.

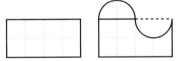
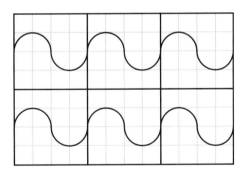

Torrwch driongl o'r siâp.
Trawsfudwch y triongl i'r ochr gyferbyn.

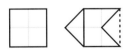
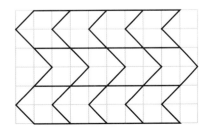

Rhowch gynnig ar wneud eich patrymau eich hun.

3 Cafodd y triongl yma hanner troad o amgylch canolbwynt un o'i ochrau.
Mae'r triongl a'i gylchdro yn gwneud paralelogram.

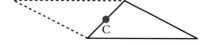

a Copïwch bob diagram.
Defnyddiwch bapur dargopïo i roi hanner troad i bob triongl o amgylch C.
Ysgrifennwch enw pob pedrochr rydych yn ei gael.

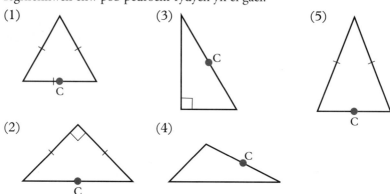

(1)   (3)   (5)

(2)   (4)

b Mae hi'n amhosibl gwneud barcud neu drapesiwm yn y ffordd yma.
Eglurwch pam.

4 Mae'r diagram yn dangos gwahanol drawsffurfiadau o siâp L.
Er enghraifft, mae A i E yn adlewyrchiad yn echelin *y*.
Ysgrifennwch ddisgrifiadau llawn o'r trawsffurfiadau yma:

a A i CH   **dd** E i F
b CH i DD   **e** DD i E
c A i DD   **f** E i CH
ch A i B   **ff** B i C
d B i A   **g** B i D

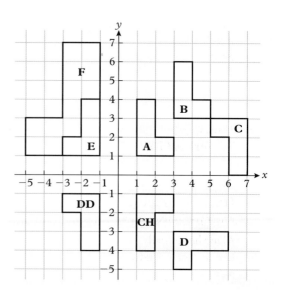

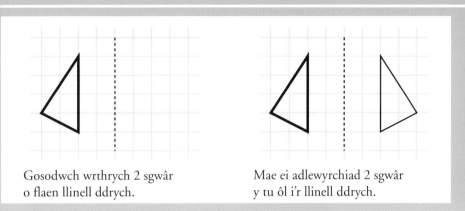

Gosodwch wrthrych 2 sgwâr
o flaen llinell ddrych.

Mae ei adlewyrchiad 2 sgwâr
y tu ôl i'r llinell ddrych.

- **Trawsfudiad**   Symudiad mewn llinell syth yw **trawsfudiad.**
  Cylchdro   **Cylchdro** yw symudiad ar ffurf cylch.

- *Enghraifft*   Trawsfudwch y siâp L 4 sgwâr
                  i'r dde.

  Dewiswch un pwynt.
  Symudwch y pwynt 4 sgwâr
  i'r dde.
  Symudwch y pwyntiau eraill yn
  yr un modd.

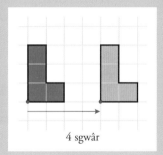

4 sgwâr

- Gall y canol cylchdro fod mewn
  gwahanol leoedd.

  Mae'r saeth wedi symud chwarter
  troad yn glocwedd o amgylch
  gwahanol ganolau.

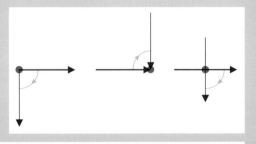

- **Helaethiad**   Mae **helaethiad** yn newid maint gwrthrych.
  Ffactor graddfa Mae'r **ffactor graddfa** yn dweud wrthym sawl gwaith yn
                      fwy yw'r helaethiad.

  Enghraifft
  Helaethwch y petryal gan
  ddefnyddio ffactor graddfa o 2.

  Mae'r helaethiad 2 waith
  hyd a 2 waith lled y
  gwrthrych.

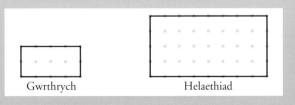

Gwrthrych   Helaethiad

1 Copïwch y diagramau yma ar bapur sgwariau.
Lluniwch eu hadlewyrchiadau yn y llinellau drych.

a 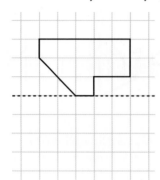 **b**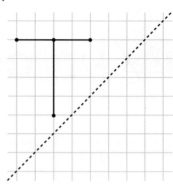

2 Ar gyfer pob rhan dechreuwch gan ddefnyddio copi
newydd o'r siâp L yma wedi ei lunio ar bapur sgwariau.
Labelwch bob copi gan nodi rhif y cwestiwn.

Trawsfudwch eich L:
a 3 sgwâr i'r dde
b 5 sgwâr i lawr
c 2 sgwâr i'r chwith a 4 sgwâr i fyny

3 **a** Copïwch y diagram.
Rhowch chwarter troad i'r
faner yn wrthglocwedd o
amgylch C.

b Copïwch y diagram.
Rhowch hanner troad
i'r faner yn glocwedd o
amgylch C.

4 Copïwch y diagram ar bapur sgwariau.
Cylchdrowch y siâp o amgylch C
chwarter troad ar y tro.
Lluniwch siâp newydd a chanddo
gymesuredd cylchdro trefn 4.

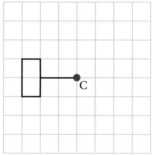

5 **a** Copïwch y siâp yma ar bapur sgwariau. **b** Copïwch y siâp yma ar bapur sgwariau.
Helaethwch y siâp drwy ddefnyddio   Helaethwch y siâp drwy ddefnyddio
ffactor graddfa o 2.   ffactor graddfa o 3.
                                        Defnyddiwch C fel canol helaethiad.

6 Peidiwch â bod yn negatif!

CRAIDD

1 ◀◀ **AILCHWARAE** ▶

2 **Rheolau rhifau cyfeiriol**

3 **Defnyddio rhifau negatif**

CWESTIYNAU

ESTYNIAD

CRYNODEB

PROFWCH EICH HUN

Y lle oeraf yn y byd yw'r "Pole of Inaccessibility" yn Antarctica. Yno mae'r tymheredd cymedrig blynyddol yn –58 °C.

Braemar, yn yr Alban yw'r orsaf dywydd oeraf ym Mhrydain. Yno mae'r tymheredd cymedrig blynyddol yn 6.3 °C. Ar nosweithiau oer mae Braemar wedi gweld tymereddau mor isel â –27 °C.

Y tymheredd isaf posibl yw sero absoliwt, 0 K ar raddfa Kelvin neu –273.15 °C. Y tymheredd isaf y llwyddwyd i'w gael ar y Ddaear oedd 0.000 000 000 28 K. Digwyddodd hyn yn y Labordy Tymereddau Isel ym Mhrifysgol Helsinki, yn y Ffindir ym mis Chwefror 1993.

1   ◀◀AILCHWARAE▶

Rydych chi wedi clywed eisoes am rifau negatif.

Rhifau **negatif**	Gelwir rhifau ag arwydd minws o'u blaen yn rhifau **negatif**.
Rhifau **positif**	Mae rhifau eraill ac eithrio "dim" yn rhifau **positif**. Weithiau ysgrifennir rhifau positif ag arwydd plws o'u blaen. Nid yw "dim" yn bositif nac yn negatif.
Llinell rif	Gallwn ddangos rhifau positif a negatif ar **linell rif**.

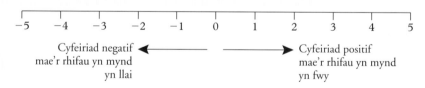

Cyfeiriad negatif mae'r rhifau yn mynd yn llai		Cyfeiriad positif mae'r rhifau yn mynd yn fwy

Enghreifftiau   Mae 1 yn llai na 4   Mae -2 yn llai nag 1   Mae -4 yn llai na -1
               Mae 3 yn fwy na 2   Mae 1 yn fwy na -2 Mae -1 yn fwy na -3

Ymarfer 6:1

1   Pa rif yw'r lleiaf?
     a -2 ynteu 4   **b**   0 ynteu -5 **c** -2 ynteu -5

2   Pa rif yw'r mwyaf?
     a -6 ynteu 1   **b** -1 ynteu 0   **c** -3 ynteu -4

3 Rhowch y rhifau yma mewn trefn, y lleiaf yn gyntaf.

    a −4, 5, −2, 3   **b** 5, −3, 0, −2, 7 **c** −6, 1, −1, −3, 0, 4

4 Rhowch y rhifau yma mewn trefn, y mwyaf yn gyntaf.

    a −1, 2, −3   **b** −2, 5, 1, −1, 2 **c** −11, 8, −5, −9, 2, −1

5 Ysgrifennwch y ddau derm nesaf yn y patrymau rhif yma.

    a 4, 2, 0, −2, −4, …, …   **ch** 30, 20, 10, 0, …, …

    b 8, 5, 2, −1, −4, …, …   **d** 7, 1, −5, …, …

    c 10, 5, 0, −5, −10, …, …   **dd** 6, 5, 3, 0, −4, −9, …, …

6 Copïwch y patrymau rhif yma.
Llenwch y rhifau sydd ar goll.

    a 5, 3, 1, …, −3, …, −7

    b 9, 6, 3, …, −3, …, −9

    c 100, 50, …, −50, …, −150

| Llai na < | Yn aml rydym yn defnyddio'r arwyddion < ac > gyda rhifau. |
| Mwy na > | Golyga < **'llai na'**   Golyga > **'mwy na'**. |

Enghreifftiau   Mae −5< −2 yn golygu fod −5 yn llai na −2

                    Mae 2 > −4 yn golygu fod 2 yn fwy na −4

Ymarfer 6:2

1 Copïwch y parau o rifau.
Ysgrifennwch < neu >

    a 4 2   **ch** 6 −6

    b 0 −3   **d** −2 1

    c −5 −1   **dd** −3 −8

2 Mae uchder arferol afon yn cael ei
farcio yn 0 ar y raddfa.
Ddechrau'r mis roedd y lefel ar
4 metr.

    a Beth yw lefel yr afon
        nawr?

    b Beth yw'r gostyngiad yn lefel y
        dŵr?

3 Beth yw'r gwahaniaeth rhwng y tymereddau dydd a nos yma?

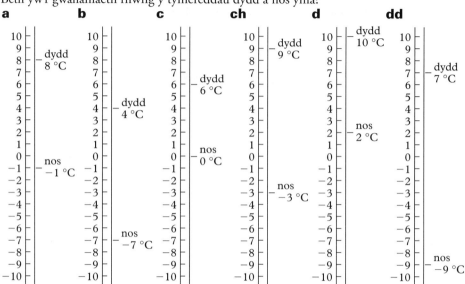

4 Sawl gradd o wahaniaeth sydd rhwng y tymereddau dydd a nos yma?

a 6 °C a 11 °C   **ch** −1 °C a 10 °C

b −2 °C a 14 °C   **d** −5 °C a −1 °C

c −5 °C a 0 °C   **dd** −10 °C a 20 °C

5 Mewn rhewgell mae'r tymheredd yn −18 °C.
Mae pizza sydd wedi ei rewi yn cael ei ddadrewi i dymheredd ystafell.
Mae tymheredd ystafell yn 21 °C.
Trwy sawl gradd mae tymheredd y pizza yn codi?

Gallwn ddefnyddio cyfrifianellau i ateb cwestiynau sy'n cynnwys rhifau negatif.
Gallwn ddefnyddio'r botwm +/− .

Enghraifft

Un noson mae'r tymheredd yn −4 °C. Y diwrnod canlynol
mae'r tymheredd yn codi i 9 °C.
Sawl gradd o wahaniaeth sydd rhwng y tymereddau dydd
a nos?

Pwyswch y botymau yma:

Ateb: 13 °C

---

6 Dyma rai tymereddau nos a dydd.
Defnyddiwch eich cyfrifiannell i ddarganfod beth yw'r gwahaniaeth rhwng
bob pâr.

a −3 °C a 7 °C   **ch** 2 °C a 17 °C

b −1 °C a 13 °C   **d** −9 °C a −1 °C

c −5 °C a 10 °C   **dd** −9 °C a 0 °C

7 Mae Jên yn sefyll ar ben clogwyn.
Mae'r llun yma'n dangos beth sydd
uwchben ac islaw lefel y môr.

a Beth sydd ar uchder o tua +60 m?

b Pa mor isel yw pen y sgerbwd
cwch o dan y pysgodyn?

c Pa mor uchel yw'r wylan uwchben
y pysgodyn?

ch Amcangyfrifwch bellter gwely'r
môr o dan lefel y môr.

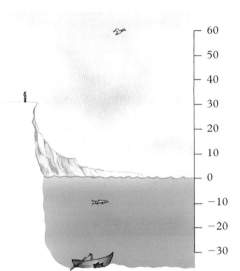

8 Ar raglen cwis mae cystadleuwyr yn sgorio 2 bwynt am ateb cywir.
Maen nhw'n colli pwynt pan fyddant yn ateb yn anghywir.
Beth yw'r sgôr terfynol ar gyfer y canlynol:

a 9 ateb cywir a 2 ateb anghywir?

b 4 ateb cywir ac 8 ateb anghywir?

c 2 ateb cywir a 11 ateb anghywir?

Yn yr un cwis sgoriodd pob un o'r cystadleuwyr yma 11 o bwyntiau.

ch Rhoddodd Marc 5 o atebion anghywir.
Faint o gwestiynau atebodd o'n gywir?

d Rhoddodd Jamilla 7 o atebion cywir.
Faint o gwestiynau gafodd hi'n anghywir?

dd Cafodd Luc yr un nifer o gwestiynau yn gywir ag yn anghywir.
Faint o gwestiynau wnaeth o eu hateb?

2   Rheolau rhifau cyfeiriol

Mae Sali a Pedr yn mwynhau sgwba-blymio.
Mae nhw'n siarad am eu hymdrechion wrth blymio.
Maen nhw'n galw lefel y môr yn 0.
Mae Sali'n dweud ei bod hi wedi plymio hyd at −5 m.
Mae Pedr yn dweud ei fod wedi plymio 4 m yn is na hi.
Mae Sali'n gwybod sut i wneud hyn:
$$-5 - 4 = -9$$
Plymiodd Pedr hyd at −9 m.

Rhifau cyfeiriol	Rhifau ag arwyddion o'u blaen yw **rhifau cyfeiriol**, er enghraifft −3, +5, −7.

Adio a thynnu rhifau cyfeiriol

Enghraifft

Defnyddiwch yr ysgol rifau i ateb y rhain:

  a   7 − 4   **b**   3 − 6   **c**   −5 − 2

Dechreuwch bob amser ar 0.
Rhifwch i fyny ar gyfer rhifau positif.
Rhifwch i lawr ar gyfer rhifau negatif.

a   7 − 4
    Dechreuwch ar 0 ar y llinell.
    Rhifwch 7 bwlch i fyny.
    Rhifwch 4 bwlch i lawr.
    Ateb: 3

b   3 − 6
    Dechreuwch ar 0 ar y llinell.
    Rhifwch 3 bwlch i fyny.
    Rhifwch 6 bwlch i lawr.
    Ateb: −3

c   −5 − 2
    Dechreuwch ar 0 ar y llinell.
    Rhifwch 5 bwlch i lawr.
    Rhifwch 2 fwlch i lawr.
    Ateb: −7

Ymarfer 6:3

1 Copïwch yr ysgol rifau yn yr Enghraifft i'ch llyfr.
Trefnwch ei bod yn mynd i lawr ochr y tudalen.
Defnyddiwch yr ysgol rifau i ateb y canlynol:

a	$6 - 4$	**e**	$-6 + 7$	**i**	$9 - 10$
b	$3 - 5$	**f**	$-5 + 8$	**l**	$-1 + 3 - 4$
c	$5 - 7$	**ff**	$-3 - 4$	**ll**	$5 - 6 + 3$
ch	$2 - 8$	**g**	$-5 + 5$	**m**	$-2 - 3 - 1$
d	$6 - 10$	**ng**	$-3 - 3$	**n**	$-2 + 6 - 8$
dd	$-3 + 4$	**h**	$-6 - 2$	**o**	$-1 - 5 - 3$

2 **a** Copïwch y tabl adio yma ar bapur sgwariau.

b Llenwch y tabl.
Dechreuwch yn y rhan sydd wedi ei lliwio'n las.
Edrychwch ar y patrwm ym mhob llinell.
Defnyddiwch y patrwm i gwblhau'r tabl.

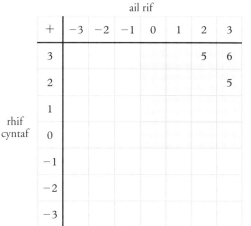

ail rif

rhif cyntaf

+	-3	-2	-1	0	1	2	3
3						5	6
2							5
1							
0							
-1							
-2							
-3							

3 Copïwch y rhain a'u cwblhau.

a Defnyddiwch eich tabl adio i'ch helpu.
(1) $3 + -2 = \ldots$
(2) $2 + -1 = \ldots$
(3) $1 + -3 = \ldots$
(4) $3 + -1 = \ldots$
(5) $2 + -3 = \ldots$
(6) $1 + -2 = \ldots$

b Defnyddiwch eich ysgol rifau i'ch helpu.
(1) $3 - 2 = \ldots$
(2) $2 - 1 = \ldots$
(3) $1 - 3 = \ldots$
(4) $3 - 1 = \ldots$
(5) $2 - 3 = \ldots$
(6) $1 - 2 = \ldots$

c Cymharwch y ddwy set o atebion.
Ysgrifennwch beth yr ydych yn sylwi arno.

ch Copïwch y rheol yma i'ch llyfr:
Mae $+ -$ yr un fath â $-$

4 Defnyddiwch eich rheol a'r ysgol rifau i ateb y rhain:

a	$4 + -2 = 4 - 2 = \ldots$	**ch**	$-5 + -2$	**e**	$9 + -7$
b	$5 + -4 = 5 \ldots 4 = \ldots$	**d**	$-6 + 3$	**f**	$-8 + 1$
c	$2 + -7 = 2 \ldots 7 = \ldots$	**dd**	$-3 + -4$	**ff**	$-5 + -5$

5 **a** Copïwch y tabl tynnu yma ar bapur sgwariau.

   b Llenwch y tabl.
   Dechreuwch yn y rhan sydd wedi ei lliwio'n las.
   Defnyddiwch batrymau rhif i'ch helpu i gwblhau'r tabl.

ail rif

$-$	-3	-2	-1	0	1	2	3
3					2	1	0
2							-1
1							-2
0							-3
-1							
-2							
-3							

rhif cyntaf

6 Copïwch y rhain a'u cwblhau.

   a Defnyddiwch eich tabl tynnu i'ch helpu.
   (1) $1 - -2 = \ldots$
   (2) $3 - -1 = \ldots$
   (3) $2 - -3 = \ldots$
   (4) $3 - -3 = \ldots$

   b Defnyddiwch eich ysgol rifau i'ch helpu.
   (1) $1 + 2 = \ldots$
   (2) $3 + 1 = \ldots$
   (3) $2 + 3 = \ldots$
   (4) $3 + 3 = \ldots$

   c Cymharwch y ddwy set o atebion.
   Ysgrifennwch beth yr ydych yn sylwi arno.

   ch Copïwch y rheol yma i'ch llyfr:
   Mae $- -$ yr un fath â $+$

7 Defnyddiwch eich rheol a'r ysgol rifau i ateb y rhain:
   a $6 - -4 = 6 + 4 = \ldots$ **ch** $-5 - -7$ **e** $-7 - -2$
   b $3 - -7 = 3 \ldots 7 = \ldots$ **d** $1 - -6$ **f** $-6 - -3$
   c $-9 - -8 = -9 \ldots 8 = \ldots$ **dd** $8 - -2$ **ff** $-1 - -5$

8 Defnyddiwch eich dwy reol a'r ysgol rifau i ateb y rhain:
   a $5 - -4$ **c** $3 + -5$ **d** $-5 + 4$ **e** $-3 + 7$
   b $4 + -2$ **ch** $7 - -1$ **dd** $-3 - -6$ **f** $-3 - 4$

Lluosi a rhannu rhifau cyfeiriol

Ymarfer 6:4

1 Copïwch y patrymau rhif yma.
   Llenwch y rhifau sydd ar goll.
   a $-3, \ldots, -1, 0, \ldots, 2, 3$
   b $-6, -4, \ldots, 0, 2, \ldots, 6$
   c $\ldots, -6, -3, 0, 3, 6, \ldots$

2 **a** Copïwch y tabl lluosi yma ar bapur sgwariau.

b Llenwch y tabl.
Dechreuwch yn y rhan sydd wedi ei lliwio'n las.
Defnyddiwch y patrymau rhif yng nghwestiwn **1** i'ch helpu.

ail rif

rhif cyntaf

$\times$	-3	-2	-1	0	1	2	3
3						6	9
2							
1							
0							
-1							
-2							
-3							

3 Copïwch y rhain a'u cwblhau.
Defnyddiwch eich sgwâr lluosi i'ch helpu.

a (1) $3 \times 2 = \ldots$
(2) $-2 \times 2 = \ldots$
(3) $-1 \times 2 = \ldots$
(4) $2 \times -3 = \ldots$
(5) $3 \times -1 = \ldots$

b (1) $-3 \times -2 = \ldots$
(2) $-2 \times -1 = \ldots$
(3) $-2 \times -2 = \ldots$
(4) $-1 \times -3 = \ldots$
(5) $-3 \times -1 = \ldots$

c Copïwch y rheol yma a llenwch y bwlch.
Defnyddiwch eich atebion i ran **a** i'ch helpu:
Mae $+ \times -$ a $- \times +$ yr un fath â ...
(Mae $+$ yn cynrychioli rhif positif a $-$ yn cynrychioli rhif negatif).

ch Copïwch y rheol yma a llenwch y bwlch.
Defnyddiwch eich atebion i ran **b** i'ch helpu:
Mae $- \times -$ yr un fath â ....

4 Defnyddiwch eich rheolau i ateb y rhain:

a -2×5
b -3×-6
c 4×-7
ch -5×-5

d 6×-4
dd -10×-9
e -5×8
f 9×9

ff -7×-6
g -6×-9
ng -7×5
h -12×-12

Edrychwch ar y sym luosi: $-3 \times 4 = -12$
Gallwn ysgrifennu dwy sym rannu gan ddefnyddio'r un rhifau: $-12 \div -3 = 4$
$$-12 \div 4 = -3$$

---

5 Ysgrifennwch ddwy sym rannu ar gyfer pob un o'r rhain.

a $-5 \times 3 = -15$
b $4 \times -5 = -20$

c $-3 \times -6 = 18$
ch $3 \times 11 = 33$

d $-5 \times -10 = 50$
dd $5 \times -6 = -30$

6 Copïwch y rheolau yma a llenwch y bylchau.

Defnyddiwch eich atebion i gwestiwn **5** i'ch helpu.

Mae $+ \div +$ yr un fath â ...   Mae $- \div -$ yr un fath â ...

Mae $+ \div -$ yr un fath â ...   Mae $- \div +$ yr un fath â ...

7 Defnyddiwch eich rheolau i ateb y rhain:

a	$-16 \div 2$	**d**	$-30 \div 6$	**ff**	$45 \div -5$
b	$-20 \div -5$	**dd**	$-18 \div -6$	**g**	$70 \div -7$
c	$-24 \div -3$	**e**	$14 \div -7$	**ng**	$-24 \div -12$
ch	$44 \div -11$	**f**	$28 \div 4$	**h**	$-81 \div 9$

Gallwch ddefnyddio cyfrifiannell i weithio gyda rhifau cyfeiriol.

Adio a thynnu

Cam 1: Defnyddiwch eich rheolau rhifau cyfeiriol i symleiddio'r cwestiwn.

Cam 2: Defnyddiwch $\boxed{+/-}$ i fwydo unrhyw rifau negatif i'r cyfrifiannell.

Enghreifftiau

a $15 + -19$ **b** $-13 - -9$

a *Cam 1*: Symleiddiwch $15 + -19 = 15 - 19$

Cam 2: Pwyswch y botymau $\boxed{1}$ $\boxed{5}$ $\boxed{-}$ $\boxed{1}$ $\boxed{9}$ $\boxed{=}$

Ateb: -4

b *Cam 1*: Symleiddiwch $-13 - -9 = -13 + 9$

Cam 2: Pwyswch y botymau $\boxed{1}$ $\boxed{3}$ $\boxed{+/-}$ $\boxed{+}$ $\boxed{9}$ $\boxed{=}$

Ateb: -4

Lluosi a rhannu

Cam 1: Defnyddiwch eich rheolau rhifau cyfeiriol i symleiddio'r cwestiwn.

Bydd y rheolau yn rhoi arwydd yr ateb i chi heb ddefnyddio $\boxed{+/-}$.

Enghreifftiau

a 15×-14 **b** $-276 \div -12$

a Symleiddiwch $15 \times -14 = -210$

Arwydd yr ateb yw $-$ ($+ \times -$ yw $-$)

Mae 15×14 wedi ei gyfrifo ar gyfrifiannell

b Symleiddiwch $-276 \div -12 = 23$

Mae'r ateb yn bositif felly nid oes angen arwydd ($- \div -$ yw $+$)

Mae $276 \div 12$ wedi ei gyfrifo ar gyfrifiannell

Ymarfer 6:5

1 Defnyddiwch gyfrifiannell i ateb y rhain.

a	$17 + -14$	**e**	$-37 - -14$
b	$35 - -16$	**f**	$-54 + -28$
c	$24 - 38$	**ff**	$-36 + -43$
ch	$27 + -42$	**g**	$-57 - 44$
d	$-21 - 28$	**ng**	$56 - 97$
dd	$-19 - -26$	**h**	$-45 - -174$

2 Defnyddiwch gyfrifiannell i ateb y rhain.

a	17×-12	**e**	-43×-12
b	-13×23	**f**	$-279 \div 9$
c	27×-28	**ff**	17×-26
ch	$-165 \div -15$	**g**	$-322 \div -23$
d	-24×-6	**ng**	43×-13
dd	$1700 \div 25$	**h**	$-306 \div 18$

● **3** Cyfrifwch yr atebion i'r canlynol:

a	$-2 \times -6 \times -5$	**e**	$-5 \times 6 \times -7$
b	$-56 \div -7 \div 4$	**f**	$-3 \times -3 \times -3$
c	$32 \div -4 \div -4$	**ff**	$100 \div -5 \div -5$
ch	$24 \div -3 \div -4$	**g**	$-2 \times -2 \times -2$
d	$-40 \div -4 \div -5$	**ng**	$-3 \times -3 \times -3 \times -3$
dd	$-6 \times -3 \times 2$	**h**	$-5 \times -5 \times -5$

3 Defnyddio rhifau negatif

Mae dosbarth 8M yn cael gwers wyddoniaeth. Maen nhw'n dysgu am raddfa Kelvin i fesur tymheredd.
Y tymheredd oeraf posibl yw 0 K.
Mae hyn tua $-273\,°C$.
Dyma'r fformiwla i drawsnewid K yn °C:

$$C = K - 273$$

Ymarfer 6:6

1 Defnyddiwch y fformiwla $C = K - 273$ i drawsnewid y tymereddau yma'n °C.
   a 273 K   **b** 373 K   **c** 1000 K   **ch** 0 K   **d** 100 K

Dyma'r fformiwla i drawsnewid °C yn K: $K = C + 273$

Enghraifft   Defnyddiwch y fformiwla $K = C + 273$ i drawsnewid $-50\,°C$ yn K.

Amnewidiwch ar gyfer C $K = -50 + 273$

Pwyswch y botymau: **5**   **0**   **+/-**   **+**   **2**   **7**   **3**   **=**

Ateb: 223 K

---

2 Defnyddiwch y fformiwla $K = C + 273$ i drawsnewid y tymereddau yma.
   a $-20\,°C$ **b** $-100\,°C$ **c** $200\,°C$ **ch** $-15\,°C$ **d** $-200\,°C$

3 Defnyddiwch y fformiwla $p = q + 10$ i ddarganfod p pan fydd gwerth q yn:
   a -5 **b** -10 **c** -30 **ch** 18   **d** -2

4 Defnyddiwch y fformiwla $r = s - 25$ i ddarganfod r pan fydd gwerth s yn:
   a -15 **b** 25   **c** 0   **ch** -6 **d** -10

5 Defnyddiwch y fformiwla $w = 50 + v$ i ddarganfod w pan fydd gwerth v yn:
   a 25   **b** -30 **c** -85 **ch** -5 **d** -100

6 Defnyddiwch y fformiwla $b = 75 - c$ i ddarganfod b pan fydd gwerth c yn:
   a 50   **b** -40 **c** -10 **ch** -25 **d** -100

Enghraifft 1   Defnyddiwch y fformiwla $g = 3h$ i ddarganfod g pan fydd h yn -5

Amnewidiwch ar gyfer h $g = 3 \times -5$
Ateb: -15

Enghraifft 2   Defnyddiwch y fformiwla $n = \dfrac{m}{2}$ i ddarganfod n pan fydd $m = -8$

Amnewidiwch ar gyfer m $n = -8 \div 2$
Ateb: -4

Ymarfer 6:7

1   Defnyddiwch y fformiwla $g = 3h$ i ddarganfod g pan fydd gwerth h yn:
    a -7 **b** -2 **c** 0 **ch** 5 **d** -20

2   Defnyddiwch y fformiwla $n = \dfrac{m}{2}$ i ddarganfod n pan fydd gwerth m yn
    a -6 **b** -3 **c** 16 **ch** 0 **d** -50

3   Defnyddiwch y fformiwla $y = 4x$ i ddarganfod y pan fydd gwerth x yn:
    a -1 **b** 0 **c** 5 **ch** -0.5 **d** -6

4   Defnyddiwch y fformiwla $d = \dfrac{c}{10}$ i ddarganfod d pan fydd gwerth c yn:
    a -20 **b** -15 **c** -35 **ch** 5 **d** -150

5   Defnyddiwch y fformiwla $y = \dfrac{12}{x}$ i ddarganfod y pan fydd gwerth x yn:
    a -6 **b** -2 **c** -3 **ch** 10 **d** -4

Mae hi'n ddiwrnod oer iawn. Mae Gary yn clywed ar y radio fod y tymheredd yn -6 °C.
Mae nain Gary yn hen ffasiwn. Mae hi'n hoffi defnyddio'r raddfa Fahrenheit wrth sôn am dymheredd.
Mae Gary yn gwybod am fformiwla sy'n trawsnewid Celsius yn Fahrenheit:
$$F = 1.8 \times C + 32$$

Mae Gary'n cyfrifo tymheredd ar ei gyfrifiannell fel hyn:
Amnewidiwch ar gyfer C $F = 1.8 \times -6 + 32$
Pwyswch y botymau yma: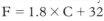
Ateb: 21.2 °F

Ymarfer 6:8

1 Defnyddiwch fformiwla Gary F = 1.8C + 32 i drawsnewid y tymereddau yma yn Fahrenheit.
    a $-10\ °C$ **b** $-5\ °C$ **c** $15\ °C$ **ch** $-8\ °C$ **d** $-20\ °C$

2 Defnyddiwch y fformiwla $v = 5t + 20$ i ddarganfod v pan fydd gwerth t yn:
    a 7   **b** -4 **c** -10 **ch** -6 **d** -2.5

3 Defnyddiwch y fformiwla $p = 3q - 15$ i ddarganfod p pan fydd gwerth q yn:
    a -4 **b** -12 **c** 0   **ch** 5   **d** -1

4 Defnyddiwch y fformiwla $s = 4t - 6$ ddarganfod s pan fydd gwerth t yn:
    a -2 **b** -6 **c** -20 **ch** 0   **d** 1.5

5 **a** Ysgrifennwch y fformiwla F = 1.8C + 32 ar sgriniau robotiaid.
    Copïwch a llenwch y bylchau:

$$C \longrightarrow \boxed{\times \ ...} \longrightarrow \boxed{+ \ ...} \longrightarrow F$$

    b Lluniwch y peiriant gwrthdro ar gyfer F = 1.8C + 32.
    c Defnyddiwch eich peiriant gwrthdro i drawsnewid y tymereddau yma'n Celsius.
    Talgrynnwch eich atebion yn gywir i un lle degol os oes angen.
    (1) $50\ °F$ (2) $-4\ °F$ (3) $-40\ °F$ (4) $0\ °F$ (5) $212\ °F$

Enghraifft   Darganfyddwch werth $3t^2$ pan yw $t = -4$

                 Amnewidiwch ar gyfer t $3 \times (-4)^2$

                 Heb gyfrifiannell: $3 \times -4 \times -4 = 48$

                                      Dim arwydd oherwydd $3 \times 4 \times 4 = 48$
                                        $- \times - = +$

                 Gyda chyfrifiannell:
                 Pwyswch y botymau yma:

                 Ateb: 48

Ymarfer 6:9

1 Darganfyddwch werth y rhain pan yw $t = -4$.
    a t^2 **b** $2t^2$ **c** $5t^2$ **ch** $10t^2$ **d** $6t^2$

2 Darganfyddwch werth y rhain pan yw $s = -3$.

    a s^2 **b** $4s^2$ **c** $5s^2$ **ch** $2s^2$ **d** $9s^2$

3 **a** Copïwch y tabl yma a'i gwblhau.

    $y = x^2$

x	-3	-2	-1	-0.5	0	0.5	1	2	3
x^2	9	...	...	...	...	...	...	4	...

 b Copïwch yr echelinau ar bapur sgwariau.

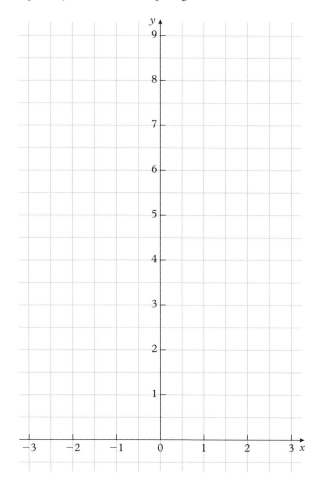

 c Plotiwch y pwyntiau ar eich tabl.
     Cysylltwch y pwyntiau â chromlin lefn.
 ch Labelwch eich graff yn $y = x^2$.
 d Pa linell yw llinell cymesuredd y gromlin?

1 Defnyddiwch eich rheolau i ateb y rhain:
  a $6 - -2$ **c** $-6 + -2$ **d** $-4 - -4$ **e** $-5 - 4$
  b $4 + -5$ **ch** $-2 - 4$ **dd** $-2 + -3$ **f** $0 - -5$

2 Defnyddiwch eich rheolau i ateb y rhain:
  a -6×-4 **c** -7×7 **d** -9×-2 **e** -4×-4
  b -3×5 **ch** 4×-8 **dd** -10×-8 **f** -11×-6

3 Defnyddiwch eich rheolau i ateb y rhain.:
  a $-20 \div 4$ **c** $-55 \div 11$ **d** $-56 \div 7$ **e** $27 \div -9$
  b $-32 \div -4$ **ch** $-36 \div -9$ **dd** $-42 \div 6$ **f** $-35 \div -7$

4 Defnyddiwch gyfrifiannell i ateb y rhain:
  a 14×-17 **ch** -45×-13 **e** $-570 \div -19$
  b $-37 + -16$ **d** $-55 - 34$ **f** 23×-16
  c $-1288 \div -56$ **dd** $67 - 86$ **ff** $-25 - -30$

5 **a** Defnyddiwch y fformiwla $e = 25 + f$ i ddarganfod e pan fydd gwerth f yn:
  (1) $f = 15$ (2) $f = -16$ (3) $f = -25$ (4) $f = -40$
  b Defnyddiwch y fformiwla $g = 80 - h$ i ddarganfod g pan fydd gwerth h yn:
  (1) $h = 55$ (2) $h = 85$ (3) $h = -20$ (4) $h = -35$

6 **a** Defnyddiwch y fformiwla $r = 6s$ i ddarganfod r pan fydd gwerth s yn:
  (1) $s = 5$ (2) $s = -4$ (3) $s = -10$ (4) $s = -50$

  b Defnyddiwch y fformiwla $m = \dfrac{n}{5}$ i ddarganfod m pan fydd gwerth n yn:

  (1) $n = 5$ (2) $n = -10$ (3) $n = -30$ (4) $n = -50$

7 **a** Defnyddiwch y fformiwla $p = 15 - 3q$ i ddarganfod p pan fydd gwerth q yn:
  (1) $q = 4$ (2) $q = -2$ (3) $q = -5$ (4) $q = -7$
  b Defnyddiwch y fformiwla $a = 3b + 12$ i ddarganfod a pan fydd gwerth b yn:
  (1) $b = -4$ (2) $b = -3$ (3) $b = 0$ (4) $b = -7$

8 Darganfyddwch werth $10t^2$ os yw gwerth t yn:
  a $t = 1$ **b** $t = 0$ **c** $t = -2$ **ch** $t = -6$

9 Darganfyddwch werth y rhain os yw $y = -5$.
  a y^2 **b** $2y^2$ **c** $5y^2$ **ch** $3y^2$

Gêm Mynd am y sero

Dyma gêm i ddau neu fwy o chwaraewyr.
Byddwch angen dis a darn o arian.

Mae Megan ac Andrew yn chwarae
'Mynd am y sero'.
Mae Megan yn taflu'r darn arian ac yn taflu'r dis.
Mae'r darn arian yn penderfynu beth fydd
arwydd y rhif: mae pen yn bositif ac mae cynffon
yn negatif. Mae Megan yn cael cynffon a 3. Mae'r
ddau chwaraewr yn ysgrifennu'r rhif −3.

Mae Megan yn taflu'r darn arian a'r dis bump o weithiau eto ac yn cael 2, −5, −1, 4, 3.

Dyma'r chwe rhif a gafodd Megan: −3, 2, −5, −1, 4, 3

Mae Megan ac Andrew yn gosod y rhifau mewn parau.
Yna maen nhw'n lluosi bob pâr.
Mae Megan yn adio'i hatebion ac mae Andrew yn adio'i atebion yntau.
Yr enillydd yw'r chwaraewr sy'n cael y cyfanswm agosaf at sero.

Dyma ganlyniadau Megan ac Andrew:

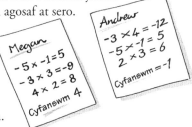

Andrew yw'r agosaf at sero,
felly ef sydd wedi ennill.

Chwaraewch y gêm yma gyda rhai o'ch ffrindiau.

1 Mae gan Ynyr gar wedi ei reoli o bell.
Mae o'n symud y car yn ôl ac ymlaen ac yn gwneud iddo gyflymu
yn gyson.

Dyma ddau hafaliad sy'n disgrifio'r ffordd mae'r car yn symud:

$v = u + at$ u = y buanedd ar ddechrau taith mewn m/s.
$s = ut + \frac{1}{2}at^2$ v = y buanedd ar ddiwedd taith mewn m/s.
                    a = y cyflymiad mewn m/s^2.
                    s = y pellter a deithir mewn metrau.
                    t = yr amser a gymerir mewn eiliadau

a Mae'r car yn mynd ar daith lle mae $u = 0$, $t = 4$ s, $a = 0.5$ m/s^2.
  (1) Defnyddiwch yr hafaliad $v = u + at$ i ddarganfod y buanedd ar
        ddiwedd y daith.
  (2) Defnyddiwch yr hafaliad $s = ut + \frac{1}{2}at^2$ i ddarganfod y pellter a deithiwyd.

b Mae'r car yn gwneud taith arall lle mae $u = 1$ m/s, $t = 2.5$ s,
     $a = -0.4$ m/s^2.
  (1) Defnyddiwch yr hafaliad $v = u + at$ i ddarganfod y buanedd ar
        ddiwedd y daith.
  (2) Defnyddiwch yr hafaliad $s = ut + \frac{1}{2}at^2$ i ddarganfod y pellter a deithiwyd.

2 Y fformiwla ar gyfer dilyniant yw $10 - 2n$.
   a Ysgrifennwch y tri therm cyntaf yn y dilyniant.
   b Pa derm sy'n 0?
   c Ysgrifennwch y 10fed term.

3 Copïwch y dilyniannau yma.
   Llenwch y rhifau sydd ar goll.
   a $-12, -7, ..., 3, 8, 13$ **c** $17, 8, -1, -10, ..., -28$
   b $9, 5, 1, -3, ..., -11$ **ch** $..., -31, -25, -19, -13, -7$

4 Datryswch yr hafaliadau yma.
   a $4x = -12$ **c** $5p = -10$ **d** $x - 5 = -6$
   b $\frac{y}{2} = -5$ **ch** $x + 7 = 4$ **dd** $-3y = 21$

5 **a** Copïwch a llenwch y bylchau:
       $-1 \times 12 = -12$ $... \times 6 = -12$ $-3 \times ... = -12$
       $1 \times -12 = -12$ $... \times -6 = -12$ $3 \times ... = -12$
   b Ysgrifennwch holl ffactorau -12.

6 **a** Copïwch a llenwch y bylchau:
       $-1 \times 20 = -20$ $... \times 2 = -20$ $... \times 4 = -20$
       $1 \times -20 = -20$ $... \times -2 = -20$ $... \times -4 = -20$
   b Ysgrifennwch holl ffactorau -20.

7 Cyfrifwch yr atebion i'r rhain:
   a $-2 \times -4 \times 5$ **b** $-3 \times 4 \times -10$ **c** $-4 \times -4 \times -4$

8 Cyfrifwch yr atebion i'r rhain.
   a $(-2)^2$ **b** $(-5)^2$ **c** $(-8)^2$ **ch** $(-10)^2$

9 Copïwch y rhain a'u cwblhau:
   Defnyddiwch yr atebion i gwestiwn **8** i'ch helpu.
   a $(-?)^2 = 9$ **b** $(-?)^2 = 36$ **c** $(-?)^2 = 100$ **ch** $(-?)^2 = 49$

10 **a** Ysgrifennwch y fformiwla $v = 50 + 10a$ ar sgriniau robotiaid.

   b Lluniwch beiriant gwrthdro ar gyfer $v = 50 + 10a$
   c Defnyddiwch eich peiriant gwrthdro i ddarganfod a pan fydd gwerth v yn:
      (1) $v = 0$ (2) $v = -10$ (3) $v = 25$ (4) $v = 50$

- Rhifau **negatif**

  Gelwir rhifau ag arwydd minws o'u blaen yn rhifau **negatif**.

  Rhifau **positif**

  Mae rhifau eraill ac eithrio "dim" yn rhifau **positif**. Weithiau ysgrifennir rhifau positif ag arwydd plws o'u blaen. Nid yw "dim" yn bositif nac yn negatif.

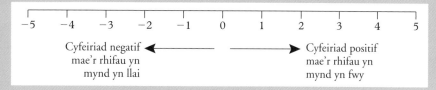

- **Llai na <**

  Mwy na >

  Yn aml rydym yn defnyddio'r arwyddion < ac > gyda rhifau.

  Golyga $-5 < -2$ fod -5 yn llai na -2.

  Golyga $2 > -4$ fod 2 yn fwy na -4.

- **Rhifau cyfeiriol**

  Rhifau ag arwyddion o'u blaen yw **rhifau cyfeiriol**, er enghraifft $-3, +5, -7$.

- ## Adio a thynnu rhifau cyfeiriol

  Enghraifft

  Defnyddiwch yr ysgol rifau i ateb $3 - 5$

  Dechreuwch bob amser ar 0.
  Rhifwch i fyny ar gyfer rhifau positif.
  Rhifwch i lawr ar gyfer rhifau negatif.

  $3 - 5$
  Dechreuwch ar 0 ar y llinell.
  Rhifwch 3 bwlch i fyny.
  Rhifwch 5 bwlch i lawr.
  Ateb: -2

  ```
  4
  3
  2
  1
  0
  -1
  -2
  -3
  ```

- ## Rheolau rhifau cyfeiriol

  Mae $+ \times -$ a $- \times +$ yr un fath â $-$

  Mae $+ \div -$ a $- \div +$ yr un fath â $-$

  Mae $+ -$ yr un fath â $-$

  Mae $- -$ yr un fath â $+$

- ## Lluosi a rhannu rhifau cyfeiriol

  Enghreifftiau

  $5 \times -4 = -20$

  $-3 \times -2 = 6$

  $-10 \div 2 = -5$

  $-6 \div -2 = 3$

- *Enghraifft*

  1 Defnyddiwch y fformiwla $g = 3h$ i ddarganfod g pan yw $h = -5$

  Amnewidiwch ar gyfer h $g = 3 \times -5$

  Ateb: -15

  2 Defnyddiwch y fformiwla $n = \dfrac{m}{2}$ i ddarganfod n pan yw $m = -8$

  Amnewidiwch ar gyfer m $n = -8 \div 2$

  Ateb: -4

1   Rhowch y tymereddau yma mewn trefn, yr isaf yn gyntaf.
     6 °C, −5 °C, −3 °C, 2 °C, 1 °C, −1 °C, 0 °C

2   Copïwch bob pâr o dymereddau.
     Ysgrifennwch < neu >.
     a 5 °C   3 °C   **b** −6 °C   −8 °C   **c** −4 °C   0 °C

3   Mewn anialwch mae'r tymheredd yn y nos yn −9 °C.
     Yn ystod y dydd mae'n cyrraedd 43 °C.
     Trwy sawl gradd mae'r tymheredd yn codi?

4   Defnyddiwch yr ysgol rifau i ateb y rhain:
     a $8 - 2$ **b** $3 - 9$ **c** $-4 - 5$ **ch** $3 - 5 + 4 - 1$

5   Cyfrifwch y canlynol:
     a $4 - -6$ **c** $-7 - -3$ **d** -3×5 **e** 6×-10
     b $-5 + -2$ **ch** $-5 - 3$ **dd** -4×-2 **f** $-10 \div -2$

6   Defnyddiwch gyfrifiannell i ateb y canlynol:
     a 31×-56 **c** $19 + -36$ **d** $-280 \div -14$
     b $175 \div -25$ **ch** $-25 - -48$ **dd** -45×-23

7   Defnyddiwch y fformiwla $r = s - 25$ i ddarganfod r pan fydd gwerth s yn:
     a 68   **b** 12   **c** −35

8   Defnyddiwch y fformiwla $v = 5t - 12$ i ddarganfod v pan fydd gwerth t yn:
     a 6   **b** 2   **c** −4

9   Darganfyddwch werth y rhain pan fydd $t = -2$.
     a t^2 **b** $5t^2$ **c** $8t^2$

10   Defnyddiwch y fformiwla $E = 5v^2$ i ddarganfod E pan fydd gwerth v yn:
     a 3   **b** 1   **c** −5

7 Onglau

CRAIDD

1 ◄◄ AILCHWARAE ►

2 **Llinellau paralel**

3 **Polygonau**

4 **Cyfeiriannau**

CWESTIYNAU

ESTYNIAD

CRYNODEB

PROFWCH
EICH HUN

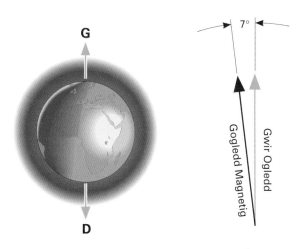

Mae bys cwmpawd yn pwyntio i'r *Gogledd magnetig*. Mae hyn fymryn yn wahanol i'r gwir Ogledd.

Yn aml mae gan fapiau ddwy saeth i ddangos y Gogledd.

Mae un saeth yn dangos y gwir Ogledd a'r llall yn dangos y Gogledd magnetig. Dylid cael dyddiad gyferbyn â'r Gogledd magnetig gan ei fod yn amrywio o flwyddyn i flwyddyn!

Mae'r ongl sydd rhwng y gwir Ogledd a'r Gogledd magnetig tua 7°.

1 ◄◄AILCHWARAE►

40°

Mae'r caban codi yn cario'r twristiad i fyny ac i lawr y mynydd.
Mae'r cebl ar ongl o 40° â'r llinell lorweddol. Mae hi'n beryglus i'r ongl yma fod yn rhy fawr.

Gradd

Rydym yn defnyddio **graddau** (wedi eu hysgrifennu °) i fesur onglau.

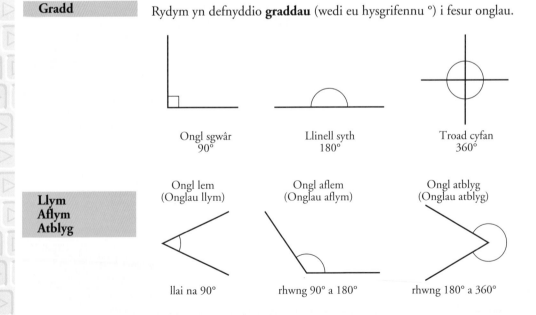

| Ongl sgwâr 90° | Llinell syth 180° | Troad cyfan 360° |

Llym
Aflym
Atblyg

| Ongl lem (Onglau llym) | Ongl aflem (Onglau aflym) | Ongl atblyg (Onglau atblyg) |

| llai na 90° | rhwng 90° a 180° | rhwng 180° a 360° |

Ymarfer 7:1

1 Ysgrifennwch pa ongl sy'n:
   a ongl lem   **b** ongl aflem   **c** ongl atblyg   **ch** ongl sgwâr

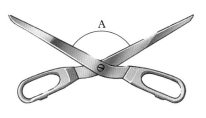
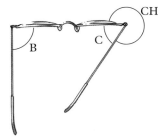

Siswrn   Sbectol

2 Ysgrifennwch enw pob un o'r onglau yma.
Dyma'r dewis sydd gennych:
llinell syth, ongl lem, ongl atblyg, ongl sgwâr, ongl aflem.

a 30°	**c** 270°	**d** 45°	**e** 320°	**ff** 116°
b 125°	**ch** 180°	**dd** 90°	**f** 170°	**g** 6°

Ymarfer 7:2

1 Cymerwch ddarn o bapur sgrap.
    a Plygwch o i wneud llinell syth.
    b Plygwch o unwaith eto i wneud
       ongl sgwâr.
Cadwch eich ongl sgwâr yn ofalus er
mwyn ei defnyddio yn y cwestiwn nesaf.

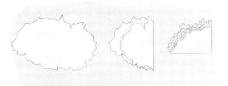

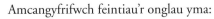

Enghraifft   Amcangyfrifwch feintiau'r onglau yma:

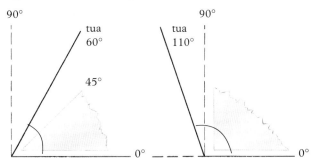

Plygwch 90° yn ei
hanner i gael 45°.

2 Amcangyfrifwch faint pob un o'r onglau yma mewn graddau.

Defnyddiwch yr ongl sgwâr wnaethoch chi'n gynharach i'ch helpu.

Copïwch y tabl yma a'i ddefnyddio i nodi eich amcangyfrifon.

Bydd arnoch angen y golofn 'Union gywir' ar gyfer cwestiwn **3**.

	Amcangyfrif	Union gywir
a		
b		
c		
...		

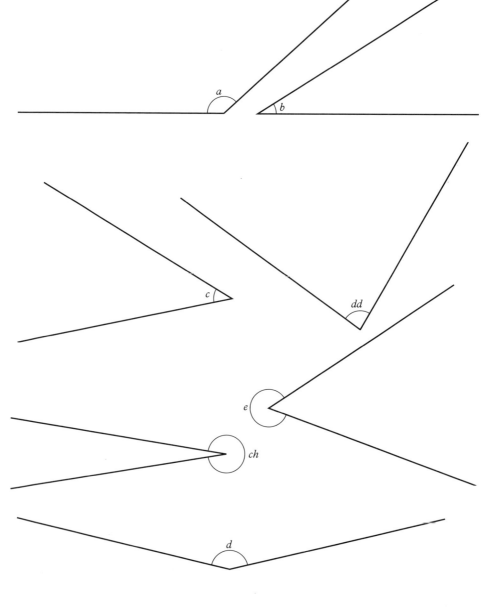

3 Mesurwch yr onglau yng nghwestiwn **2**.
Os oes gennych onglydd 180°, mesurwch yr onglau lleiaf ar gyfer yr onglau atblyg. Yna tynnwch yr ateb o 360°.
Ysgrifennwch eich atebion yng ngholofn 'Union gywir' eich tabl.

4 Lluniwch a labelwch yr onglau yma:
    a 67°   **c** 113°   **d** 165°   **e** 96°   **ff** 198°
    b 42°   **ch** 270°   **dd** 18°   **f** 154°   **g** 315°

Enghreifftiau   Cyfrifwch yr onglau sydd wedi eu marcio â llythrennau.

1 Mae **onglau ar linell syth**
yn adio i 180°
$a = 180° - 55° - 30°$
$a = 95°$

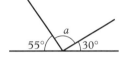

2 Mae **onglau ar bwynt**
yn adio i 360°
$b = 360° - 140° - 135°$
$b = 85°$

3 Mae **onglau cyferbyn** yn hafal.
Mae p gyferbyn â 120°
ac mae q gyferbyn â 60°
$p = 120°$ $q = 60°$
(Mae p a q yn adio i 180°)

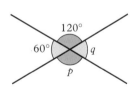

Ymarfer 7:3

Cyfrifwch yr onglau sydd wedi eu marcio â llythrennau.

1

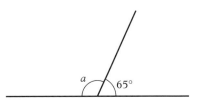

2

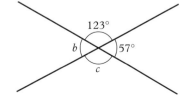

3

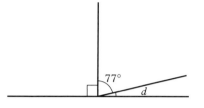

77°
d

7

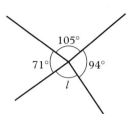

105°
71° 94°
l

4

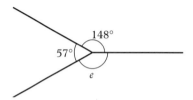

148°
57°
e

8

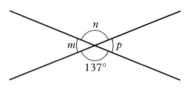

n
m p
137°

5

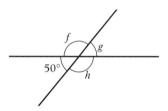

f g
50° h

9

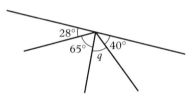

28°
65° 40°
q

6

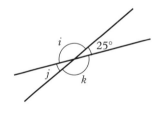

i 25°
j k

● 10

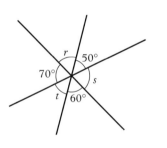

r 50°
70° s
t 60°

Enghraifft

Cyfrifwch ongl *c*.

Mae onglau triongl
yn adio i 180°
$c = 180° - 30° - 40°$
$c = 110°$

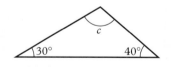

c
30° 40°

Ymarfer 7:4

Cyfrifwch yr onglau sydd wedi eu marcio â llythrennau.

1

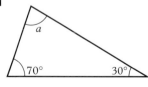

a
70° 30°

2

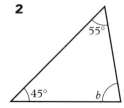

55°
45° b

3

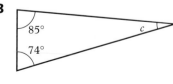

85°
74°
c

Nid oes gan **driongl anghyfochrog** onglau hafal nac ochrau hafal.

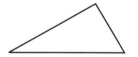

Mae gan **driongl isosgeles** ddwy ongl hafal a dwy ochr hafal.

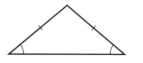

Mae gan **driongl hafalochrog** dair ongl hafal a thair ochr hafal.

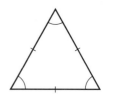

Cyfrifwch yr onglau sydd wedi eu marcio â llythrennau.

4

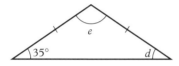

5

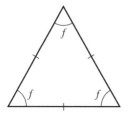

6

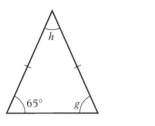

• 7

8 Copïwch a chwblhewch:

$2k = 180° - 30°$

$2k = ...$

$k \ = ...$

9 Copïwch a chwblhewch:

$2l = 180° - 50°$

$2l = ...$

$l \ = ...$

• 10

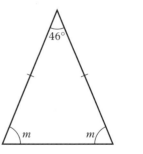

143

2 Llinellau paralel

Mae parau o gledrau rheilffordd yn baralel. Nid yw'r ddwy gledren byth yn cyfarfod. Maen nhw bob amser yn aros yr un pellter oddi wrth ei gilydd.

Gall gwahanol barau o gledrau rheilffordd groesi.
Weithiau gall trên symud o un pâr o gledrau i bâr arall.
Defnyddir system o ddarnau o gledrau symudol. Gelwir y rhain yn bwyntiau.

Ymarfer 7:5

1 **a** Tynnwch bâr o linellau paralel.
Marciwch nhw â saethau.

b Tynnwch linell sy'n croestorri'r ddwy linell baralel.

c Mesurwch a labelwch bob un o'r wyth ongl.

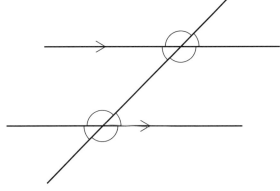

2 **a** Tynnwch bâr arall o linellau paralel.
Marciwch nhw â saethau.

b Tynnwch linell sy'n croestorri'r ddwy linell baralel ar ongl wahanol.

c Mesurwch a labelwch bob un o'r wyth ongl.

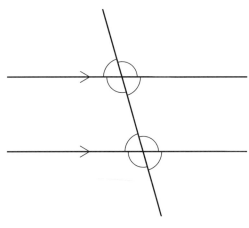

3 **a** Edrychwch ar yr onglau y gwnaethoch chi eu mesur yng nghwestiynau **1** a **2**. Ar beth yr ydych yn sylwi?

b Copïwch y diagram yma.
Lliwiwch y pedair ongl aflem hafal yn goch.
Lliwiwch y pedair ongl lem hafal yn las.

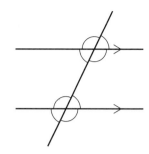

4 Copïwch y diagram.
Lliwiwch y pedair ongl aflem hafal yn oren.
Lliwiwch y pedair ongl lem hafal yn wyrdd.

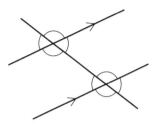

Enghraifft

Darganfyddwch yr onglau sydd wedi eu marcio â llythrennau.

Mae p gyferbyn â 130°
mae q gyferbyn â 50°
$p = 130°$ $q = 50°$

Mae'r set 'isaf' o bedair ongl yr un fath â'r set 'uchaf'.
$r = 130°$ a $t = 130°$
$s = 50°$ ac $u = 50°$

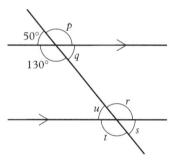

Ymarfer 7:6

Darganfyddwch faint yr onglau sydd wedi eu marcio â llythrennau.

1

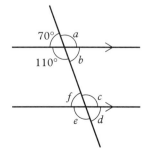

2

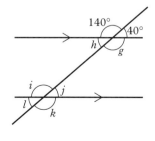

3

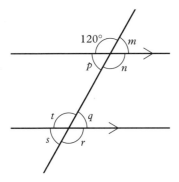

5

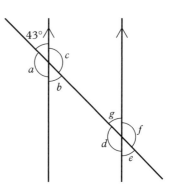

4

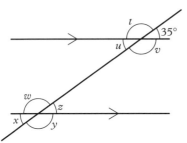

6

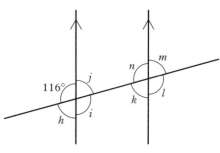

Onglau eiledol	Gelwir onglau ar ochrau cyferbyn y llinell sy'n croestorri yn **onglau eiledol**. Ceir yr onglau yma mewn siapiau **Z**. **Mae onglau eiledol yn hafal.**	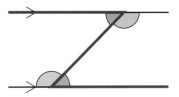
Onglau cyfatebol	Gelwir onglau sydd yn yr un lleoliad yn y setiau 'uchaf' ac 'isaf' o onglau yn **onglau cyfatebol**. Ceir yr onglau yma mewn siapiau **F**. **Mae onglau cyfatebol yn hafal.**	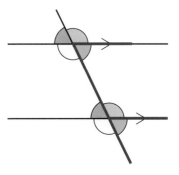
Onglau mewnol	Gelwir onglau sydd rhwng llinellau paralel yn **onglau mewnol**. **Mae onglau mewnol yn adio i 180°.**	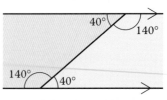

Ymarfer 7:7

1 a Copïwch y diagram
  b Lliwiwch un pâr o onglau eiledol yn goch.
    Lliwiwch y pâr arall yn las.
  c Labelwch eich diagram yn 'Onglau eiledol'.

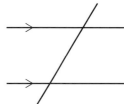

2 a Gwnewch gopi arall o'r diagram.
  b Dewiswch bedwar lliw.
    Lliwiwch bob pâr o onglau cyfatebol mewn gwahanol liw.
  c Labelwch eich diagram yn 'Onglau cyfatebol'.

3 a Copïwch y diagram.
  b Cyfrifwch yr onglau sydd ar goll.
  c Labelwch eich diagram yn 'Onglau mewnol'.

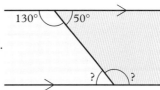

4 Darganfyddwch yr onglau sydd wedi eu marcio â llythrennau.
Ysgrifennwch pa fath o onglau yw pob pâr o onglau: onglau eiledol, onglau
cyfatebol ynteu onglau mewnol.

a

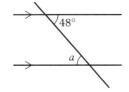

ch

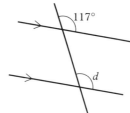

b

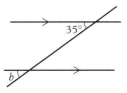

d

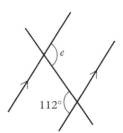

c

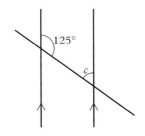

dd

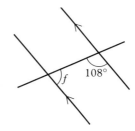

Enghraifft   Darganfyddwch yr onglau sydd wedi eu marcio â llythrennau.

Mae *p* a 130° yn onglau mewnol
(gan ddefnyddio'r llinellau paralel
sydd wedi eu marcio ag un saeth)
$p = 180° - 130°$ $p = 50°$

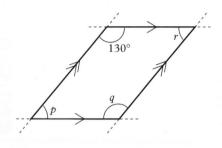

Mae *r* a 130° yn onglau mewnol
(gan ddefnyddio'r llinellau paralel
sydd wedi eu marcio â dwy saeth)
$r = 180° - 130°$ $r = 50°$

Mae *p* a *q* yn onglau mewnol
(gan ddefnyddio'r llinellau paralel sydd wedi eu marcio â dwy saeth)
$q = 180° - 50°$ $q = 130°$

Ymarfer 7:8

Darganfyddwch yr onglau sydd wedi eu marcio â llythrennau.

1

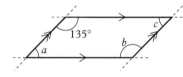

6

2

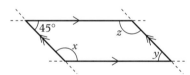

7

3

8

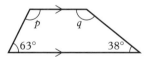

4

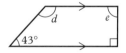

9

5

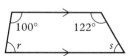

● 10

3 Polygonau

Petryal yw siâp y rhan fwyaf o adeiladau.
Weithiau ceir adeiladau ar ffurfiau
gwahanol bolygonau.
Allwch chi weld pam y gelwir yr
adeilad yma yn Octagon?

◀◀ AILCHWARAE ▶

Polygon

Siâp ag ochrau syth yw **polygon**.

Nifer yr ochrau	Enw'r polygon
3	triongl
4	pedrochr
5	pentagon
6	hecsagon
7	**heptagon**
8	octagon

6 ochr: hecsagon

Ymarfer 7:9

1 Ysgrifennwch swm onglau triongl.

2 a Lluniwch unrhyw bedrochr.
  b Rhannwch y pedrochr yn ddau
     driongl gan ddefnyddio croeslin.
  c Copïwch a llenwch y bylchau:
     Gellir rhannu pedrochr yn … o drionglau.
     Mae onglau dau driongl yn adio i $2 \times$ …° = …°
     Mae onglau'r pedrochr yn adio i …°

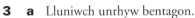

3 a Lluniwch unrhyw bentagon.
  b Tynnwch groesliniau o un fertig
     i bob un o'r fertigau eraill.
  c Copïwch a llenwch y bylchau:
     Gellir rhannu pentagon yn … o drionglau.
     Mae onglau … triongl yn adio i … $\times 180°$ = …°
     Mae onglau'r pentagon yn adio i …°

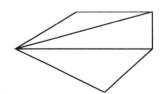

149

4 Gwnewch gwestiwn **3** unwaith eto ar gyfer hecsagon.

5 **a** Copïwch y tabl yma:

Nifer yr ochrau	Enw'r polygon	Nifer y trionglau	Swm onglau'r polygon
3	triongl	1	180°
4	pedrochr	…	…
…			

b Defnyddiwch eich atebion i gwestiynau **1-4** i lenwi'r tabl hyd at hecsagonau.
c (1) Edrychwch ar y patrymau rhif yn eich tabl.
　　　Defnyddiwch eich patrymau i lenwi'r tabl hyd at octagonau.
　　(2) Lluniwch heptagon ac octagon.
　　　Rhannwch nhw yn drionglau.
　　　Gwiriwch eich bod wedi llenwi'ch tabl yn gywir.

● **6** **a** (1) Sawl triongl y gellir eu ffurfio wrth rannu polygon 20 ochr?
　　　(2) Beth yw swm onglau polygon 20 ochr?
　b Gwnewch ran **a** unwaith eto ar gyfer polygon 100 ochr.
　c (1) Copïwch a llenwch y bylchau:
　　　　Mae nifer y trionglau y gellir eu ffurfio wrth rannu polygon yr
　　　　un fath â nifer ……. y polygon tynnu …
　　　　Mae onglau'r polygon yn adio i nifer y …… wedi ei luosi â …. °
　　(2) Ysgrifennwch eich rheol i ddarganfod swm onglau polygon mewn algebra.
　　　Defnyddiwch *n* ar gyfer *n*ifer ochrau'r polygon.

Polygon rheolaidd	Mae ochrau **polygonau rheolaidd** i gyd o'r un hyd. Mae eu honglau i gyd hefyd yn hafal. Mae trionglau hafalochrog a sgwariau yn bolygonau rheolaidd.
Enghraifft	Cyfrifwch ongl pentagon rheolaidd. Gellir rhannu pentagon yn dri thriongl. Mae swm onglau pentagon yn: $3 \times 180° = 540°$ Mae un ongl pentagon rheolaidd yn: $540° \div 5 = 108°$ Ateb: 108°

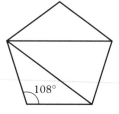

Ymarfer 7:10

1 Cyfrifwch onglau polygonau rheolaidd sydd â'r nifer canlynol o ochrau:
    a 6   **b** 7   **c** 8   **ch** 10   **d** 12   **dd** 20

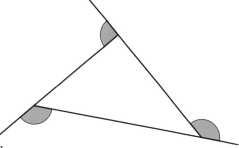

2 **a** (1) Lluniwch driongl ag ochrau
           estynedig fel hyn.
       (2) Mesurwch bob un o'r onglau
           sydd wedi eu marcio.
       (3) Adiwch y tair ongl.
  b Lluniwch bedrochr â'i ochrau wedi
     eu hestyn yn yr un modd.
     Gwnewch ran **a** (2) a (3) unwaith eto.
  c Lluniwch bentagon ag ochrau estynedig.
     Gwnewch ran **a**(2) a (3) unwaith eto.
 ch Gelwir yr onglau yr ydych chi wedi eu mesur yn **onglau allanol**.
     Mae onglau allanol unrhyw bolygon bob amser yn adio i roi'r un rhif.
     Beth yw'r rhif yma?

◄◄AILCHWARAE►

Brithwaith

Patrwm yw **brithwaith** sy'n
cael ei wneud drwy ailadrodd
yr un siâp drosodd a
throsodd.
Does yna ddim bylchau mewn
brithwaith.

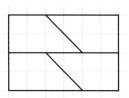

Brithwaith wedi ei wneud
â siapiau trapesiwm.

Ymchwil i siapiau y gellir eu defnyddio i wneud brithwaith

Byddwch angen set o deils siapiau polygonau rheolaidd. Defnyddiwch y teils i weld pa
bolygonau rheolaidd y gellir eu defnyddio i wneud brithwaith. Beth sy'n arbennig ynglŷn ag
onglau polygonau rheolaidd y gellir eu defnyddio i wneud brithwaith?
Allwch chi ddarganfod unrhyw bolygonau afreolaidd y gellir eu defnyddio i wneud brithwaith?
A yw eu honglau yn arbennig mewn unrhyw ffordd?

4 Cyfeiriannau

Mae Seimon yn cyfeiriannu. Mae ganddo fap cyfeiriannu lle mae'r pwyntiau rheoli wedi eu marcio. Mae Seimon yn defnyddio cwmpawd i ddarganfod cyfeiriad neu gyfeiriant y pwynt rheoli nesaf.

| **Cyfeiriant** | Mae cwmpawd yn rhoi **cyfeiriant** gwrthrych. Dyma'r cyfeiriad yr ydych chi'n teithio iddo i fynd yn unionsyth at y gwrthrych. Mae cyfeiriannau yn cael eu mesur yn glocwedd o'r gogledd mewn graddau. Mae cyfeiriannau bob amser yn cynnwys tri ffigur. |

Enghreifftiau Darganfyddwch gyfeiriant B o A ym mhob achos.

1
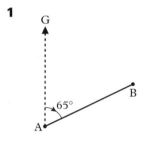

Mae cyfeiriant B o A yn 065°

2
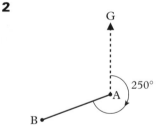

Mae cyfeiriant B o A yn 250°

Ymarfer 7:11

Darganfyddwch gyfeiriant B o A ym mhob achos.

1
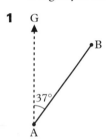

2
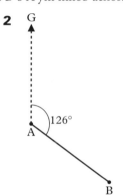

3
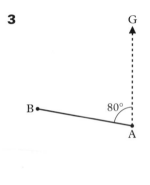

4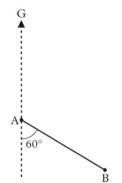

5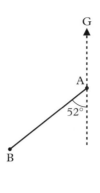

6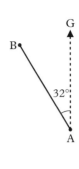

Mae Seimon yn sefyll ar y llwybr. Mae o am deithio
at y pwynt rheoli cyfeiriannu sydd ar gyfeiriant 070°.

Mae Seimon yn defnyddio'i gwmpawd
ac yn cyrraedd y pwynt rheoli.

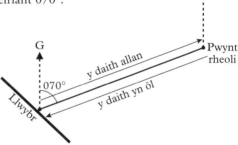

Yna mae Seimon am deithio'n ôl o'r
pwynt rheoli i'r llwybr.
Mae'n rhoi hanner troad i wynebu'r
ffordd y daeth.
Rhaid i Seimon wybod beth yw
cyfeiriant y daith yn ôl.

Ymarfer 7:12

1 Dyma ddiagram sy'n dangos taith Seimon.
  a Ysgrifennwch pa liw yw cyfeiriant
     070° y daith allan.
  b Ysgrifennwch pa liw yw cyfeiriant
     y daith yn ôl.
  c Copïwch a llenwch y bwlch:
     Cyfeiriant y daith yn ôl yw 070° + 180° = ... °

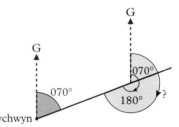

2 Mae'r diagram yn dangos taith Seimon i
  bwynt rheoli arall sydd ar gyfeiriant 120°.
  a Tynnwch fraslun o'r diagram.
  b Lliwiwch gyfeiriant y daith allan yn goch.
     Lliwiwch gyfeiriant y daith yn ôl yn las.
  c Copïwch a llenwch y bwlch:
     Cyfeiriant y daith yn ôl yw:
     120° + ...° = ...°

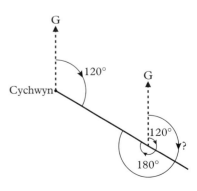

3 Mae Nerys yn gadael y llwybr ar gyfeiriant 240°.
  a Gwnewch fraslun o'r diagram yma o daith Nerys.
  b Lliwiwch gyfeiriant 240° y daith allan yn goch.
  Lliwiwch gyfeiriant y daith yn ôl yn las.
  c Copïwch a llenwch y bwlch:
    Cyfeiriant y daith yn ôl yw:
    240° − 180° = …°

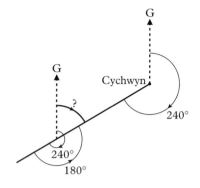

4 Mae Joel yn rhedeg ar gyfeiriant 305°.
  a Gwnewch fraslun o'r diagram yma o Joel yn rhedeg.
  b Lliwiwch gyfeiriant y daith allan yn goch.
  Lliwiwch gyfeiriant y daith yn ôl yn las.
  c Copïwch a llenwch y bwlch:
    Cyfeiriant y daith yn ôl yw:
    305° − …° = …°

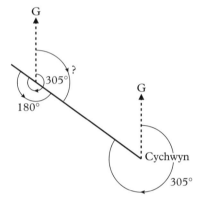

Darganfyddwch gyfeiriannau taith yn ôl ar gyfer y rhain:

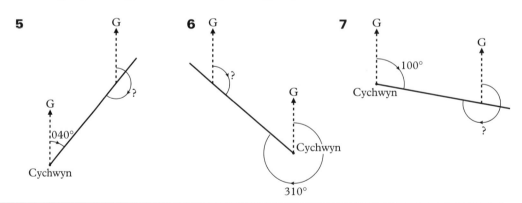

5   **6**   **7**

Mae gwahaniaeth o 180° bob amser rhwng cyfeiriant y daith allan a chyfeiriant y daith yn ôl.

Cyfeiriant y daith allan	Rheol i ddarganfod cyfeiriant y daith yn ôl
llai na 180°	cyfeiriant y daith allan + 180°
mwy na 180°	cyfeiriant y daith allan − 180°

Mae'r diagramau yn rhoi cyfeiriannau pwynt B o bwynt A.
Darganfyddwch gyfeiriant A o B (cyfeiriant y daith yn ôl).

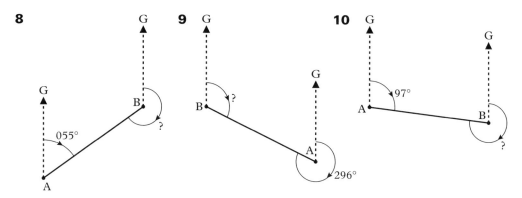

8 055°

9 ?

10 97°

● **11** Mae'r diagram yn lluniad wrth raddfa o ran o arfordir.

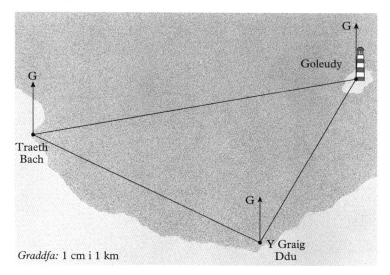

Graddfa: 1 cm i 1 km

Darganfyddwch yr atebion yma drwy fesur yn fanwl gywir.
a Mae cwch yn hwylio o Draeth Bach i'r Graig Ddu.
Beth yw'r cyfeiriant a'r pellter mae'r cwch yn hwylio?
b Yna mae'r cwch yn hwylio o'r Graig Ddu i'r goleudy.
Beth yw'r cyfeiriant a'r pellter mae'r cwch yn hwylio?
c Yna mae'r cwch yn hwylio'n unionsyth o'r goleudy i Draeth Bach.
Beth yw cyfeiriant y daith yma a'r pellter mae'r llong yn hwylio?
ch Mae'r cwch yn gwneud ail daith i'r goleudy. Y tro hwn mae'n mynd
yn syth yno.
Eglurwch sut y gallwch gyfrifo cyfeiriant y goleudy o Draeth Bach gan
ddefnyddio'r cyfeiriant y gwnaethoch ei ddarganfod yn rhan **c**.

1 Darganfyddwch yr onglau sydd wedi eu marcio â llythrennau.

a

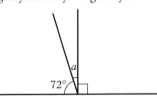

c

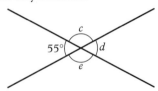

b

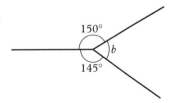

ch

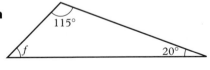

2 Darganfyddwch yr onglau sydd wedi eu marcio â llythrennau.

a

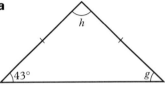

b

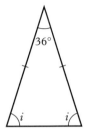

3 Darganfyddwch yr onglau sydd wedi eu marcio â llythrennau.

a

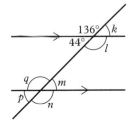

b

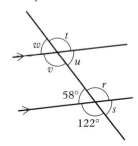

4 Darganfyddwch yr onglau sydd wedi eu marcio â llythrennau.
Ysgrifennwch a yw'r onglau yn onglau eiledol, onglau cyfatebol ynteu onglau mewnol.

a

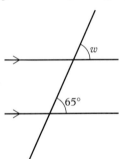

b

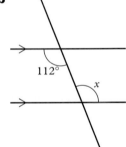

c

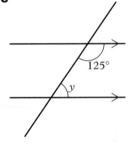

5 Darganfyddwch yr onglau sydd wedi eu marcio â llythrennau.

a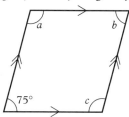

b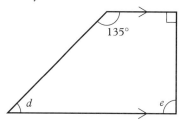

6 **a** Cyfrifwch swm onglau polygon 9 ochr.
   b Cyfrifwch ongl polygon 9 ochr rheolaidd.

7 Darganfyddwch gyfeiriant B o A ym mhob achos.

a    **b** 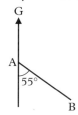   **c**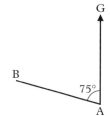

8 Byddwn yn defnyddio pwyntiau'r
cwmpawd i ddisgrifio cyfeiriad.
Nid yw'r dull yma'n gywir iawn.
Byddwn yn ei ddefnyddio, er enghraifft,
i ddisgrifio cyfeiriad gwyntoedd.

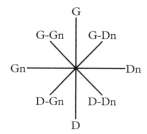

Ysgrifennwch y pwyntiau cwmpawd hyn fel cyfeiriannau mewn graddau.
a Dn   **c** D   **d** G-Gn   **e** D-Gn
b Gn   **ch** D-Dn   **dd** G-Dn   **f** G

9 Darganfyddwch beth yw cyfeiriant A o B ym mhob achos.

a 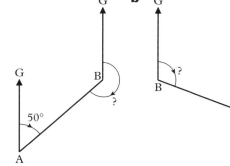   **b** 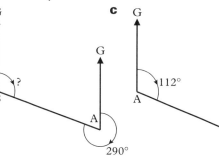   **c**

157

1 Darganfyddwch yr onglau sydd wedi eu marcio â llythrennau.

a

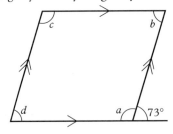

b

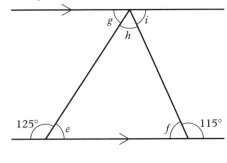

2 **a** Ysgrifennwch swm onglau **allanol** unrhyw bolygon.

b Mae gan bolygon rheolaidd ongl allanol o 36°.

(1) Faint o weithiau mae 36° yn rhannu i mewn i 360°?

(2) Faint o ochrau sydd gan y polygon?

c Defnyddiwch 180° − 36° i gyfrifo ongl fewnol y polygon yma.

ch Gwnewch rannau **b** ac **c** eto ar gyfer yr onglau allanol yma.

(1) 30°   (2) 24°   (3) 20°   (4) 18°

3 **a** Mae cwch yn hwylio o'r Pier Coch i Fae'r Tywysog.
Beth yw'r cyfeiriant a'r pellter mae'r cwch yn hwylio?

b Yna mae'r cwch yn hwylio o Fae'r Tywysog i Ogof y Wrach.
Beth yw'r cyfeiriant a'r pellter mae'r cwch yn hwylio?

c Ar y daith yn ôl mae'r cwch yn hwylio yn unionsyth o Ogof y Wrach i'r Pier Coch.
Beth yw cyfeiriant y daith yn ôl, a'r pellter y mae'r cwch yn hwylio?

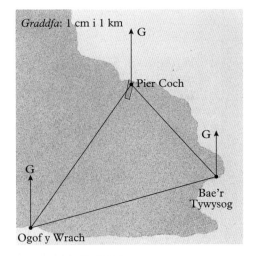

- *Enghraifft*

Darganfyddwch yr onglau sydd wedi eu marcio â llythrennau.

Mae *p* gyferbyn â 130°
Mae *q* gyferbyn â 50°
p = 130°   *q* = 50°

Mae'r set 'isaf' o bedair ongl yn hafal i'r set 'uchaf'.
r = 130° a *t* = 130°
s = 50° ac *u* = 50°

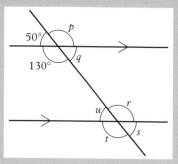

Onglau eiledol

Gelwir onglau ar ochrau cyferbyn y llinell sy'n croestorri, fel *q* ac *u*, yn **onglau eiledol**.
Mae onglau eiledol yn hafal.

Onglau cyfatebol

Gelwir onglau sydd yn yr un lleoliad yn y setiau 'uchaf' ac 'isaf' o onglau, fel *p* ac *r*, yn **onglau cyfatebol**.
Mae onglau cyfatebol yn hafal.

Onglau mewnol

Gelwir onglau sydd rhwng y llinellau paralel, fel *q* ac *r*, yn **onglau mewnol**. Mae onglau mewnol yn adio i 180°.

- *Enghraifft*

Cyfrifwch ongl fewnol pentagon rheolaidd.

Gellir rhannu pentagon rheolaidd yn dri thriongl.
Swm onglau pentagon   3 × 180° = 540°
Un ongl pentagon rheolaidd   540° ÷ 5 = 108°
Ateb: 108°

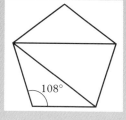

- **Onglau allanol**

Mae **onglau allanol** unrhyw bolygon yn adio i 360°.

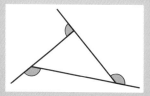

-

Mae trionglau hafalochrog, sgwariau a hecsagonau rheolaidd yn bolygonau rheolaidd y gellir eu defnyddio i wneud brithwaith.

- **Cyfeiriant**

Mae cwmpawd yn rhoi **cyfeiriant** gwrthrych. Dyma'r cyfeiriad yr ydych chi'n teithio iddo i fynd yn unionsyth at y gwrthrych. Mae cyfeiriannau yn cael eu mesur yn glocwedd o'r gogledd mewn graddau. Mae cyfeiriannau bob amser yn cynnwys tri ffigur.

1 Darganfyddwch yr onglau sydd wedi eu marcio â llythrennau.

a

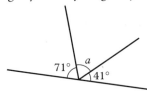

c

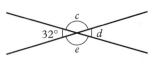

b

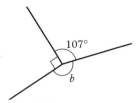

ch

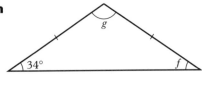

2 Darganfyddwch yr onglau sydd wedi eu marcio â llythrennau.

a

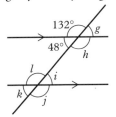

b

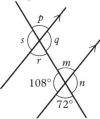

3 Darganfyddwch yr onglau sydd wedi eu marcio â llythrennau.
Ysgrifennwch a yw'r onglau yn onglau eiledol, onglau cyfatebol ynteu onglau mewnol.

a

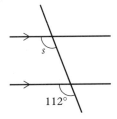

b

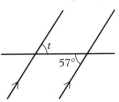

c

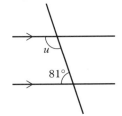

4 a Cyfrifwch swm onglau mewnol octagon.
   b Cyfrifwch ongl fewnol octagon rheolaidd.

5 Darganfyddwch gyfeiriant A o B ym mhob achos.

a

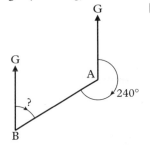

b

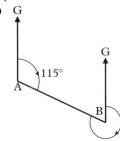

c

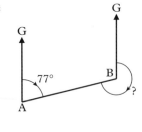

8 Tebygolrwydd

CRAIDD

1 ◄◄AILCHWARAE►

2 Mae'r cyfanswm bob amser yn i 1

3 Tebygolrwydd: sut mae gwneud iddo ymddangos yn anodd

4 Diagramau gofod sampl

CWESTIYNAU

ESTYNIAD

CRYNODEB

PROFWCH EICH HUN

Bob blwyddyn mae ERNIE yn talu tua £385 miliwn mewn gwobrau.

Ystyr ERNIE yw 'Electronic Random Number Indicating Equipment'.

Mae ERNIE yn dewis rhifau'r Bondiau Premiwm buddugol bob mis.

Mae pob Bond Premiwm yn costio £1 ac mae gan bob Bond siawns 1 mewn 19 000 o ennill gwobr. Mae'r rhan fwyaf o'r gwobrau yn £50 neu £100 ond ceir gwobr fisol o £1 miliwn.

Mae'r siawns y bydd unrhyw Fond yn ennill y wobr o £1 miliwn mewn unrhyw fis tuag 1 mewn 8 biliwn!

1 ◄◄AILADRODD►

Y llynedd cawsoch gyfle i ddefnyddio tebygolrwydd i'ch helpu i benderfynu beth i'w ddweud yn y gêm gardiau Uwch neu Is.

Tebygolrwydd

Mae **tebygolrwydd** yn dweud wrthym pa mor debygol yw rhywbeth o ddigwydd.

Gallwn ddangos hyn ar raddfa tebygolrwydd:

| amhosibl | annhebygol iawn | annhebygol | yr un mor debygol ag annhebygol (siawns teg) | tebygol | tebygol iawn | sicr |

Ymarfer 8:1

1 Lluniwch raddfa tebygolrwydd. Marciwch y pwyntiau **a**, **b** ac **c** i ddangos pa mor debygol, yn eich tyb chi, yw pob un.

    a   Bydd y disgybl nesaf fyddwch yn ei weld dros 2 metr o daldra.

    b   Bydd o leiaf un diwrnod heulog ym mis Mehefin yn Llundain.

    c   Byddwch yn llwyddo yn eich prawf gyrru cyn bod yn 18 mlwydd oed.

Ysgrifennir tebygolrwydd fel rhif.
Rydym yn ysgrifennu 0 ar gyfer amhosibl ac 1 ar gyfer sicr.

Gallwn lunio ein graddfa tebygolrwydd ein hunain fel hyn:

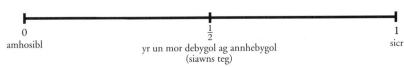

| 0 amhosibl | $\frac{1}{2}$ yr un mor debygol ag annhebygol (siawns teg) | 1 sicr |

Rhaid i bob tebygolrwydd fod rhwng 0 ac 1.

2 Lluniwch raddfa tebygolrwydd fel hyn:

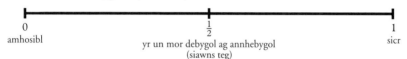

0                           $\frac{1}{2}$ 1
amhosibl   yr un mor debygol ag annhebygol   sicr
                  (siawns teg)

Marciwch y pwyntiau **a**, **b** ac **c** i ddangos pa mor debygol, yn eich tyb chi, yw pob un.
a Bydd y disgybl nesaf fyddwch yn ei gyfarfod/ei chyfarfod yn hŷn na chi.
b Bydd y disgybl nesaf fyddwch chi'n ei gyfarfod/ei chyfarfod yn un o efeilliaid.
c Bydd y disgybl nesaf fyddwch chi'n ei gyfarfod/ei chyfarfod yn llaw dde.

3 Ar gyfer pob llythyren wnaethoch chi ei marcio yng nghwestiwn **2**, rhowch amcangyfrif o'r tebygolrwydd.
Ysgrifennwch eich ateb fel degolyn neu fel ffracsiwn.

Fel arfer ysgrifennir tebygolrwydd fel ffracsiwn.

Prynodd Sali 3 o docynnau raffl. Gwerthwyd 100 o docynnau.

Mae'r tebygolrwydd y bydd Sali yn ennill y raffl yn $\frac{3}{100}$.

Ymarfer 8:2

1 Dewisir cerdyn ar hap o becyn cyffredin o 52 o gardiau chwarae.

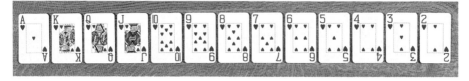

Beth yw'r tebygolrwydd y bydd y cerdyn yn un
a coch
b rhawiau
c naw
ch llun?
Cofiwch: y cardiau llun yw'r Jac, y Frenhines, y Brenin a'r Âs.

2 Mae bag yn cynnwys 6 chownter melyn a 5 cownter gwyrdd.
Mae un cownter yn cael ei dynnu ar hap.
Ysgrifennwch beth yw'r tebygolrwydd y bydd y cownter yn un
a melyn   **b** gwyrdd   **c** glas

3 Mae cadw-mi-gei Patricia yn cynnwys pedwar darn £1, tri darn 50c a phum darn 20c.

Mae hi'n ysgwyd darn arian ohono ar hap.

Ysgrifennwch y tebygolrwydd y bydd y darn arian yn un:

a 50 c   **b** £1   •   **c** gwerth llai na £1

• **4** Mae'r tabl yn dangos aelodau clwb ieuenctid.

	Dan 13 oed	13 a throsodd
bechgyn	20	15
merched	18	22

a Faint o aelodau sy'n y clwb?

Mae aelod o'r clwb yn cael ei ddewis ar hap.

Ysgrifennwch beth yw'r tebygolrwydd y bydd yr aelod fydd yn cael ei ddewis:

b yn fachgen

c yn ei arddegau (13 neu hŷn)

ch yn ferch dan 13 oed

Mae bocs yn cynnwys 12 cownter.
Mae 8 cownter coch a 4 cownter glas.

Mae Meredydd yn tynnu cownter o'r bocs heb edrych.
Mae o'n ysgrifennu beth yw'r lliw ac yn ei roi yn ôl yn y bocs.

Mae o'n gwneud hyn 12 o weithiau.

Mae Meredydd yn *disgwyl* cael 8 cownter coch a 4 cownter glas.

Ymarfer 8:3

1 Mae Meredydd yn tynnu cownter 24 o weithiau.
  a Sawl gwaith y mae o'n disgwyl tynnu cownter coch?
  b Sawl gwaith y mae o'n disgwyl tynnu cownter glas?

2 Mae gan y troellwr yma 3 rhan hafal.

Faint o weithiau fyddech chi'n disgwyl cael 2 pe byddech chi'n ei droelli:
  a 3 o weithiau?
  b 6 o weithiau?
  c 30 o weithiau?

3 Mae bag yn cynnwys 5 pêl las, 4 pêl felen ac 1 bêl ddu.
  Mae Malcom yn tynnu pêl ar hap ac yn ysgrifennu'r lliw.
  Yna mae o'n rhoi'r bêl yn ôl yn y bag.
  a Mae o'n gwneud hyn 10 o weithiau.
    Ysgrifennwch faint o beli fydd Malcom yn disgwyl fydd yn:
    (1) las   (2) ddu   (3) felyn
  b Mae o'n gwneud hyn 50 o weithiau.
    Ysgrifennwch faint o beli fydd Malcom yn disgwyl fydd yn:
    (1) las   (2) ddu   (3) felyn

4 Mae dis teg yn cael ei daflu 300 o weithiau.
  Ysgrifennwch faint o weithiau fyddech chi'n disgwyl cael
  a 6
  b 2 neu 3
  c odrif

5 Mewn arolwg o ddisgyblion Ysgol Abergwynant, gwelodd Siwsan fod 1 o bob
  10 disgybl yn llaw chwith.
  Ysgrifennwch faint o ddisgyblion llaw chwith fyddech chi'n disgwyl mewn:
  a grŵp o 10 o ddisgyblion
  b dosbarth o 30 o ddisgyblion

6 Mae ffatri sy'n cynhyrchu cyfrifianellau yn disgwyl i 1 cyfrifiannell o bob 100 fod yn ddiffygiol.

a Faint o gyfrifianellau diffygiol fyddech chi'n disgwyl eu canfod mewn set o 1000?

b Mewn set o 3420 o gyfrifianellau, mae 41 yn ddiffygiol.
A yw hyn yn fwy neu'n llai na'r nifer o gyfrifianellau diffygiol fyddech chi'n eu disgwyl?

Gêm   *Perchennog y bocs*

Byddwch angen bocs a chownteri o 3 lliw gwahanol. Mae hon yn gêm ar gyfer 3-5 o chwaraewyr.

Mae un chwaraewr yn 'Berchennog y bocs'.
Mae'r chwaraewr yma'n dewis 12 cownter o dri lliw gwahanol ac yn eu rhoi yn y bocs.
Rhaid cael o leiaf un cownter o bob lliw.
Nid yw'r chwaraewyr eraill yn cael gweld y cownteri.

Mae'r chwaraewyr eraill, pob un yn ei dro, yn dewis cownter o'r bocs ar hap, yn nodi'r lliw ac yn rhoi'r cownter yn ôl yn y bocs.
Yn union wedi i'r chwaraewr roi'r cownter yn ôl yn y bocs gall ef/hi ddyfalu sawl cownter o bob lliw sydd yn y bocs.

Dim ond yn union ar ôl eich tro chi yn dewis cownter y byddwch yn cael dyfalu.
Mae'n debyg na fyddwch am ddyfalu nes y bydd pob un wedi cael rhai troeon.

Y chwaraewr cyntaf i ddyfalu'n gywir sy'n ennill.
Yr enillydd fydd 'Perchennog y bocs' yn y gêm nesaf.

Unwaith y byddwch chi wedi chwarae'r gêm yma ychydig o weithiau efallai y byddech chi'n hoffi gwneud gêm newydd eich hun.
Ysgrifennwch y rheolau gan egluro sut mae chwarae'r gêm.

2   Mae'r cyfanswm bob amser yn 1

Mae Pedr a Jên yn mynd i'r ffair. Mae'r rhagolygon tywydd yn dweud fod y tebygolrwydd y bydd hi'n glawio yn 60%.

Nid yw Pedr eisiau gwlychu.
Mae Jên yn fwy siriol.
Mae hi'n dweud fod y tebygolrwydd na fydd hi'n glawio yn 40%.

Fel arfer byddwn yn ysgrifennu tebygolrwydd fel ffracsiwn.
Mae 60% yn $\frac{60}{100}$ ac mae 40% yn $\frac{40}{100}$.
$\frac{60}{100} + \frac{40}{100} = \frac{100}{100} = 1$

Mae tebygolrwyddau bob amser yn rhoi cyfanswm o 1.
Gallwn ddangos hyn ar raddfa tebygolrwydd.

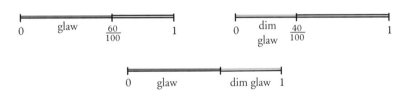

Ymarfer 8:4

1   Mae'r raddfa'n dangos y tebygolrwydd y bydd Siobahn yn mynd â'i chi am dro ar ôl ysgol.

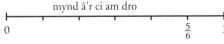

Lluniwch raddfa i ddangos y tebygolrwydd na fydd Siobahn yn mynd â'i chi am dro.

2   Mae'r raddfa'n dangos y tebygolrwydd y bydd Guto yn cyrraedd yr ysgol ar amser.

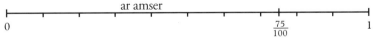

Lluniwch raddfa i ddangos y tebygolrwydd y bydd Guto'n cyrraedd yr ysgol yn hwyr.

3 Mae'r tebygolrwydd y bydd Llŷr yn coginio amser swper yn $\frac{5}{8}$.
Beth yw'r tebygolrwydd na fydd o'n coginio amser swper?
Lluniwch raddfa tebygolrwydd i'ch helpu.

● **4** Mae Gemma yn hoffi siarad gyda'i ffrind Siwan ar y ffôn.
Yr unig adeg y bydd Gemma yn gallu defnyddio'r ffôn yw pan fydd ei
thad mewn hwyliau da.
Mae'r tebygolrwydd y bydd ei thad mewn hwyliau da yn $\frac{4}{11}$.

Beth yw'r tebygolrwydd na fydd Gemma'n gallu ffonio Siwan heno?

Enghraifft

Mae bocs yn cynnwys cownteri coch, glas a gwyrdd.
Mae un cownter yn cael ei dynnu ar hap.
Mae'r tebygolrwydd y bydd yn goch yn $\frac{5}{10}$ a'r
tebygolrwydd y bydd yn las yn $\frac{3}{10}$.
Beth yw'r tebygolrwydd y bydd yn wyrdd?

Y tro yma rydym yn rhannu'r raddfa tebygolrwydd yn ddegfedau.
Rhaid i ni liwio'r 3 gwahanol ran i ddangos tebygolrwydd y 3 lliw.

Mae'r rhan sydd ar ôl yn dangos y tebygolrwydd o dynnu
cownter gwyrdd.
Mae'r tebygolrwydd o gael gwyrdd yn $\frac{2}{10}$.

---

5 Bydd Llinos yn mynd ar y bws i'r ysgol bob bore.
Mae'r tebygolrwydd y bydd y bws yn gynnar yn $\frac{3}{10}$.
Mae'r tebygolrwydd y bydd y bws yn union ar amser yn $\frac{1}{10}$.
a Lluniwch raddfa tebygolrwydd i ddangos y tebygolrwydd y bydd y bws yn
gynnar ac ar amser.
b Beth yw'r tebygolrwydd y bydd y bws yn hwyr?
Dangoswch y tebygolrwydd yma ar eich graddfa.

6 Mae bocs yn cynnwys cownteri melyn, gwyrdd a choch.
Mae un cownter yn cael ei dynnu ar hap.
Mae'r tebygolrwydd y bydd yn felyn yn $\frac{7}{20}$ a'r
tebygolrwydd y bydd yn wyrdd yn $\frac{11}{20}$.
a Lluniwch raddfa i ddangos y tebygolrwydd o gael melyn ac o gael gwyrdd.
b Beth yw'r tebygolrwydd y bydd y cownter yn un coch?
Dangoswch y tebygolrwydd yma ar eich graddfa.

3 Tebygolrwydd: sut mae gwneud iddo ymddangos yn anodd

Yn aml rydym yn sôn am ddigwyddiad pwysig mewn chwaraeon.
Rydym yn defnyddio'r gair digwyddiad mewn tebygolrwydd hefyd.

Digwyddiad

Digwyddiad yw rhywbeth sy'n gallu digwydd mewn cwestiwn tebygolrwydd.

Pan fyddwch yn taflu dis ceir llawer o ddigwyddiadau.
Un digwyddiad yw 'cael 6.'
Digwyddiad arall yw 'cael odrif'

Weithiau byddwn yn defnyddio llythyren i nodi digwyddiad.
Byddwn yn ysgrifennu $P(A)$ ar gyfer y tebygolrwydd *(probability)* y bydd A yn digwydd.

Tebygolrwydd

Tebygolrwydd y digwyddiad A yw'r nifer o ffyrdd y gall y digwyddiad A ddigwydd wedi ei rannu â chyfanswm pob digwyddiad posibl.

Enghraifft

Mae un cerdyn yn cael ei ddewis o becyn cyffredin o gardiau chwarae.
Dyweder mai A yw'r digwyddiad 'cael cerdyn calonnau'.

Gall digwyddiad A ddigwydd mewn 13 o ffyrdd gan fod 13 o galonnau mewn pecyn.
Gall 52 o bethau ddigwydd i gyd gan fod 52 o gardiau mewn pecyn.

Felly $P(A) = \frac{13}{52}$

Ymarfer 8:5

1 Darganfyddwch $P(A)$ os digwyddiad A yw cael:
  a 1 ar ddis teg
  b cerdyn coch o becyn o gardiau cyffredin
  c Brenin o becyn o gardiau cyffredin
  ch hosan las o ddrôr sy'n cynnwys 6 hosan las a 4 hosan lwyd
  d eilrif ar ddis â 20 o wynebau, wedi ei rifo o 1-20

◄◄ AILCHWARAE ►

Canslo ffracsiynau

Pan fyddwn yn ysgrifennu tebygolrwydd fel ffracsiwn, dylem **ganslo'r ffracsiwn** i'w ffurf symlaf.

Gallwn wneud hyn drwy ddefnyddio'r botwm $a\frac{b}{c}$ ar y cyfrifiannell.

Enghraifft

Er mwyn canslo'r ffracsiwn $\frac{13}{52}$ rydym yn pwyso:

| **1** | **3** | $a\frac{b}{c}$ | **5** | **2** | **=** |

Mae'r dangosydd yn dangos $1 \rfloor 4$. Mae hyn yn golygu $\frac{1}{4}$.

Yng ngweddill yr ymarfer yma rhowch bob tebygolrwydd fel ffracsiwn yn ei ffurf symlaf.

2 Mae gan Owain fag sy'n cynnwys 15 o siocledi. Mae 8 ohonynt yn siocledi llaeth, mae 4 yn siocledi tywyll a 3 yn siocledi gwyn.
Mae o'n tynnu un o'r siocledi ar hap.
Beth yw'r tebygolrwydd y bydd y siocled yn
a siocled llaeth? **b** siocled tywyll? **c** siocled gwyn?

• Fel mae'n digwydd mae Owain yn tynnu siocled tywyll ac yn ei fwyta.
Yna mae o'n cynnig y bag i Mari ac mae hi'n cymryd siocled ar hap.
Beth yw'r tebygolrwydd y bydd Mari'n cael
ch siocled llaeth? **d** siocled tywyll? **dd** siocled gwyn?

3 Nid yw Sioned yn ferch daclus. Mae hi'n cadw ei llyfrau ysgrifennu i gyd mewn pentwr yn ei hystafell. Pan fydd hi'n gwneud ei gwaith cartref bydd yn gafael ynddynt ar hap nes bydd hi'n cael y llyfr cywir.
Yn y pentwr yma o lyfrau sydd ganddi ceir 3 llyfr Mathemateg, 4 llyfr Saesneg, 4 llyfr Gwyddoniaeth, 3 llyfr Ffrangeg, 2 lyfr Hanes, 2 lyfr Daearyddiaeth a 2 lyfr Cerddoriaeth.

Beth yw'r tebygolrwydd y bydd y llyfr cyntaf fydd hi'n ei ddewis yn:
a llyfr Mathemateg
b llyfr Saesneg
c llyfr Cerddoriaeth?

Tebygolrwydd na fydd rhywbeth yn digwydd	Mae'r **tebygolrwydd na fydd rhywbeth yn digwydd** yn 1 minws y tebygolrwydd y bydd yn digwydd. Ar gyfer digwyddiad A, $$P(\text{nid A}) = 1 - P(A)$$
Enghraifft	Mae'r tebygolrwydd o gael 6 ar ddis yn $\frac{1}{6}$. Mae'r tebygolrwydd o beidio â chael 6 yn $\frac{5}{6}$. Rydym yn gwybod hyn gan fod 5 o ffyrdd o beidio â chael 6. Os A yw'r digwyddiad 'cael 6'. $P(\text{nid A}) = 1 - P(A) = 1 - \frac{1}{6} = \frac{5}{6}$

4 Darganfyddwch $P(\text{nid A})$ ar gyfer y digwyddiadau a roddir yng nghwestiwn **1**.

5 Mae'r tebygolrwydd y bydd Carys yn mynd i weld ei ffrind ar unrhyw noson yn $\frac{7}{12}$.
Beth yw'r tebygolrwydd na fydd Carys yn gweld ei ffrind heno?

6 Mae bag yn cynnwys set gyfan o 22 o beli snwcer.
Mae 15 o beli coch, ac un o bob un o'r lliwiau canlynol: gwyn, melyn, gwyrdd, brown, glas, pinc a du.
Dewisir un bêl ar hap.
Ysgrifennwch y tebygolrwydd :
a y bydd hon yn bêl ddu
b y bydd hon yn bêl goch
c y bydd hon yn bêl lwyd
ch na fydd hon yn bêl ddu
d na fydd hon yn bêl goch
dd na fydd hon yn bêl lwyd

4   Diagramau gofod sampl

Mae Manon a Dewi yn dewis pryd o fwyd.

Mae Manon eisiau gwybod faint o wahanol brydau y gall hi eu dewis.
Gall ddewis cawl a darnau pysgod, cawl a selsig, cawl a byrgyr llysieuol, sudd
ffrwythau a darnau pysgod, sudd ffrwythau a selsig neu sudd ffrwythau a
byrgyr llysieuol.

Mae 6 o bosibiliadau.
Gellir dangos y rhain mewn tabl fel hyn:

Cwrs cyntaf	Prif gwrs
cawl	darnau pysgod
cawl	selsig
cawl	byrgyr llysieuol
sudd	darnau pysgod
sudd	selsig
sudd	byrgyr llysieuol

Ymarfer 8:6

1   Lluniwch dabl i ddangos yr holl brydau
posibl ar y fwydlen yma.

2 Mae Philippa wedi mynd ar wyliau antur.
Yn y bore mae ganddi hi'r dewis o Hwylio, Bordhwylio a Chanwio.
Yn y prynhawn mae ganddi hi'r dewis o Ddringo, Marchogaeth a Saethu
â Bwa.

Lluniwch dabl i ddangos yr holl ffyrdd y gall Philippa dreulio'i diwrnod.

3 Ysgrifennwch sawl gwahanol
frecwast allwch chi ei ddewis
o'r fwydlen yma.

Mae Bil, Rheon a Carwyn yn
penderfynu taflu darn arian i weld
pwy fydd yn golchi llestri.

Gan fod 3 ohonynt mae angen 3 chanlyniad posibl arnynt.
Maen nhw'n penderfynu defnyddio 2 ddarn arian.

Os 2 ben fydd y canlyniad Bil fydd yn golchi llestri.

Os 2 gynffon fydd y canlyniad Carwyn fydd yn golchi llestri.

Os 1 pen ac 1 gynffon fydd y canlyniad Rheon fydd yn golchi llestri.

A yw hyn yn deg?

Dyma'r canlyniadau posibl. Mae pedwar ohonynt.

173

Gallwn ddefnyddio tabl i ddangos y rhain.

		Darn 20c	
		P	C
Darn 2c	P	P, P	P, C
	C	C, P	C, C

Mae 1 canlyniad yn rhoi 2 ben.
Mae 1 canlyniad yn rhoi 2 gynffon.
Mae 2 ganlyniad yn rhoi 1 pen ac 1 gynffon.

Y tebygolrwydd o 2 ben $= \frac{1}{4}$

Y tebygolrwydd o 2 gynffon $= \frac{1}{4}$

Y tebygolrwydd o 1 pen ac 1 gynffon $= \frac{2}{4}$

Felly nid yw hyn yn deg. Bydd 1 pen ac 1 gynffon yn digwydd amlaf.

Ymarfer 8:7

1 Mae Dafydd yn taflu'r darn arian wrth
i Cari droi'r troellwr.

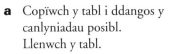

a Copïwch y tabl i ddangos y
canlyniadau posibl.
Llenwch y tabl.

		Troellwr		
		1	2	3
Darn arian	P	P, 1		
	C			C, 3

b Ysgrifennwch nifer y canlyniadau posibl.
c Sawl ffordd sydd o gael cynffon ar y darn arian a 3 ar y troellwr?
ch Beth yw'r tebygolrwydd o gael cynffon ar y darn arian a 3 ar y troellwr?
d Beth yw'r tebygolrwydd o gael odrif a phen?

Gofod sampl	Rhestr o'r holl ganlyniadau posibl yw **Gofod sampl**.
Diagram gofod sampl	Yr enw ar y tabl sy'n dangos yr holl ganlyniadau posibl yw **diagram gofod sampl**.

2 Mae Rhodri'n taflu darn o arian ac yn taflu dis.

    a Copïwch y diagram gofod sampl.
       Llenwch y tabl.

		Dis					
		1	2	3	4	5	6
Darn arian	P						
	C						

    b Beth yw cyfanswm y canlyniadau posibl?
    c Beth yw'r tebygolrwydd o gael pen a 6?
  ch Beth yw'r tebygolrwydd o gael cynffon a rhif sy'n llai na 3?
    d Beth yw'r tebygolrwydd o gael cynffon a lluosrif o 3?
  dd Beth yw'r tebygolrwydd o gael pen a rhif cysefin?

3 Mae'r llun yn dangos dau ddis tetrahedrol.

Mae gan y ddau ohonynt bedwar o wynebau.
Mae'r wynebau wedi eu rhifo o 1 i 4.
Mae'r sgôr ar yr wyneb y bydd y dis yn glanio arno.

Copïwch y diagram sampl gofod yma.
Llenwch y diagram.

		Ail ddis			
		1	2	3	4
Dis cyntaf	1		1, 3		
	2				
	3		3, 2		
	4				

    a Beth yw cyfanswm nifer y canlyniadau posibl?
    b Beth yw'r tebygolrwydd o gael 1 ar y ddau ddis?
    c Beth yw'r tebygolrwydd o gael yr un rhif ar y ddau ddis?

Mae Gwyn yn penderfynu adio'r ddau rif mae'r disiau yn glanio arnynt.
Mae o'n galw hyn yn sgôr.
Yn y llun uchod mae'r sgôr yn $1 + 3 = 4$

ch Copïwch y diagram gofod sampl i ddangos y sgôr:
Llenwch y diagram.

		Ail ddis			
		1	2	3	4
Dis cyntaf	1	2			
	2		4	5	
	3			6	
	4		6		8

d Sawl ffordd sydd o sgorio 2?
dd Beth yw'r tebygolrwydd o sgorio 2?
e Sawl ffordd sydd o sgorio 5?
f Beth yw'r tebygolrwydd o sgorio 5?

4 Mae gan bob dosbarth yn Ysgol Abergwynant dîm cwis.
Y timau gorau ym Mlwyddyn 8 yw 8S ac 8H.

Mae gan 8S dîm sy'n cynnwys 3 bachgen ac 1 ferch.
Mae gan 8H dîm sy''n cynnwys 2 fachgen a 2 ferch.
Dewisir un o bob tîm i gynrychioli'r flwyddyn.

Copïwch y diagram gofod sampl i ddangos y parau posibl
o ddisgyblion.
Llenwch y diagram.

		Tîm 8S			
		B	B	B	M
Tîm 8H	B				
	B				
	M				
	M				

Ysgrifennwch y tebygolrwydd y bydd y pâr a ddewisir yn
a fachgen a merch
b ddau ddisgybl o'r un rhyw

Gêm   Ddim yn deg!

Dyma gêm i ddau o chwaraewyr,
A a B.
Taflwch y dis bob yn ail.
Lluoswch y ddau rif sy'n cael eu sgorio.
Yn y llun y lluoswm yw
$$4 \times 3 = 12$$

Ar gyfer pob tafliad:
mae chwaraewr A yn cael pwynt os yw'r lluoswm yn eilrif
mae chwaraewr B yn cael pwynt os yw'r lluoswm yn odrif

Y chwaraewr cyntaf i gael 10 o bwyntiau sy'n ennill.

Chwaraewch y gêm gyda phartner.
Pwy ddylai ennill? Eglurwch eich ateb gan ddefnyddio diagram gofod sampl.
Allwch chi newid rheolau'r gêm i'w gwneud yn gêm deg?

Dis Tsieineaidd

Byddwch angen 3 dis ar gyfer yr ymchwil yma.

Mae wynebau dis A wedi eu labelu fel hyn	2	2	2	2	6	6
Mae wynebau dis B wedi eu labelu fel hyn	1	1	5	5	5	5
Mae wynebau dis C wedi eu labelu fel hyn	3	3	3	4	4	4

Dyma sut mae dau chwaraewr yn chwarae'r gêm.

Mae'r chwaraewr cyntaf yn dewis dis.
Mae'r ail chwaraewr yn dewis dis o'r ddau sydd ar ôl.

Mae pob chwaraewr yn taflu ei ddis ac mae'r chwaraewr sy'n taflu'r rhif uchaf yn sgorio 1 pwynt.

Maent yn gwneud hyn 12 o weithiau. Y chwaraewr â'r mwyaf o bwyntiau sy'n ennill.

Gan ddefnyddio'r rheolau hyn a yw hi'n bosibl i un chwaraewr ennill bron bob tro?

Sut ddylai'r chwaraewyr ddewis dis? Ymchwiliwch.

1 Mae Enfys yn cymryd un cerdyn ar hap o'r 13 o galonnau o becyn o gardiau.
Beth yw'r tebygolrwydd y bydd hi'n cael
   a 4   **b** cerdyn llun   **c** cerdyn calonnau   **ch** cerdyn rhawiau?

2 Ceir y rhifau 1 i 12 ar wynebau dis 12 ochr.
Mae Alwyn yn taflu'r dis unwaith.
Ysgrifennwch y tebygolrwydd y bydd o'n cael
   a 6   **c** rhif cysefin
   b eilrif   **ch** rhif sy'n fwy na 7

3 Mae ffermwr yn mynd â thatws i'w gwerthu i siop.
Mae 6 taten o bob 10 yn rhai mawr.
   a Faint o datws mawr fyddech chi'n disgwyl eu cael mewn sachaid o 30 o datws?
   b Mewn sachaid o 25 o datws, mae 12 taten fawr.
      A yw hyn yn fwy neu'n llai na'r hyn fyddech chi'n ei ddisgwyl?

4 Mae llythyren yn cael ei dewis ar hap o'r gair Saesneg ASSESSMENT.
Beth yw'r tebygolrwydd y bydd y llythyren yn
   a T   **b** S   **c** A neu E?

5 Mae cant o docynnau wedi eu rhifo o 1 i 100 yn cael eu gwerthu at raffl.
Dewisir un tocyn buddugol ar hap.
Ysgrifennwch y tebygolrwydd y bydd y tocyn buddugol yn
   a 43   **b** rhif 2 ddigid   **c** lluosrif o 10

6 Mae'r siart bar yn dangos beth yw hoff flas creision 48 o ddisgyblion.
Mae un o'r 48 disgybl yn cael ei ddewis ar hap.

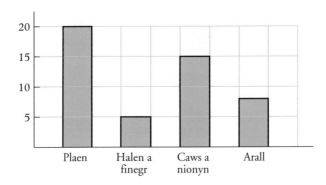

Beth yw tebygolrwydd y canlynol:
   a mai hoff flas y disgybl dan sylw fydd plaen?
   b nad hoff flas y disgybl dan sylw fydd halen a finegr?
   c mai hoff flas y disgybl dan sylw fydd plaen neu halen a finegr?

7 Mae'r tebygolrwydd y bydd Tania'n rhoi ei gwaith cartref i mewn ar amser yn $\frac{7}{10}$.
Mae'r tebygolrwydd y bydd hi'n ei roi i mewn yn hwyr yn $\frac{2}{10}$.
Beth yw'r tebygolrwydd y bydd hi'n ei roi i mewn yn gynnar?

8 Mae dau droellwr yn cael eu defnyddio mewn gêm.
Mae'r ddau rif y mae'r troellwyr yn glanio arnynt yn cael eu hadio i roi'r sgôr.

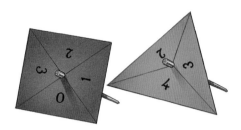

a Copïwch y tabl yma i ddangos y sgôr.
Llenwch y tabl.

		Troellwr glas			
		0	1	2	3
Troellwr	2	2			
gwyrdd	3			5	
	4				

Beth yw'r tebygolrwydd y bydd y sgôr yn:
b 4   **c** llai na 6   **ch** 6 neu fwy?

9 Mae Meical eisiau prynu pecyn o frechdanau a diod i'w ginio.
Dyma'r dewis sydd ganddo.

Brechdanau	Diodydd
caws	Cola
tiwna	lemonêd
wy	llefrith/llaeth

Ysgrifennwch faint o wahanol bosibiliadau o ginio sydd ganddo.

10 **a** Lluniwch ddiagram gofod sampl i ddangos yr holl ganlyniadau posibl pan fydd dau ddis cyffredin yn cael eu taflu ar yr un pryd.
     b Beth yw'r tebygolrwydd o daflu dwbl 6?

1 Mae 200 o docynnau yn cael eu gwerthu at raffl.
Mae'r tebygolrwydd y bydd John yn ennill y wobr gyntaf yn $\frac{7}{100}$.
Faint o docynnau raffl brynodd John?

2 Mae 500 o fylbiau golau yn cael eu
profi er mwyn gweld pa mor hir maen
nhw'n para.

Dangosir y canlyniadau yn y siart bar.

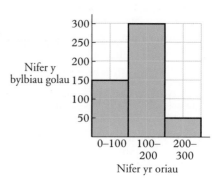

Nifer y bylbiau golau

Nifer yr oriau

Mae Peredur yn prynu un o'r math
yma o fylbiau.
Beth yw'r tebygolrwydd y bydd y
bylb yn para
a llai na 100 awr?
b rhwng 100 a 200 awr?
c o leiaf 100 awr?

3 Mae Meinir a Luned yn chwarae gêm
gyda'r troellwr yma.
Maen nhw'n ei droelli ddwywaith ac
yn ysgrifennu'r lliw bob tro.

Lluniwch ddiagram gofod sampl i ddangos y canlyniadau posibl.
Ysgrifennwch beth yw'r tebygolrwydd o gael
a 2 goch
b coch yn cael ei ddilyn gan felyn
c coch a melyn

4 Copïwch y tabl yma i ddangos y canlyniadau posibl wrth daflu tri
darn o arian.

Darn arian cyntaf	Ail ddarn arian	Trydydd darn arian
P	P	P
P	P	C
P	C	
P	C	
C		
C		
C		
C		

Beth yw'r tebygolrwydd o gael
a 3 phen
b pen pen cynffon, yn y drefn yma.
c dau ben ac un gynffon?

● Mae **tebygolrwydd** yn dweud wrthym pa mor debygol yw rhywbeth o ddigwydd.
Ysgrifennir tebygolrwydd fel rhif.
Rydym yn ysgrifennu 0 ar gyfer amhosibl ac 1 ar gyfer sicr.

Gallwn ddangos tebygolrwydd ar raddfa tebygolrwydd :

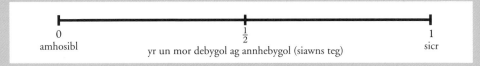

Rhaid i bob tebygolrwydd fod rhwng 0 ac 1.

● Fel arfer ysgrifennir tebygolrwydd fel ffracsiwn.

Enghraifft Prynodd Sali 3 o docynnau raffl.
Gwerthwyd 100 o docynnau.
Mae'r tebygolrwydd y bydd Sali yn ennill y raffl yn $\frac{3}{100}$.

● Mae tebygolrwydd bob amser yn rhoi cyfanswm o 1.
Gallwn ddangos hyn ar raddfa tebygolrwydd.

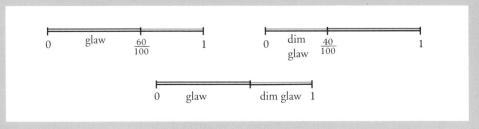

● **Digwyddiad** yw rhywbeth sy'n gallu digwydd mewn cwestiwn tebygolrwydd.
Weithiau byddwn yn defnyddio llythyren i nodi digwyddiad.
Byddwn yn ysgrifennu $P(A)$ ar gyfer y tebygolrwydd *(probability)* y bydd A yn digwydd.

● Mae'r **tebygolrwydd na fydd rhywbeth yn digwyd**d yn
1 minws y tebygolrwydd y bydd yn digwydd.
Ar gyfer digwyddiad A,
$P(\text{nid A}) = 1 - P(A)$.

Enghraifft Y tebygolrwydd o gael 6 ar ddis yw $\frac{1}{6}$
Y tebygolrwydd o beidio â chael 6 yw $1 - \frac{1}{6} = \frac{5}{6}$

● Rhestr o'r holl ganlyniadau posibl yw **gofod sampl**.
Yr enw ar y tabl sy'n dangos yr holl ganlyniadau posibl yw
diagram gofod sampl.

1 Mae bag yn cynnwys 4 taffi melyn a 10 taffi triog.
Mae Ianto yn tynnu 1 taffi ar hap o'r bag.
Beth yw'r tebygolrwydd y bydd y taffi yn
a daffi melyn? **b** daffi triog?

2 Mae gan Ceinwen 3 phensil goch, 5 pensil werdd a 7 pensil ddu yn ei chas pensiliau.
Mae hi'n tynnu 1 bensil o'r cas ar hap.
Mae hi'n ysgrifennu beth yw lliw'r bensil ac yn ei rhoi yn ôl yn y cas.
a Mae hi'n gwneud hyn 30 o weithiau.
Ysgrifennwch sawl gwaith y bydd hi'n disgwyl tynnu pensil
(1) goch (2) werdd (3) ddu
b Mae hi'n gwneud hyn 90 o weithiau.
Ysgrifennwch sawl gwaith y bydd hi'n disgwyl tynnu pensil
(1) goch (2) werdd (3) ddu

3 Mae'r tebygolrwydd y bydd Gwyndaf yn cael ei waith cartref i gyd yn gywir yn $\frac{2}{5}$.
Beth yw'r tebygolrwydd y bydd yn cael rhywbeth yn anghywir?

4 Mae Barbara yn ffonio'i ffrind Alwena.
Mae'r tebygolrwydd y bydd yr alwad ffôn yn para llai na 10 munud yn $\frac{1}{6}$.
Mae'r tebygolrwydd y bydd yn para rhwng 10 a 20 munud yn $\frac{3}{6}$.
Beth yw'r tebygolrwydd y bydd yr alwad ffôn yn para mwy na 20 munud?

5 Y digwyddiad A yw 'cael odrif' ar ddis cyffredin.
Ysgrifennwch
a $P(A)$ **b** $P(\text{nid A})$

6 Mae Dafydd yn taflu darn o arian ac yn taflu'r dis yma.
Copïwch y diagram gofod sampl yma
a'i lenwi.

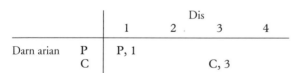

		Dis			
		1	2	3	4
Darn arian	P	P, 1			
	C			C, 3	

a Beth yw cyfanswm nifer y canlyniadau posibl?
b Rhowch gylch o amgylch y canlyniadau sy'n rhoi cynffon ac eilrif.
c Beth yw'r tebygolrwydd o gael cynffon ac eilrif?

9 Canrannau a ffracsiynau

CRAIDD

1 Canrannau syml

2 Cyfrifo canrannau

3 Ffracsiynau

CWESTIYNAU

ESTYNIAD

CRYNODEB

PROFWCH
EICH HUN

Mae gan Eirian gyfranddaliadau gwerth £200.
Mae gwerth y cyfranddaliadau yn codi 10%.
Yna mae'r gwerth yn disgyn 10%.

Cywir ynteu anghywir?
Mae gwerth cyfranddaliadau Eirian nawr yn £200.

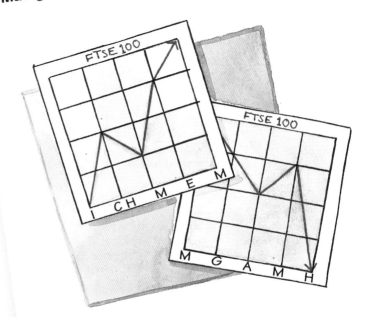

1   Canrannau syml

Mae gan 82 o'r 100 o blant yma lygaid glas.

Mae hyn yr un fath â dweud fod gan 82% ohonynt lygaid glas.

Mae 16 o'r 100 o blant yma yn llaw chwith.

Mae hyn yr un fath â dweud fod 16% ohonynt yn llaw chwith.

Ymarfer 9:1

1   Mae'r disgyblion sy'n llaw dde wedi eu lliwio'n las.
Pa ganran sy'n
llaw dde?

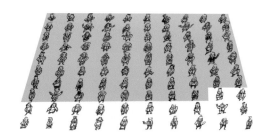

2   Mae'r disgyblion sy'n cael cinio yn yr ysgol wedi eu lliwio'n goch.
Pa ganran sy'n cael cinio yn yr ysgol?

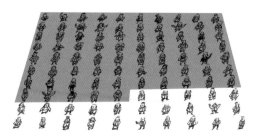

3 Mae'r disgyblion sydd heb wneud eu gwaith cartref wedi eu lliwio'n wyrdd.

  a Pa ganran sydd heb wneud eu gwaith cartref?

  b Pa ganran sydd *wedi gwneud* eu gwaith cartref?

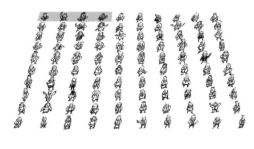

4 Mae'r disgyblion sy'n chwarae mewn tîm chwaraeon dros yr ysgol wedi eu lliwio'n binc.

  a Pa ganran sy'n chwarae mewn tîm ysgol?

  b Pa ganran sydd *ddim* yn chwarae mewn tîm ysgol?

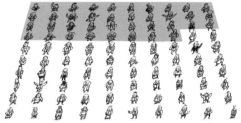

5 Mae'r disgyblion a chanddynt gyfrifiadur wedi eu lliwio'n felyn. Pa ganran sydd *heb* gyfrifiadur?

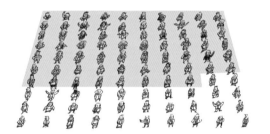

Gallwch hefyd ddarganfod canrannau pan na fydd 100 o blant.

82 o 100 yw 82%

Mae 41 o 50 hefyd yn 82%

Mae 41 allan o 50

yr un fath â $\downarrow \times 2$ $\downarrow \times 2$

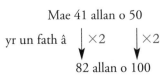

82 allan o 100

Ymarfer 9:2

1 Mae'r disgyblion sydd â swydd ran amser wedi eu lliwio'n goch.

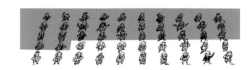

   a Gan faint o'r 50 mae swydd ran amser?

   b Gan pa ganran mae swydd ran amser?

2 Mae'r disgyblion sy'n darllen papur newydd dyddiol wedi eu lliwio'n wyrdd.

   a Faint o'r 50 sy'n darllen papur newydd?

   b Pa ganran sy'n darllen papur newydd?

3 Mae disgyblion sydd â chath wedi eu lliwio'n frown.

   a Gan faint o'r 50 mae cath?

   b Gan pa ganran mae cath?

4 Mae'r disgyblion sy'n mynd i nofio'n rheolaidd wedi eu lliwio'n las.

   a Faint o ddisgyblion o'r 25 sydd wedi eu lliwio'n las?

   b Pa ganran sy'n mynd i nofio?

   c Pa ganran sydd *ddim* yn mynd i nofio?

5 Mae'r disgyblion sy'n cefnogi Manchester United wedi eu lliwio'n oren.

   a Faint o'r 25 sydd wedi eu lliwio'n oren?

   b Pa ganran sy'n cefnogi Manchester United?

   c Pa ganran sydd *ddim* yn cefnogi Manchester United?

Yn aml bydd gan siopau ddyddiau sêl arbennig. Maen nhw'n marcio rhai eitemau â chroes las. Golyga hyn fod 10% oddi ar y pris.

Nid ydynt yn newid y pris ar y ticed gan mai dim ond am ychydig o ddyddiau mae'r sêl yn para.

Rhaid i chi gyfrifo'r pris sêl eich hun.

Mae 10% yn golygu 10 ym mhob 100.

Mae hyn yr un fath â 10c ym mhob £1.

Mae hyn yr un fath ag 1c ym mhob 10c.

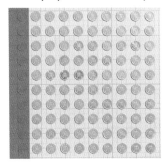

Mae hyn yn gwneud darganfod 10% o swm o arian yn hawdd. Rydych yn rhannu'r swm â 10.

Er mwyn rhannu â 10, symudwch bob rhif un lle i'r dde.

Enghraifft   Mae crys-T sy'n costio £6.50 yn cael ei gynnwys yn y sêl croes las. Cyfrifwch faint o arian fyddech chi'n ei arbed.

10% o £6.50   = £6 . 5 0 ÷ 10

= £0 . 6 5

= 65 c

Byddech yn arbed **65c**

Ymarfer 9:3

Mae'r holl eitemau yma yn y sêl croes las.
Golyga hyn eich bod yn tynnu 10% i ffwrdd.

SÊL
CROES LAS

10% ODDI AR
BOB EITEM SYDD
WEDI EI MARCIO

1   Cyfrifwch faint o arian fyddech chi'n ei
    arbed yn yr achosion canlynol
    a Crys-T sy'n costio £7.50
    b Trowsus cwta sy'n costio £9.50
    c Sanau sy'n costio £3.50
    ch Crys chwys sy'n costio £8.50

2   Cyfrifwch faint fyddai'r canlynol yn ei
    gostio yn y sêl croes las.
    a Crys-T sy'n costio £5.20
    b Gêm fwrdd sy'n costio £7.40
    c Pen ysgrifennu sy'n costio £1.20
    ch Dyddlyfr sy'n costio £4.90

3   Cyfrifwch bris sêl y canlynol.
    a Jîns sy'n costio £22.50
    b Siaced sy'n costio £35.90
    c Siwmper sy'n costio £12.80
    ch Esgidiau ymarfer sy'n costio £89.90

4   Mae stereo personol yn costio £24.90
    Faint fyddai'r stereo yn ei gostio yn y sêl?

5   Mae jîns yn costio £35.50
    Faint fyddai'r jîns yn ei gostio yn y sêl?

6   Mae gêm gyfrifiadurol yn costio £26.90
    Cyfrifwch bris newydd hon yn y sêl.

7   Mae pâr o esgidiau yn costio £25
    Cyfrifwch faint fydd rhain yn ei gostio
    yn y sêl.

8   Mae cryno ddisg yn costio £12.99
    Faint fyddai'n ei gostio yn y sêl?

Unwaith y byddwch wedi darganfod 10% mae hi'n eithaf hawdd darganfod canrannau eraill.

Ar ddiwrnod olaf y sêl croes las mae'r disgownt yn cael ei gynyddu i 20%.

Nawr ceir 20% o ostyngiad ym mhris popeth sydd wedi ei farcio â chroes las.
I ddarganfod 20% o swm o arian:
 Yn gyntaf cyfrifwch 10% o'r swm.
 Yna lluoswch â 2.
   10% × 2 = 20%

Enghraifft   Mae jîns yn costio £35.90
        Cyfrifwch y pris newydd pan fydd gostyngiad o 20%.

       10% o £35.90 = £3.59
       20% o £35.90 = £3.59 × 2 = £7.18

      Byddai'r jîns yn costio £35.90 − £7.18 = £28.72

Ymarer 9:4

1 Mae jîns yn costio £27.90
  Mae'r pris yn cael ei ostwng 20%
  a Darganfyddwch 20% o £27.90
  b Darganfyddwch faint mae'r jîns yn ei gostio.

2 Mae teledu cludadwy yn costio £90
  a Darganfyddwch 20% o £90
  b Darganfyddwch faint mae'r teledu yn ei gostio os ceir gostyngiad o 20%.

3 Mae bocs o ddisgiau cyfrifiadur yn costio £8.50
  Mae'r pris yn cael ei ostwng 20% yn y sêl.
  a Darganfyddwch 20% o £8.50
  b Faint mae'r bocs o ddisgiau yn ei gostio yn y sêl?

4 Mae siaced sgïo yn costio £120
  Mae'r pris yn cael ei ostwng 20% yn y sêl.
  Cyfrifwch faint mae'r siaced yn ei gostio yn y sêl.

Gallwch ddarganfod canrannau eraill o wybod faint yw 10%.

Os ydych eisiau darganfod 40%, cyfrifwch 10% ac yna lluoswch â 4.
70% yw 10% wedi ei luosi â 7.

Enghreifftiau   **1**   Darganfyddwch 40% o £24

10% o £24 = £2.40
40% o £24 = £2.40 × 4 = £9.60

2   Darganfyddwch 60% o £50

10% o £50 = £5
60% o £50 = £5 × 6 = £30

Ymarfer 9:5

1   Darganfyddwch y canrannau yma. Bydd angen i chi ddarganfod 10% yn gyntaf.
   a   30% o £24   **c**   40% o £45
   b   40% o £30   **ch** 60% o £150

2   Mae jîns yn cael ei ostwng 30%
mewn sêl.
Fel arfer mae'n costio £33
   a   Darganfyddwch 30% o £33
   b   Faint mae'r jîns yn ei gostio yn y sêl?

3   Mae 220 o ddisgyblion ym Mlwyddyn 8.
Mae gan 20% ohonynt lygaid brown.
Faint o'r disgyblion sydd â llygaid brown?

4   Mewn etholiad pleidleisiodd 22 000 o bobl.
Pleidleisiodd 35% ohonynt dros y Ceidwadwyr.
   a   Darganfyddwch 10% o 22 000
   b   Defnyddiwch eich ateb i **a** i ddarganfod 5% o 22 000
   c   Darganfyddwch 35% o 22 000
         Dyma'r nifer o bobl bleidleisiodd dros y Ceidwadwyr.
   ch Faint o bobl na phleidleisiodd dros y Ceidwadwyr?

5   Mewn prawf ar 2300 o gŵn, roedd
65% ohonynt yn hoffi Bow Wow fwyaf.
   a   Darganfyddwch beth yw 10% a 5% o 2300.
   b   Faint o gŵn oedd yn hoffi Bow Wow fwyaf?
   c   Pa ganran oedd yn hoffi math arall fwyaf?
   ch Faint o gŵn oedd yn hoffi math arall fwyaf?

50% o rywbeth yw ei hanner. Gallwch rannu â 2 i ddarganfod 50%.
Mae hyn yn haws na darganfod 10% ac yna lluosi â 5.

Gallwch ddarganfod 25% drwy ddarganfod 50% ac yna rhannu'r ateb â 2.

Enghreifftiau

1 Darganfyddwch 50% o £70

50% o £70 = £70 ÷ 2 = £35

2 Darganfyddwch 25% o £130

50% o £130 = £130 ÷ 2 = £65
25% o £130 = £65 ÷ 2 = £32.50

---

6 Darganfyddwch
  a 50% o £60   **b** 50% o £46

7 Darganfyddwch y canrannau yma. Cyfrifwch 50% yn gyntaf.
  a 25% o £40
  b 25% o £180
  c 25% o £170

8 Mae 760 o ddisgyblion yn Ysgol Sant Illtud.
Mae **55%** yn cael cinio ysgol.
Mae **25%** yn dod â brechdanau.
Mae **20%** yn mynd adref.
  a Faint o ddisgyblion sy'n cael cinio ysgol?
  b Faint o ddisgyblion sy'n dod â brechdanau?

9 Dyma 6 o gardiau cwestiynau a 6 o gardiau atebion.
Cyfrifwch yr ateb i bob cwestiwn.
Penderfynwch pa ateb sy'n perthyn i bob cwestiwn.
Ysgrifennwch y cwestiynau a'r atebion yn eich llyfr.

20% o 300	**50% o 450**	**65% o 800**
35% o 400	**60**	**25% o 160**
40% o 700	**140**	**225**
40	**520**	**280**

2   Cyfrifo canrannau

Rhoddir canlyniadau'r arolwg barn yma fel canrannau.
Gallwn eu cyfrifo gan ddefnyddio cyfrifiannell.

Er mwyn darganfod canran ar gyfrifiannell:

(1) Trowch y canran yn ddegolyn.
Er mwyn gwneud hyn, rhannwch â 100.

(2) Lluoswch y swm â'r degolyn.

Enghreifftiau

1   Darganfyddwch 38% o 1200 o bobl.

$$38\% = \frac{38}{100} = 38 \div 100 = 0.38$$

38% o 1200 = 0.38 × 1200 = **456** o bobl.

2   Darganfyddwch 47% o 1200 o bobl.

$$47\% = \frac{47}{100} = 47 \div 100 = 0.47$$

47% o 1200 = 0.47 × 1200 = **564** o bobl.

Ymarfer 9:6

1 Copïwch a chwblhewch:

a $56\% = \dfrac{?}{100} = 0.56$

ch $98\% = \dfrac{?}{100} = \ldots$

b $76\% = \dfrac{76}{100} = \ldots$

d $9\% = \dfrac{?}{100} = 0.09$

c $32\% = \dfrac{?}{100} = \ldots$

• **dd** $\ldots\% = \dfrac{8}{100} = \ldots$

2 Mae 1200 o bobol yn cymryd rhan mewn arolwg ar fanciau.
Gofynnir iddynt pa fanc maen nhw'n ei ddefnyddio.

Mae 23% yn dweud Nat West   Mae 15% yn dweud HSBC
Mae 17% yn dweud Lloyds   Mae 9% yn dweud Yorkshire
Mae 18% yn dweud Barclays   Mae 18% yn dweud banc arall

a Copïwch a chwblhewch y canlynol:
(1) 23% o 1200 = 0.23 × 1200 = …
(2) 17% o 1200 = 0.17 × 1200 = …
(3) 18% o 1200 = … × 1200 = …
(4) 15% o 1200 = … × 1200 = …
(5) 9% o 1200 = … × 1200 = …
(6) 18% o 1200 = … × 1200 = …

b Adiwch eich atebion i ran **a**.
Ysgrifennwch y cyfanswm.

3 Mae gan ddosbarth 8J brawf Mathemateg. Mae cyfanswm y marciau yn 40.
Mae'r athro yn rhoi marciau'r dosbarth fel canrannau.

Teri 35%   Siân 65%   Eleri 95%

Maen nhw eisiau gwybod beth yw eu marciau.
Cyfrifwch farc pob un ohonynt.

4 Edrychwch ar yr hysbyseb yma.

a Mae Gwenan yn prynu cryno ddisg y siartiau. Fel arfer
mae'n costio £13
Faint mae'r gryno ddisg yn ei gostio yn y sêl?

b Mae Gruffydd hefyd yn prynu cryno ddisg y siartiau.
Fel arfer mae'n costio £13.80
Faint mae'r gryno ddisg yn ei gostio yn y sêl?

c Mae Melangell yn prynu cryno ddisg roc.
Fel arfer mae'r cryno ddisg yn costio £11
Ceir gostyngiad o 26% yn y sêl.
Faint mae'r gryno ddisg yn ei gostio?

ch Mae Branwen yn prynu cryno ddisg glasurol.
Fel arfer mae'n costio £15
Faint mae'r gryno ddisg yn ei gostio yn y sêl?

> **Disgiau Dyfnallt**
>
> **Sêl Cryno Ddisgiau**
>
> 15% oddi ar gryno
> ddisgiau'r siartiau
>
> Hyd at 33% oddi ar
> gryno ddisgiau roc
>
> 12% oddi ar
> gryno ddisgiau clasurol

5 Mae gan Bedwyr swydd ran amser mewn siop. Mae o'n ennill £2.50 yr awr.
  a Mae Bedwyr yn cael 8% o godiad cyflog.
     Faint o arian fydd o'n ei gael yn ychwanegol bob awr?
  b Faint o arian fydd o'n ei ennill yr awr ar ôl cael codiad cyflog?

6 Mae TAW yn golygu Treth ar Werth. Rydych yn ei thalu ar lawer o bethau yr ydych
  yn eu prynu.
  Codir TAW o $17\frac{1}{2}$% ar y rhan fwyaf o bethau.
  Mae $17\frac{1}{2}$% yn 0.175 fel degolyn.
  Cyfrifwch y TAW ar bob un o'r eitemau yma.
  a Jîns yn costio £30 heb TAW.
  b Stereo yn costio £290 heb TAW.
  c Car yn costio £9950 heb TAW.

7 Mae Heledd yn ennill £3.20 yr awr fel gweinyddes.
  Mae hi'n cael codiad cyflog o $12\frac{1}{2}$%.
  Darganfyddwch beth yw ei chyflog newydd yr awr.

- -

Ymarfer 9:7 Pedwar mewn rhes

Dyma gêm i ddau chwaraewr.
Byddwch angen cownteri dau liw.
Mae pob chwaraewr yn defnyddio lliw gwahanol.
Byddwch angen un cyfrifiannell rhwng dau.

O dan y rhif 650 ceir rhestr o 36 o ganrannau.
Os byddwch yn cyfrifo unrhyw un o'r canrannau yma o 650 byddwch yn cael
yr atebion sydd ar y bwrdd yn y gwaelod.

Chwaraewr 1:
(1) Dewiswch sgwâr ar y bwrdd.
(2) Bydd un o'r canrannau sydd ar y rhestr yn rhoi y rhif sydd yn y sgwâr rydych
    chi wedi ei ddewis. Dewiswch y canran rydych chi'n feddwl sy'n gywir.
(3) Cyfrifwch y canran hwn â chyfrifiannell.
(4) Chwiliwch am ateb y cyfrifiannell ar y bwrdd a chuddiwch hwn â chownter.

Chwaraewr 2:

Rydych chithau yn gwneud yr un peth gan ddefnyddio'ch cownteri.

Y chwaraewr cyntaf i gael pedwar cownter mewn llinell syth sy'n ennill.
Gall y llinell fod mewn unrhyw gyfeiriad.
Po orau yn y byd fyddwch am ragfynegi'r atebion, y mwyaf tebygol fyddwch chi o ennill!

$$650$$

23%	57%	68%	24%	12%	45%	97%	81%	27%
39%	42%	17%	15%	47%	25%	84%	71%	55%
66%	10%	13%	54%	93%	61%	49%	60%	80%
22%	43%	74%	99%	24%	33%	58%	17%	75%

149.5	110.5	305.5	214.5	357.5	442
390	162.5	156	292.5	110.5	396.5
526.5	643.5	604.5	461.5	175.5	520
97.5	429	370.5	143	318.5	630.5
78	481	253.5	65	487.5	546
84.5	396.5	279.5	273	377	351

Er mwyn darganfod pa ganran yw un rhif o rif arall:

(1) Ysgrifennwch y rhifau fel ffracsiwn.

(2) Newidiwch y ffracsiwn yn ddegolyn.

(3) Newidiwch y degolyn yn ganran.

Enghraifft

1 Mae Illtud yn cael £80 ar ei ben-blwydd. Mae o'n cynilo £15.
Pa ganran mae o'n gynilo?
Mae arnom angen 15 fel canran o 80.

$$\frac{15}{80} = 15 \div 80 = 0.1875$$

Er mwyn newid degolyn yn ganran, lluoswch â 100.

$$0.1875 = 18.75\%$$

2 Mae Nic yn sgorio 33 mewn prawf. Mae'r prawf wedi ei farcio
allan o 40.
Beth yw hyn fel canran?

$$\frac{33}{40} = 33 \div 40 = 0.825 = 82.5\%$$

Ymarfer 9:8

1 Copïwch y tabl yma. Mae'n dangos y marciau mewn prawf sydd wedi ei farcio allan o 40.
Llenwch weddill y tabl.

Disgybl	Marc	Ffracsiwn	Degolyn	Canran
Siôn	34	$\frac{34}{40}$	0.85	
Greta	19			
Gwyneth	27		0.675	
Mari	37			
Emma	21			

2 Mae Jonathan yn cadw siop recordiau.
Mae'n cofnodi sawl cryno ddisg, sawl tâp a sawl record mae o'n eu gwerthu bob dydd.

Dyma'i ganlyniadau ar gyfer dydd Llun.

a Sawl eitem werthodd o ar ddydd Llun?

b Pa ganran o'r rhain oedd yn gryno ddisgiau?

c Pa ganran oedd yn dapiau?

	Llun
Cryno ddisgiau	34
Tapiau	35
Recordiau	11
Cyfanswm	80

3 Dyma ffigurau gwerthiant cryno ddisgiau dros yr wythnos gyfan.

	Llun	Maw	Merch	Gwen	Sad	Cyfanswm
Cryno ddisgiau	34	38	42	41	95	250

a Pa ganran o'r cryno ddisgiau werthodd o ar ddydd Sadwrn?
b Pa ganran o'r cryno ddisgiau werthodd o ar ddydd Gwener?

4 Dyma'r holl ffigurau ar gyfer yr wythnos.

	Llun	Maw	Merch	Gwen	Sad	Cyfanswm
Cryno ddisgiau	34	38	42	41	95	250
Tapiau	35	29	20	48	68	200
Recordiau	11	3	18	21	27	80
Cyfanswm	80	70	80	110	190	530

a Edrychwch ar golofn dydd Mercher.
Pa ganran o werthiant dydd Mercher oedd yn gryno ddisgiau?.
b Pa ganran o'r holl dapiau a werthwyd a werthodd o ar ddydd Gwener?
c Talgrynnwch eich atebion i rannau (1)–(3) i 2 le degol.
Edrychwch ar y golofn olaf.
(1) Pa ganran o werthiant yr wythnos oedd yn gryno ddisgiau?
(2) Pa ganran o werthiant yr wythnos oedd yn dapiau?
(3) Pa ganran o werthiant yr wythnos oedd yn recordiau?

5 Mae'r tabl yma yn dangos nifer y bobl sy'n byw yn Awstralia na chawsant eu geni yno.
Mae'r ffigurau mewn miloedd.

Blwyddyn	Nifer y bobl a anwyd dramor	Cyfanswm y boblogaeth
1947	744.2	7518.6
1954	1286.5	8900.3
1966	2130.9	11 500.6
1976	2718.8	14 033.1
1986	3427.4	16 018.4

a Cyfrifwch y canran o'r boblogaeth a anwyd dramor ym mhob blwyddyn.
Talgrynnwch eich atebion i 1 ll. d.
b A yw ymfudo i Awstralia wedi dod yn fwy ynteu'n llai poblogaidd?

3 Ffracsiynau

Mae Caradog yn archebu mwy o stoc.
Mae tri chwarter yr hufen iâ mae o'n ei werthu yn gornedau.
Mae eu chwarter yn lolis rhew.

Mae Caradog wedi gwerthu 1200 hufen iâ yr wythnos yma.
Mae o eisiau gwybod faint o bob math mae o wedi ei werthu.

Enghraifft

Darganfyddwch chwarter 1200.

$1200 \div 4 = 300$
Mae o wedi gwerthu 300 loli rhew.

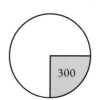

Darganfyddwch dri chwarter 1200.

$1200 \div 4 \times 3 = 900$
Mae o wedi gwerthu 900 o gornedau.

Er mwyn darganfod $\frac{3}{4}$ rydych yn rhannu â 4
ac yna'n lluosi â 3.

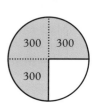

Ymarfer 9:9

1 Darganfyddwch:

a $\frac{1}{4}$ o 240

b $\frac{3}{4}$ o 240

2 Darganfyddwch:

a $\frac{1}{5}$ o 240

b $\frac{2}{5}$ o 240

c $\frac{3}{5}$ o 240

3 Darganfyddwch:

a $\frac{1}{7}$ o 168

b $\frac{2}{7}$ o 168

c $\frac{5}{7}$ o 168

4 Darganfyddwch:

a $\frac{1}{8}$ o 192

b $\frac{3}{8}$ o 192

c $\frac{7}{8}$ o 192

5 Mewn bocs o afalau mae $\frac{2}{7}$ ohonynt wedi mynd yn ddrwg.
Mae 35 o afalau yn y bocs.
Faint o afalau sydd wedi mynd yn ddrwg?

6 Mae $\frac{2}{5}$ o'r ceir sy'n cael eu gwerthu yn y garej yn geir cefn-codi.
Mae'r garej yn gwerthu 45 o geir ym mis Awst.
    a Faint o geir cefn-codi maen nhw'n eu gwerthu?
    b Faint o geir eraill maen nhw'n eu gwerthu?

Gallwch wneud cwestiynau ffracsiynau ar eich cyfrifiannell.
Gallwch ddefnyddio'r botwm $\boxed{a\frac{b}{c}}$ i fwydo ffracsiwn.

Er mwyn bwydo $\frac{3}{4}$ pwyswch $\boxed{3}$ $\boxed{a\frac{b}{c}}$ $\boxed{4}$

Er mwyn darganfod $\frac{3}{4}$ o 240 pwyswch $\boxed{3}$ $\boxed{a\frac{b}{c}}$ $\boxed{4}$ $\boxed{\times}$ $\boxed{2}$ $\boxed{4}$ $\boxed{0}$ $\boxed{=}$

Dylech gael 180

Ymarfer 9:10

1 Copïwch y diagram yma.
Cysylltwch bob cwestiwn â'r ateb cywir gan ddefnyddio saeth.
Mae un wedi cael ei wneud eisoes i chi.

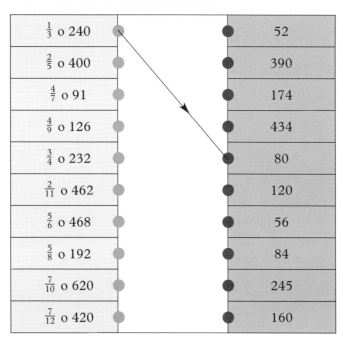

$\frac{1}{3}$ o 240	52
$\frac{2}{5}$ o 400	390
$\frac{4}{7}$ o 91	174
$\frac{4}{9}$ o 126	434
$\frac{3}{4}$ o 232	80
$\frac{2}{11}$ o 462	120
$\frac{5}{6}$ o 468	56
$\frac{5}{8}$ o 192	84
$\frac{7}{10}$ o 620	245
$\frac{7}{12}$ o 420	160

Enghreifftiau   **1**   Newidiwch $\frac{3}{5}$ yn ddegolyn ac yn ganran.

$$\frac{3}{5} = 3 \div 5 = 0.6$$
$$0.6 = 60\%$$

2   Newidiwch 80% yn ffracsiwn.

$$80\% = \frac{80}{100}$$

Canslwch y ffracsiwn yma i'w ffurf symlaf.

| 8 | 0 | $a\frac{b}{c}$ | 1 | 0 | 0 | = | 4 ⌐ 5 |

Ateb: $\frac{4}{5}$

Ymarfer 9:11

Byddwch angen set o rodenni Cuisenaire.
Mae pob llun yn dangos pâr o rodenni Cuisenaire. Mae'r tabl yn dangos pa ffracsiwn o'r roden fwyaf yw'r roden leiaf.

1   Copïwch y tabl yma a'i lenwi.

Llun	Ffracsiwn	Degolyn	Canran
a	$\frac{1}{2}$		
b		0.25	
c	$\frac{1}{3}$		

Llun	Ffracsiwn	Degolyn	Canran
ch			20%
d		0.4	
dd	$\frac{3}{4}$		
• **e**			$66\frac{2}{3}\%$

2 Nawr dewiswch bâr o rodenni eich hun.
Gwnewch dabl fel yr un yng nghwestiwn **1** i ddangos y rhodenni rydych chi'n eu dewis.
Llenwch y colofnau ffracsiwn, degolyn a chanran ar gyfer pob pâr.

Bydd rhai parau yn rhoi'r un atebion i chi â'r rhai sydd yng nghwestiwn **1**.
Nid oes raid i chi wneud y rhain eto.

Faint o wahanol setiau o ganlyniadau allwch chi eu darganfod?

1   Mae 25 o ddisgyblion yn nosbarth 8N.
Mae 12 ohonynt yn dod i'r ysgol ar y bws.
Pa ganran o'r disgyblion yn 8N sy'n dod i'r ysgol ar y bws?

2   Mae gêm gyfrifiadurol fel arfer yn costio £38.
Mewn sêl ceir 20% o ostyngiad yn y pris.
Faint mae'r gêm yn ei gostio yn y sêl?

3   Mae Marnel yn gofyn i 50 o ddisgyblion ym Mlwyddyn 8 beth yw eu hoff chwaraeon.
Dyma ei chanlyniadau:
Pêl-droed 34   Nofio 5   Rhedeg 4   Hoci 4   Pêl rwyd 3
Pa ganran o'r disgyblion sy'n hoffi pob un o'r chwaraeon?

4   Cyfrifwch faint o arian fyddech chi'n ei
arbed ar bob un o'r rhain yn y sêl
   a   Crys yn costio £15
   b   Côt yn costio £25
   c   Llyfr yn costio £9.50
   ch Cryno ddisg yn costio £13.50
   d   Oriawr yn costio £14.80

5   Mae Mr Huws yn gallu ennill £3500 cyn talu treth.
Yna mae o'n talu 25% ar weddill ei enillion.
Mewn blwyddyn mae Mr Huws yn ennill £12 500.
Copïwch a chwblhewch y canlynol:
   a   Mae Mr Huws yn talu treth ar £12 500 − £3500 = £...
   b   Treth = 25% o £... = £...
   c   Mae Mr Huws yn cael cadw £12 500 − £... = £...

6   Mae 220 o ddisgyblion ym Mlwyddyn 9 Ysgol Abergwynant.
   a   Mae 65% ohonynt yn cael sglodion bob dydd.
       Faint o ddisgyblion sy'n cael sglodion bob dydd?
   b   Mae gan 35% ohonynt frawd.
       Gan faint o ddisgyblion mae brawd?
   c   Mae gan 40% ohonynt chwaer.
       Gan faint o ddisgyblion mae chwaer?
   ch Mae 45% yn cerdded i'r ysgol bob dydd.
       Faint o ddisgyblion sy'n cerdded i'r ysgol bob dydd?
   d   Pa ganran o'r disgyblion yw'r rhai sydd *ddim* yn cerdded i'r ysgol bob dydd?

7   Gwnewch y canlynol:
   a   25% o £500   **c**   35% o 340 merch   **d**   75% o 5 metr
   b   45% o £600   **ch** 65% o 8 awr   **dd** 85% o 15 cilogram

8 Darganfyddwch:
    a 64% o 3800 person
    b 29% o £4600
    c 52% o 450 gram
    ch 37% o £2479

9 Cyfrifwch y TAW yn ôl $17\frac{1}{2}$% ar y canlynol:
    a Fideo sy'n costio £10 heb TAW.
    b Ffrâm lun sy'n costio £30 heb TAW.
    c Esgidiau ymarfer sy'n costio £40 heb TAW.

10 Mae 1400 o bobl yn cymryd rhan mewn arolwg o siopa.
    Gofynnir iddynt a ydynt yn prynu popeth mewn archfarchnad.
    Mae 47.5% yn dweud eu bod yn prynu popeth mewn archfarchnad.
    a Faint o bobl sy'n prynu popeth mewn archfarchnad?
    b Pa ganran o'r bobl yw'r rhai sydd *ddim* yn prynu popeth mewn archfarchnad?

11 Mae Caleb yn rhannu 140 o felysion gyda'i ffrindiau.
    Mae o'n rhoi $\frac{1}{7}$ i Rebeca a $\frac{3}{7}$ i Hari.
    Mae o'n cadw'r gweddill ei hun.
    a Faint o felysion mae Caleb yn eu rhoi i Rebeca?
    b Faint o felysion mae Caleb yn eu rhoi i Hari?
    c Pa ffracsiwn o'r melysion mae Caleb yn ei gadw iddo ef ei hun?

12 Gwnewch y canlynol:
    a $\frac{4}{7}$ o 350
    b $\frac{5}{8}$ o 640
    c $\frac{7}{12}$ o 2448
    ch $\frac{5}{11}$ o 286

13 Mae Camilla yn gwneud arolwg o hoff flas hufen iâ.
    Mae hi'n defnyddio ei chanlyniadau i ysgrifennu adroddiad.
    Dyma ran o'i hadroddiad.

<u>Hoff flas hufen iâ 200 o bobl</u>

Fanila	57.5%
Siocled	23%
Mefus	12.5%
Arall	7%

Hoff flas faint o bobl yw Fanila, Siocled, Mefus, Arall?

1 Mae prisiau bws ysgol yn cael eu codi $3\frac{1}{2}\%$ yn dilyn cynnydd mewn costau tanwydd.
Darganfyddwch y prisiau newydd fydd y plant yma'n eu talu, i'r geiniog agosaf:
a Janet sydd fel arfer yn talu £1.30
b Cled sydd fel arfer yn talu 95c
c Ian sydd fel arfer yn talu £1.25

2 Mae Mrs Morus yn cael ennill £4500 cyn talu treth.
Yna mae hi'n talu 20% ar y £3200 nesaf a 25% ar weddill ei henillion.
Mewn blwyddyn mae Mrs Morus yn ennill £12 500.
Copïwch a chwblhewch y canlynol:
a Mae Mrs Morus yn talu treth ar £12 500 − £4500 = £…
b Mae Mrs Morus yn talu 20% o dreth ar £…
c Mae Mrs Morus yn talu 25% o dreth ar £… − £… = £…
ch Maint y dreth
      20% o £…   = £…
      25% o £…   = £…
      Cyfanswm treth = £…
d Mae Mrs Morus yn cael cadw £12 500 − £… = £…

3 Mae warws cyfanwerthwyr yn arddangos bob un o'i phrisiau heb TAW.
Mae Myrddin yn prynu:
Cryno ddisg sy'n costio £9.99
siwmper sy'n costio £19.99
pâr o esgidiau sy'n costio £24.99

a Cyfrifwch faint o TAW yn ôl $17\frac{1}{2}\%$ sydd ar bob eitem.
Rhowch eich atebion yn gywir i'r geiniog agosaf.
b Faint o arian mae Myrddin yn ei wario i gyd?

4 Mae bag yn cynnwys 36 o fwclis.
Mae $\frac{1}{12}$ ohonynt yn oren, mae $\frac{2}{9}$ yn ddu a'r gweddill yn wyn.
a Faint o fwclis o bob lliw sydd yn y bag?
b Pa ffracsiwn o'r mwclis sy'n wyn?

5 Ceir 32 o ddannedd mewn set gyfan o ddannedd parhaol.
Mae $\frac{1}{8}$ yn ddannedd llygad, $\frac{3}{8}$ yn gilddannedd a $\frac{1}{4}$ yn flaenddannedd.
Gelwir y gweddill yn gilddannedd blaen.
a Sawl dant llygad sydd yma?
b Sawl cilddant sydd yma?
c Pa ganran o'r dannedd sy'n gilddannedd blaen?

- Er mwyn darganfod 10% o swm rhannwch y swm â 10.

  Enghraifft $10\% \text{ o } £6.50 = £6 \quad . \quad 5 \quad 0 \div 10$

  $= £0 \quad . \quad 6 \quad 5$
  $= 65\,c$

- Gallwch gyfrifo canrannau eraill o wybod 10%.

  Os ydych chi eisiau cyfrifo 40%, darganfyddwch 10% ac yna lluoswch â 4. Mae 70% yn 10% wedi ei luosi â 7.

  50% o rywbeth yw ei hanner. Gallwch rannu â 2 i ddarganfod 50%. Mae hyn yn haws na darganfod 10% ac yna lluosi â 5.

  Gallwch ddarganfod 25% drwy gyfrifo 50% ac yna rhannu'r ateb â 2.

  Enghraifft   Darganfyddwch 40% o £24

  $10\% \text{ o } £24 = £2.40$
  $40\% \text{ o } £24 = £2.40 \times 4 = £9.60$

- Er mwyn darganfod canran ar gyfrifiannell:

  (1) Trowch y canran yn ddegolyn.
      Er mwyn gwneud hyn, rhannwch ef â 100.
  (2) Lluoswch â'r degolyn.

  Enghraifft   Darganfyddwch 38% o 1200 person.

  $38\% = \dfrac{38}{100} = 38 \div 100 = 0.38$

  $38\% \text{ o } 1200 = 0.38 \times 1200 = 456 \text{ person}$

- Er mwyn darganfod pa ganran yw un rhif o rif arall:

  (1) Ysgrifennwch y rhifau fel ffracsiwn.
  (2) Newidiwch y ffracsiwn yn ddegolyn.
  (3) Newidiwch y degolyn yn ganran.

  Enghraifft   Pa ganran yw 15 o 80?

  $\dfrac{15}{80} = 15 \div 80 = 0.1875 = 18.75\%$

- Gallwch wneud cwestiynau ffracsiynau ar eich cyfrifiannell.
  Gallwch ddefnyddio'r botwm $a\frac{b}{c}$ i fwydo ffracsiwn.
  Er mwyn bwydo $\frac{3}{4}$ pwyswch **3** $a\frac{b}{c}$ **4**
  Er mwyn darganfod $\frac{3}{4}$ o 240 pwyswch **3** $a\frac{b}{c}$ **4** **×** **2** **4** **0** **=**
  Dylech gael 180

1 Mae 50 o fananas ar silff archfarchnad.
   Mae 12 ohonynt yn aeddfed iawn.
   Pa ganran o'r bananas sy'n aeddfed iawn?

2 Mewn sêl mae pris popeth yn cael ei ostwng 10%.
   Darganfyddwch faint mae'n bosibl ei arbed ar bob un o'r canlynol yn y sêl.
   a Tâp sy'n costio £9.50
   b Cryno ddisg sy'n costio £12.50
   c Llyfr sy'n costio £14.80

3 Gwnewch y rhain:
   a 10% o £400
   b 40% o £400
   c 25% o £340

4 Gwnewch y rhain.
   a 48% o 6700 o bobl   c   7% o £1327
   b 38% o 1200 metr   ch $67\frac{1}{2}$% o 750 gram

5 Darganfyddwch faint yw TAW o $17\frac{1}{2}$ % ar yr eitemau yma.
   a Gêm gyfrifiadurol sy'n costio £30 heb TAW.
   b Tracwisg sy'n costio £40 heb TAW.

6 Mae Tania yn sgorio 26 allan o 40 mewn prawf.
   Pa ganran yw hyn?

7 Mae garej yn gwerthu 2400 o geir ym mis Awst.
   Yn ystod gweddill y flwyddyn maen nhw'n gwerthu 3600 o geir.
   a Faint o geir maen nhw'n eu gwerthu i gyd yn ystod y flwyddyn?
   b Pa ganran o'u ceir maen nhw'n eu gwerthu ym mis Awst?

8 Mae Paul yn bwyta llawer o felysion. Mae ganddo lenwadau yn $\frac{2}{7}$ o'i 28 dant.
   a Sawl llenwad sydd gan Paul?
   b Pa ffracsiwn o'i ddannedd sydd *heb* lenwad?

9 Mae'r tabl yn dangos faint o deisennau mae Hefin yn eu gwerthu mewn wythnos.

Llun	Mawrth	Mercher	Iau	Gwener
24	28	28	36	44

   a Pa ffracsiwn o'r teisennau werthodd o ddydd Gwener?
   b Pa ganran o'r teisennau werthodd o ddydd Llun?

10 Llinellau syth

CRAIDD

1 **Llinellau grid**

2 **Patrymau llinellau**

3 **Darganfod yr hafaliad**

CWESTIYNAU

ESTYNIAD

CRYNODEB

PROFWCH EICH HUN

Gelwir y cyfesurynnau yr ydym yn eu defnyddio i lunio graffiau yn gyfesurynnau Cartesaidd. Cawsant eu henwi ar ôl Ffrancwr o'r enw René Descartes (1596-1650).

Ym 1619 cafodd Descartes freuddwyd lle sylweddolodd fod cysylltiad rhwng yr holl wyddorau a'i bod yn bosibl mynegi ffiseg drwy ddefnyddio iaith geometreg. Un o ddywediadau enwog Descartes oedd: 'Cogito ergo sum' sef y Lladin am 'Rwy'n meddwl, felly rwy'n bod'.

1 Llinellau grid

Mae Caradog ar ei wyliau yn Efrog Newydd.
Mae o eisiau ymweld ag adeilad y 'World Trade Center'.
Mae'r adeilad yma ar groesffordd Liberty Street a West Street.

◄◄AILCHWARAE►

Ymarfer 10:1

1 Edrychwch ar y llinell goch.
Cyfesurynnau'r pwynt P
yw (2,3).

Ysgrifennwch gyfesurynnau'r
pwyntiau A, B, C, CH a D

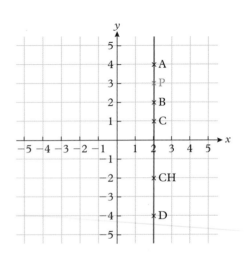

Cyfesuryn **x** yr holl bwyntiau yma yw 2
Mewn algebra mae hyn yn   **x = 2**
Rheol y llinell yw **x = 2**

2   Ysgrifennwch reolau'r
     llinellau yma.
     Copïwch a llenwch y bylchau:
     a Y rheol yw x = ...
     b Y rheol yw x = ...
     c Y rheol yw   ... = ...
     ch Y rheol yw   ... = ...

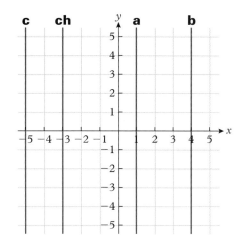

3   Edrychwch ar y llinell goch.
     Ysgrifennwch gyfesurynnau'r
     pwyntiau A,B,C,CH a D.

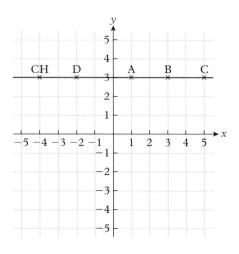

Cyfesuryn **y** yr holl bwyntiau yma yw **3**
Mewn algebra mae hyn yn   **y = 3**
Rheol y llinell yw **y = 3**

4 Ysgrifennwch reolau'r llinellau yma.
Copïwch a llenwch y bylchau:
a Y rheol yw y = ...
b Y rheol yw y = ...
c Y rheol yw ... = ...
ch Y rheol yw ... = ...

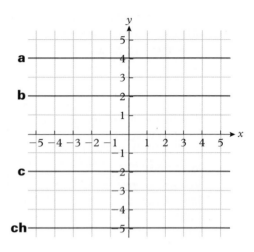

5 Ysgrifennwch reolau'r llinellau yma.

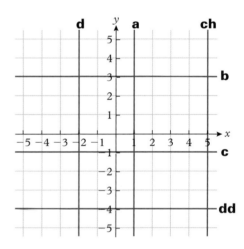

6 **a** Copïwch y diagram ar bapur sgwariau.
b Labelwch bob llinell â'i rheol.
c Mae'r llinellau yn croesi mewn pwynt.
Ysgrifennwch gyfesurynnau'r
pwynt yma.
Cofiwch ddefnyddio cromfachau
(....,....)

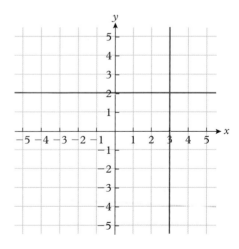

7 a Tynnwch set newydd o echelinau fel y rhai sydd yng nghwestiwn **6**.
  b Tynnwch y llinell $x = 4$
    Labelwch y llinell.
  c Tynnwch y llinell $y = -1$
    Labelwch y llinell.
  ch Ysgrifennwch gyfesurynnau'r pwynt lle mae'r llinellau'n croesi.

8 a Tynnwch set newydd o echelinau fel y rhai sydd yng nghwestiwn **6**.
  b Tynnwch linell fertigol a llinell lorweddol.
    Rhaid iddynt groesi yn y pwynt (2,5).
  c Copïwch a llenwch y rheolau ar gyfer y ddwy linell yma.
      $x = \ldots$ $y = \ldots$

9 Pa linellau fertigol a llorweddol sy'n croesi ym mhob un o'r pwyntiau yma?
  a $(3, 6)$ **b** $(2, 5)$ **c** $(6, 1)$

Croestorfan	Gelwir y pwynt lle mae dwy linell yn croesi yn **groestorfan**.

Ymarfer 10:2

1 Ysgrifennwch gyfesurynnau croestorfan y llinellau yma.
  a $x = 1$ ac $y = 6$ **c** $x = 5$ ac $y = -7$
  b $x = -4$ ac $y = 3$ **ch** $x = 0$ ac $y = 1$

2 Croestorfannau pa linellau fertigol a llorweddol yw'r canlynol?
  a $(8, 0)$ **c** $(-3, -4)$ **d** $(5, 0)$
  b $(-2, 1)$ **ch** $(5, -1)$ **dd** $(0, 3)$

3 Ysgrifennwch y rheol ar gyfer:
  a yr echelin x
  b yr echelin y
  c Ysgrifennwch gyfesurynnau croestorfan y ddwy linell yma.
  ch Beth ydym yn galw'r pwynt yma?

4   Mae'r diagram yn dangos sgwâr.
    Ysgrifennwch y rheol ar
    gyfer pob un o ochrau'r sgwâr.

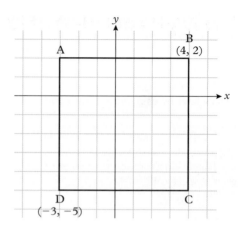

5   **a** Copïwch yr echelinau ar bapur sgwariau.
    b Lluniwch y petryal y mae'r rheolau yma
           yn rhoi ei ochrau.
           $x = -1$, $y = 3$, $x = 4$, $y = 7$
    c Tynnwch y llinell $y = 1$
    ch Adlewyrchwch y petryal yn $y = 1$
    d Ysgrifennwch reolau ochrau'r
           petryal newydd.

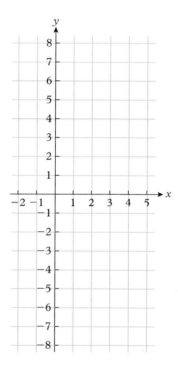

2 Patrymau llinellau

Mae Mathew a Catrin yn chwilio am batrymau ar grid.

Ymarfer 10:3

Byddwch angen cownteri a grid.

1 **a** Copïwch yr echelinau ar y grid.
Defnyddiwch y grid ar gyfer pob cwestiwn yn yr Ymarfer yma.

b Mae Mathew wedi gosod cownteri ar bwyntiau ar y grid.
Mae o eisiau i gyfesuryn y fod yr un fath â chyfesuryn x.
Mae Catrin yn gweld eu bod mewn llinell syth.

Marciwch y pwyntiau ar eich grid lle mae cyfesuryn y = cyfesuryn x.
Mewn algebra mae hyn yn $y = x$
Cysylltwch y pwyntiau â llinell syth.
Rheol y llinell yw $y = x$

c Labelwch y llinell â'i rheol $y = x$

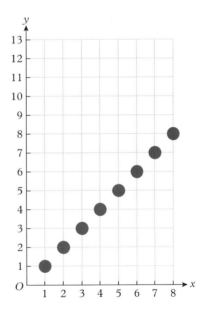

Hafaliad

Gelwir rheol llinell yn **hafaliad** y llinell.
Hafaliad y llinell yma yw $y = x$

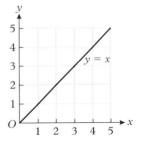

2 Mae Catrin yn gosod cownteri ar y grid lle mae
cyfesuryn **y** = 2 × cyfesuryn **x**
Mae hi'n marcio'r pwyntiau ar ei grid.
Mae hi'n cysylltu'r pwyntiau â llinell syth.
a Marciwch y pwyntiau ar eich grid.
Cysylltwch nhw â llinell syth.
b Copïwch:
Hafaliad y llinell yw $\quad$ **y** = 2 × **x**
Mewn algebra mae hyn yn $\quad$ **y** = 2**x**
c Labelwch y llinell â'i hafaliad.

3 **a** Gosodwch gownteri ar eich grid lle mae
cyfesuryn *y* yn 3 × cyfesuryn **x**
b Marciwch y pwyntiau.
Cysylltwch nhw â llinell syth.
c Copïwch a chwblhewch hafaliad y llinell.
$y = \ldots x$
ch Labelwch y llinell â'i hafaliad.

4 Rydych wedi tynnu'r llinellau $y = x$
$y = 2x$
$y = 3x$
a Pa linell yw'r mwyaf serth?
b Pa linell yw'r lleiaf serth?
c Pa ran o'r hafaliad sy'n dweud wrthych pa mor serth yw'r llinell?

· ·

Gallwn ddefnyddio robotiaid i'n helpu i dynnu llinellau.
Er mwyn tynnu'r llinell $y = 3x$ rydym yn defnyddio'r
robot '×3'.

Rhowch y cyfesurynnau
x i mewn ynddo.

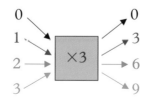

Mae'r cyfesurynnau
y yn dod allan ohono.

Nawr rydym yn plotio'r pwyntiau
(0, 0) (1, 3) (2, 6) (3, 9)
Cysylltwch y pwyntiau â llinell syth.
Labelwch y llinell â'i hafaliad $y = 3x$

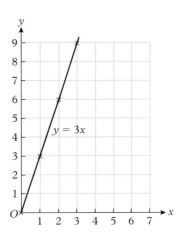

5　**a**　Pa linell yn eich barn chi fydd y fwyaf serth:
$y = 3x$ ynteu $y = 4x$?
b　Copïwch yr echelinau yma ar bapur sgwariau.
c　Tynnwch a labelwch y llinell $y = 3x$
ch　Tynnwch a labelwch y llinell $y = 4x$
Defnyddiwch y robot yma i'ch helpu:
Copïwch a llenwch y bylchau:

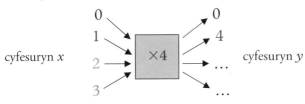

Y pwyntiau i'w plotio yw (0, 0) (1, 4) (2, …) (3, …)
Cysylltwch nhw â llinell syth.
Labelwch y llinell â'i hafaliad $y = 4x$
d　A oedd eich ateb i **a** yn gywir?

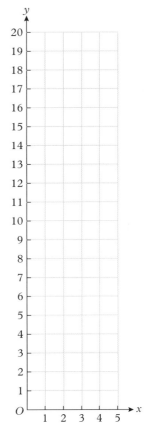

6　Pa linell yw'r fwyaf serth ym mhob un o'r parau yma?
a　$y = x$　　ynteu　　$y = 4x$
b　$y = 2x$　ynteu　　$y = 6x$
c　$y = 5x$　ynteu　　$y = 4x$
ch　$y = 3x$　ynteu　　$y = 7x$
d　$y = 8x$　ynteu　　$y = 5x$

215

7 Pa linell yw'r fwyaf serth ym mhob un o'r parau yma?

a $y = x$ ynteu $y = 2\frac{1}{2}x$

b $y = 5x$ ynteu $y = 3\frac{1}{2}x$

c $y = 4\frac{1}{2}x$ ynteu $y = 7\frac{1}{2}x$

ch $y = 3\frac{1}{2}x$ ynteu $y = 3\frac{1}{4}x$

8 Mae'r diagram yn dangos tri graff.
Ysgrifennwch hafaliad pob graff.
Dyma'r dewis sydd gennych.

$y = 3x$ $y = \frac{1}{2}x$ $y = 5x$

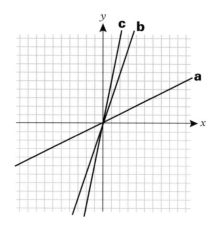

· ·

Mae Marc yn edrych ar
batrymau ar grid.
Mae o wedi gosod cownteri ar y
grid lle mae
cyfesuryn **y** = cyfesuryn **x** + 1
Yr hafaliad yw:

    y = **x** + 1

Ymarfer 10:4

Byddwch angen cownteri.

1   **a**   Gwnewch grid newydd fel yr un wnaethoch ei ddefnyddio yn Ymarfer 10.3.
Defnyddiwch y grid ar gyfer pob cwestiwn yn yr Ymarfer yma.

    b   Defnyddiwch gownteri ar eich grid i'ch helpu i dynnu'r llinell $y = x$
Labelwch y llinell â'i hafaliad.

    c   Nawr gosodwch eich cownteri ar y grid fel y gwnaeth Mathew.
Cofiwch: cyfesuryn **y** = cyfesuryn **x** + 1
Dylai eich cownteri fod mewn llinell syth.

    ch Marciwch y pwyntiau.
Cysylltwch nhw â llinell syth.

    d   Copïwch a llenwch y bylchau yn hafaliad y llinell.
        $y = \ldots + \ldots$

    dd Labelwch y llinell â'i hafaliad.

2 **a** Gosodwch gownteri ar eich grid lle mae
cyfesuryn y = cyfesuryn x + 2
  b Marciwch y pwyntiau.
Cysylltwch nhw â llinell syth.
  c Copïwch a chwblhewch hafaliad y llinell.
$y = \ldots + \ldots$
  ch Labelwch y llinell â'i hafaliad.

3 Rydych wedi tynnu'r llinellau $y = x$
$$y = x + 1$$
$$y = x + 2$$
  a Copïwch a gorffennwch:
Llinellau p............ yw'r llinellau i gyd.
  b Pa linell yw'r uchaf ar y grid?
  c Yn eich tyb chi ble bydd y llinell $y = x + 3$?
  ch Defnyddiwch gownteri i'ch helpu i dynnu'r llinell $y = x + 3$ ar eich grid.
Labelwch y llinell â'i hafaliad.
  d A oedd eich ateb i **c** yn gywir?

4 Edrychwch ar eich grid. Rydych wedi llunio pedair llinell arno.
  a Copïwch a chwblhewch y brawddegau yma.
Mae'r llinell $y = x$ yn croesi'r echelin y yn y pwynt (0, 0).
Mae'r llinell $y = x + 1$ yn croesi'r echelin y yn y pwynt (0, 1).
Mae'r llinell $y = x + 2$ yn croesi'r echelin y yn y pwynt (0, …).
Mae'r llinell $y = x + 3$ yn croesi'r echelin y yn y pwynt (0, …).
  b Ble bydd y llinell $y = x + 4$ yn croesi'r echelin y?
  c Defnyddiwch gownteri i'ch helpu i dynnu'r llinell $y = x + 4$ ar eich grid.
Labelwch y llinell â'i hafaliad.
  ch A oedd eich ateb i **b** yn gywir?

5 Ble bydd y llinellau yma'n croesi'r echelin y ?
  a $y = x + 5$
  b $y = x + 7$
  c $y = x + 8$
  ch $y = x + 12$

6 Ble y bydd y llinellau yma'n croesi'r echelin y ?
  a $y = x + \frac{1}{2}$
  b $y = x + 3\frac{1}{2}$

7　**a**　Ble y bydd y llinell $y = x - 2$ yn croesi'r echelin y?

　　b　Copïwch yr echelinau ar bapur sgwariau.

　　c　Tynnwch y llinell $y = x - 2$.

　　　　Defnyddiwch y robot yma i'ch helpu.

　　　　Copïwch a llenwch y bwlch:

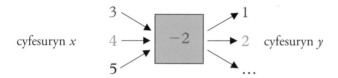

Y pwyntiau i'w plotio yw
$(3, 1)$ $(4, 2)$ $(5, ...)$
Cysylltwch nhw â llinell syth.
Labelwch y llinell â'i hafaliad
$y = x - 2$

ch A oedd eich ateb i **a** yn gywir?

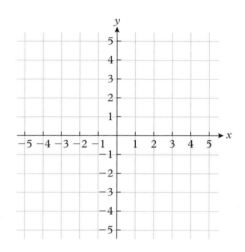

8　Ble y bydd y llinellau yma'n croesi'r echelin y?

　　a　$y = x - 3$　　　　**c**　$y = x - 4$　　　　**d**　$y = x - 6$

　　b　$y = x - 7$　　　　**ch** $y = x + 6$　　　**dd** $y = x$

9　Mae Mathew yn gwybod fod y llinell $y = x + 3$ yn croesi'r echelin y yn y pwynt $(0, 3)$.
　　Mae o eisiau gwybod a yw'r rheol yn dal i weithio ar gyfer $y = 2x + 3$.
　　Mae o'n defnyddio sgriniau robotiaid i'w helpu i dynnu'r llinell.

　　a　Copïwch a llenwch y bylchau:

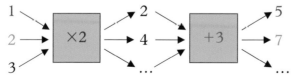

b Copïwch yr echelinau ar bapur sgwariau.
Plotiwch y pwyntiau $(1, 5)$ $(2, 7)$ $(3, ...)$
Cysylltwch nhw â llinell syth.
Labelwch y llinell â'r hafaliad
$y = 2x + 3$.

A yw'r rheol yn dal i weithio?

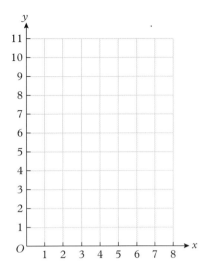

10 Ble y bydd y llinellau yma'n croesi'r echelin y?

    a $y = 2x - 4$ **c** $y = 3x - 5$

    b $y = 3x + 7$ **ch** $y = 5x + 2$

11 Mae Catrin yn gwybod fod y llinellau
$y = x + 1$ a $y = x + 2$ yn baralel.
Mae hi eisiau gwybod a fydd y llinellau
$y = 2x + 1$ ac $y = 2x + 2$ yn baralel.

    a Copïwch yr echelinau ar bapur sgwariau.

    b Tynnwch a labelwch y llinell $y = 2x + 1$
       Defnyddiwch sgriniau robotiaid i'ch helpu.

    c Tynnwch a labelwch y llinell $y = 2x + 2$
       Defnyddiwch sgriniau robotiaid i'ch helpu.

    ch A yw'r llinellau yn baralel?

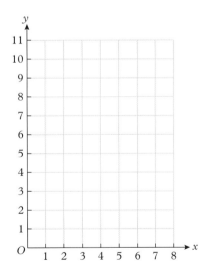

12 Edrychwch ar bob set o dair llinell.
Ysgrifennwch pa ddwy linell sy'n baralel.

    a $y = 3x + 5$ $y = 4x - 3$ $y = 3x - 1$

    b $y = 2x + 8$ $y = 3x - 5$ $y = 3x + 8$

    c $y = 5x - 4$ $y = 4x - 5$ $y = 4x - 4$

    ch $y = 7x + 5$ $y = 5x - 3$ $y = 7x - 1$

3 Darganfod yr hafaliad

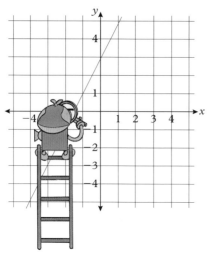

Dyma'r llinell $y = 2x + 3$
Mae'r 2 yn dweud wrthym pa mor serth yw'r llinell.
Mae'r 3 yn dweud wrthym lle bydd y llinell yn croesi'r echelin y.

Dyma'r llinell $y = 3x - 4$

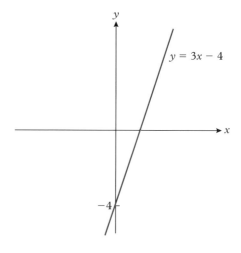

Mae'r 3 yn dweud wrthym pa mor serth yw'r llinell.
Mae'r -4 yn dweud wrthym lle mae'r llinell yn croesi'r echelin y, hynny yw yn y pwynt $(0, -4)$.

Dyma'r llinell $y = x + 7$
Mewn algebra mae x yn golygu $1x$
Felly yr hafaliad yw $y = 1x + 7$

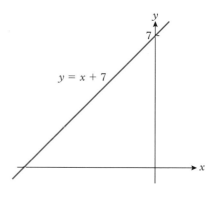

Mae'r 1 yn dweud wrthym pa mor serth yw'r llinell.
Mae'r $+7$ yn dweud wrthym lle mae'r llinell yn croesi'r echelin y, hynny yw yn y pwynt $(0, 7)$.

Edrychwch ar y ddau hafaliad yma $y = 2x + 3$
$y = 2x + 5$

Mae'r ddau hafaliad yn cynnwys 2 sy'n dweud wrthym pa mor serth ydynt.
Mae'r llinellau yn baralel.

Enghraifft

Mae Robot eisiau darganfod hafaliad y llinell goch.

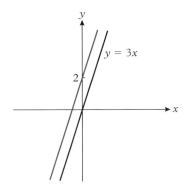

Mae hi'n baralel i'r llinell $y = 3x$
Mae Robot yn gwybod mai rhan o'r hafaliad yw $y = 3x + \ldots$

Mae'r llinell goch yn croesi'r echelin y yn y pwynt $(0, 2)$.
Mae'n rhaid mai $y = 3x + 2$ yw'r hafaliad.

Ymarfer 10:5

Ysgrifennwch hafaliad pob llinell goch.

1
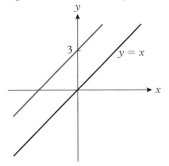

2
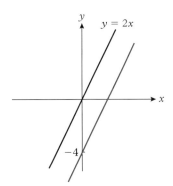

3

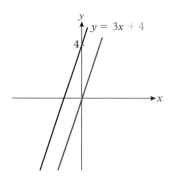

$y = 3x + 4$

6

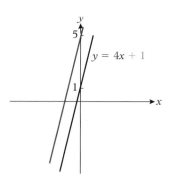

$y = 4x + 1$

4

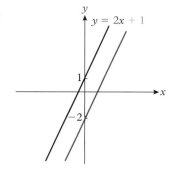

$y = 2x + 1$

7

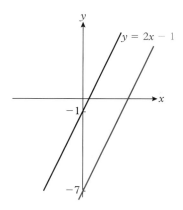

$y = 2x - 1$

5

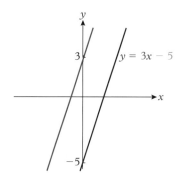

$y = 3x - 5$

8

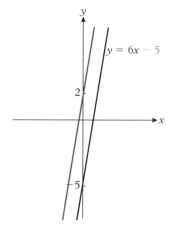

$y = 6x - 5$

9 Rhowch yr hafaliad sy'n cyd-fynd â phob graff.

a

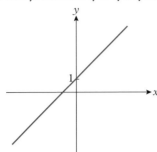

c

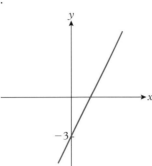

b

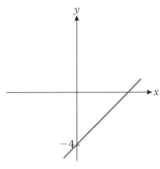

ch

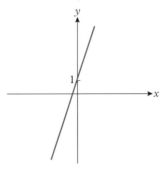

$y = 3x + 1$ $\qquad$ $y = x + 1$ $\qquad$ $y = 2x - 3$ $\qquad$ $y = x - 4$

10 Rhowch yr hafaliad sy'n cyd-fynd â phob graff.

a

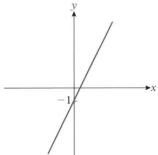

c

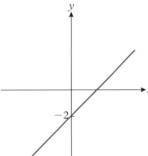

b

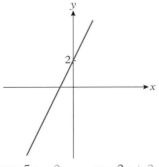

ch

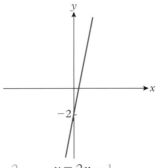

$y = 5x - 2$ $\qquad$ $y = 2x + 2$ $\qquad$ $y = x - 2$ $\qquad$ $y = 2x - 1$

Methu â gweld pob coeden

Mae'r Comisiwn Coedwigaeth wedi plannu fforest newydd.
Mae coeden wedi ei phlannu ym mhob un o'r pwyntiau croesi ar grid.

Edrychwch ar y diagram sy'n dangos rhan o'r fforest. Mae'n dangos 25 o goed ar grid 5 wrth 5.
Mae Alun yn sefyll yn y tarddbwynt.
Mae'n gallu gweld y goeden sydd yn (1,1)
Nid yw'n gallu gweld y coed yn (2,2), (3,3), (4,4) a (5,5) gan eu bod yn union yn yr un llinell â (1,1).

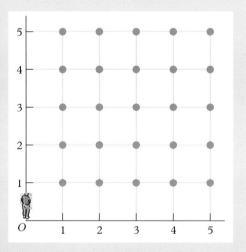

1　**a**　Pa goed eraill nad yw'n gallu eu gweld?
　　b　Sawl coeden y mae o'n methu ei gweld?

2　**a**　Lluniwch grid 6 wrth 6.
　　b　Ar y grid marciwch pa goed na all Alun eu gweld.
　　c　Sawl coeden y mae o'n methu ei gweld?

3　**a**　Ceisiwch ragfynegi sawl coeden nad yw Alun yn gallu eu gweld ar grid 7 wrth 7. Eglurwch sut y cawsoch y rhif yma.
　　b　Lluniwch y grid 7 wrth 7 i wirio'r ateb.

4　Ymchwiliwch gan ddefnyddio gridiau eraill. Ysgrifennwch adroddiad ar yr hyn rydych yn ei ddarganfod.

1 Ysgrifennwch reolau'r llinellau yma.

2 Ysgrifennwch reolau'r llinellau yma.

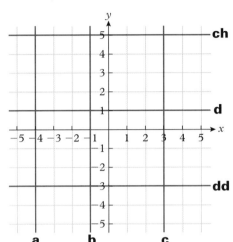

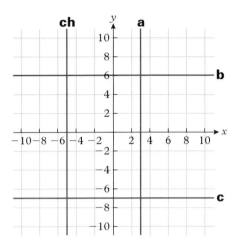

3 Ysgrifennwch gyfesurynnau croestorfan y llinellau yma.
- **a** $x = 5$ ac $y = 7$
- **b** $x = 2$ ac $y = 4$
- **c** $x = 4$ ac $y = -5$
- **ch** $x = -5$ ac $y = -1$
- **d** $x = -2$ ac $y = 0$
- **dd** $y = 1$ ac $x = 9$

4 Croestorfannau pa linellau fertigol a llorweddol yw'r canlynol?
- **a** $(5, 8)$
- **b** $(0, 4)$
- **c** $(-5, 5)$
- **ch** $(7, -1)$
- **d** $(6, 2)$
- **dd** $(-3, 0)$

5 **a** Copïwch yr echelinau yng nghwestiwn **1** ar bapur sgwariau.
  b Tynnwch linell fertigol.
  Ysgrifennwch reol y llinell yma.
  c Tynnwch linell lorweddol.
  Ysgrifennwch reol y llinell yma.
  ch Ysgrifennwch gyfesurynnau'r croestorfan.

6 Dyma gyfesurynnau fertigau petryal:
$(-1, -2)$ $(-1, 6)$ $(3, 6)$ $(3, -2)$
Ysgrifennwch reolau pedair ochr y petryal.

7 Dyma reolau ochrau sgwâr:
$x = -2$ $y = -1$ $x = 5$ $y = 6$
Ysgrifennwch gyfesurynnau fertigau'r sgwâr.

8 **a** Copïwch yr echelinau ar bapur sgwariau.
   b Plotiwch y pwyntiau yma mewn trefn:
       $(1, 4)$ $(3, 6)$ $(6, 6)$ $(6, 5)$ $(4, 5)$ $(4, 4)$
       Cysylltwch nhw â phren mesur wrth
       fynd yn eich blaen.
   c Tynnwch y llinell $y = 4$ ar eich echelinau.
   ch Adlewyrchwch y siâp yn y llinell $y = 4$
   d Ysgrifennwch gyfesurynnau fertigau'r
       siâp newydd.

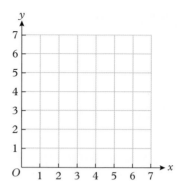

9 Pa linell yw'r fwyaf serth ym mhob un o'r parau yma?
   a $y = 3x$ ynteu $y = 5x$ **c** $y = x$ ynteu $y = 3x$
   b $y = 7x$ ynteu $y = 4x$ **ch** $y = 9x$ ynteu $y = 10x$

10 Edrychwch ar y tair llinell yma:
    $y = x + 3$ $y = x + 7$ $y = x + 2$

   a Beth allwch chi ei ddweud am y tair llinell?
   b Mae Gwydion yn plotio'r tair llinell.
       Pa linell yw'r uchaf ar y grid?
   c Pa linell yw'r isaf ar y grid?
   ch Ble mae'r llinell $y = x + 7$ yn croesi'r echelin y?
   d Pa bâr o linellau sydd agosaf at ei gilydd?
   dd Pa bâr o linellau sydd bellaf oddi wrth ei gilydd?

11 Ble y bydd y llinellau yma'n croesi'r echelin y?
   a $y = x + 3$ **c** $y = x + 1$ **d** $y = 2x + 5$
   b $y = x + 6$ **ch** $y = x - 9$ **dd** $y = 5x - 3$

12 Edrychwch ar bob set o dair llinell.
    Ysgrifennwch pa ddwy linell sy'n baralel.
   a $y = 2x + 1$ $y = x - 1$ $y = 2x - 1$
   b $y = 7x + 3$ $y = 4x + 3$ $y = 4x - 7$
   c $y = 8x + 9$ $y = 9x - 8$ $y = 8x + 8$
   ch $y = 4x - 7$ $y = 7x - 4$ $y = 4x + 7$

13 Edrychwch ar bob set o dair llinell.
    Pa linell yw'r eithriad?
    Eglurwch pam.
   a $y = 3x - 1$ $y = 7x - 1$ $y = 6x + 1$
   b $y = 4x - 5$ $y = 5x + 4$ $y = 4x + 5$
   c $y = 7x - 1$ $y = x - 7$ $y = 7x + 7$

Ysgrifennwch hafaliad pob llinell goch.

14

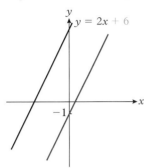

$y = 2x + 6$

16

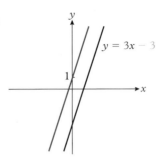

$y = 3x - 3$

15

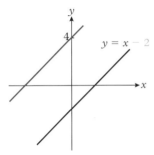

$y = x - 2$

17

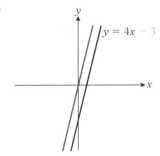

$y = 4x - 3$

18 Rhowch yr hafaliad sy'n cyd-fynd â phob graff.

a

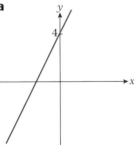

c

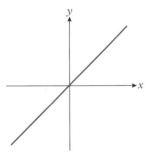

b

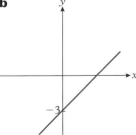

ch

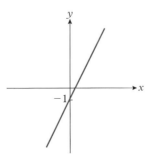

$y = x$ $\qquad$ $y = x - 3$ $\qquad$ $y = 2x - 1$ $\qquad$ $y = 2x + 4$

1 Dyma reolau tair ochr sgwâr:

$x = -1$ $y = 3$ $x = 6$

Mae dau sgwâr posibl.

a Ysgrifennwch reol yr ochr sydd ar goll ym mhob sgwâr.

b Ysgrifennwch gyfesurynnau fertigau pob sgwâr.

2 Lluniwch set o echelinau lle mae x ac y yn mynd o -6 i $+6$.
Plotiwch y llinellau $y = x + 1$ ac $y = 2x - 1$
Defnyddiwch sgriniau robotiaid i'ch helpu.
Ysgrifennwch gyfesurynnau croestorfan y ddwy
linell yma.

3 Dyma gyfesurynnau tri fertig petryal:

$(-5, 1)$ $(4, 1)$ $(4, -3)$

Darganfyddwch reolau pedair ochr y petryal.

4 Gallwn ddefnyddio robotiaid i weld a yw pwynt yn gorwedd ar linell.
A yw'r pwynt (6,20) yn gorwedd ar y llinell $y = 3x + 1$?

Rydym yn rhoi'r cyfesuryn x yn y robot:

$$6 \longrightarrow \boxed{\times 3} \xrightarrow{18} \boxed{+ 1} \longrightarrow 19$$

Mae'r robot yn dweud wrthym mai 19 yw'r cyfesuryn y.
Mae'r pwynt (6,19) yn gorwedd ar y llinell.
Felly nid yw'r pwynt (6,20) yn gorwedd ar y llinell.

Mae gan bob un o'r cwestiynau yma bwynt a llinell.
Darganfyddwch a yw'r pwynt yn gorwedd ar y llinell.

a $(2, 3)$ $y = x - 1$ **ch** $(4, 14)$ $y = 2x + 5$
b $(5, 13)$ $y = 2x + 3$ **d** $(6, 24)$ $y = 5x - 4$
c $(3, 7)$ $y = 4x - 5$ **dd** $(8, 31)$ $y = 3x + 7$

5 Mae gan bob un o'r cwestiynau yma linell a phwyntiau.
Mae'r pwyntiau yn gorwedd ar y llinell.
Darganfyddwch y cyfesurynnau sydd ar goll.

a $y = x - 2$ $(4, \ldots)$ $(10, \ldots)$ $(\ldots, 0)$
b $y = 3x + 4$ $(5, \ldots)$ $(2, \ldots)$ $(10, \ldots)$
c $y = 6x - 5$ $(3, \ldots)$ $(5, \ldots)$ $(4, \ldots)$
ch $y = 2x - 8$ $(4, \ldots)$ $(0, \ldots)$ $(5, \ldots)$

- Ar gyfer yr holl bwyntiau sydd ar y llinell yma mae'r cyfesuryn $x = 2$

  Rheol y llinell yw
  $$x = 2$$

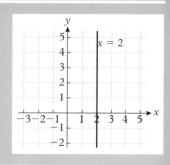

- **Croestorfan**
  Gelwir y pwynt lle mae dwy linell yn croesi yn **groestorfan**.

  Croestorfan y ddwy linell yma yw
  $(3, 1)$

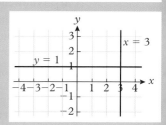

- **Hafaliad**
  Gelwir rheol llinell yn **hafaliad** y llinell.

  Hafaliad y llinell yma yw $y = x$

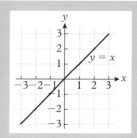

- Edrychwch ar y llinellau yma.

  Mae'r rhif coch yn dweud wrthym pa mor serth yw'r llinell.
  Po fwyaf y rhif sertha'n y byd yw'r llinell.

  Os oes gan ddwy linell yr un rhif maen nhw'n baralel.
  Mae'r llinellau $y = 2x + 3$ ac $y = 2x + 5$ yn baralel.

  Edrychwch ar y llinellau yma.

  Mae'r rhif glas yn dweud wrthym lle mae'r llinell yn croesi'r echelin y.

  Mae'r llinell $y = x + 2$ yn croesi'r echelin y yn y pwynt $(0, 2)$.
  Mae'r llinell $y = x + 5$ yn croesi'r echelin y yn y pwynt $(0, 5)$.

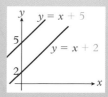

1 Ysgrifennwch reolau'r llinellau yma.

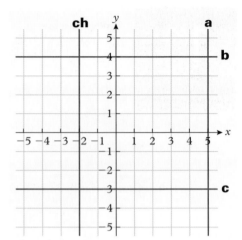

2 **a** Lluniwch set o echelinau fel y rhai yng nghwestiwn **1**.
b Tynnwch y llinell $x = 4$
c Tynnwch y llinell $y = 2$
ch Mae'r llinellau'n croesi mewn pwynt. Ysgrifennwch gyfesurynnau'r croestorfan.

3 Pa linellau fertigol a llorweddol sy'n croesi yn y pwynt (5,3)?

4 Edrychwch ar hafaliadau y llinellau yma.
$$y = 3x - 3 \qquad y = x + 7 \qquad y = 5x + 1$$
a Pa linell yw'r fwyaf serth?
b Pa linell yw'r lleiaf serth?

5 Edrychwch ar y tair llinell yma.
$$y = x + 4 \qquad y = x + 7 \qquad y = x$$
a Beth allwch chi ei ddweud am y llinellau yma?
b Ble mae'r llinell $y = x + 7$ yn croesi'r echelin y?
c Pa linell yw'r uchaf ar y grid?
ch Pa linell yw'r isaf ar y grid?
d Rhwng pa ddwy linell y byddai'r llinell $y = x + 2$?

6 Ysgrifennwch hafaliad y llinell goch.

a

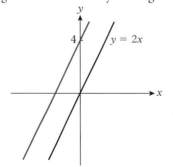

b

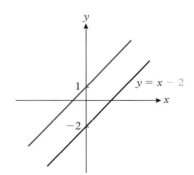

11 Cymarebau

CRAIDD

1 **Y system fetrig**

2 **Cyflwyno cymarebau**

3 **Cyfrannedd**

4 **Mapiau a graddfeydd**

CWESTIYNAU

ESTYNIAD

CRYNODEB

PROFWCH EICH HUN

Yr Arolwg Ordnans sy'n cynhyrchu'r rhan fwyaf o fapiau o Wledydd Prydain. Arferai Bwrdd yr Ordnans fod yn gyfrifol am amddiffyn Prydain. (Ystyr 'Ordnans' yw 'cyflenwadau milwrol').

Roedd arnynt angen mapiau da i filwyr felly cychwynnwyd yr Arolwg Ordnans.

Byddai'r Arolwg Ordnans yn rhoi 'meincnodau' mewn mannau fel cerrig pontydd neu ar ben bryniau. Defnyddir y pwyntiau yma fel cyfeirbwyntiau ar gyfer mesur.

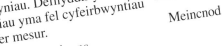

Meincnod

Map Arolwg Ordnans ar raddfa fawr

O bryd i'w gilydd mae'r Arolwg Ordnans yn diweddaru mapiau. Maen nhw'n marcio adeiladau a ffyrdd newydd.

Maen nhw'n cynhyrchu mapiau graddfeydd mawr a graddfeydd llai.

1   Y system fetrig

Mae Jên ac Aled wedi torri ffenestr.
Mae eu tad yn mesur i weld beth yw maint y gwydr sydd ei angen i
drwsio'r ffenestr.
Ar un ochr mae ei dâp mesur wedi ei farcio mewn troedfeddi a modfeddi.
Mae'r ochr arall wedi ei marcio mewn unedau metrig.

Mae gan Jên bensil a phapur i ysgrifennu'r mesuriadau.
Mae Jên yn gofyn i'w thad pa unedau mae o'n eu defnyddio.
Mae o'n dweud ei fod yn defnyddio milimetrau.

◄◄AILCHWARAE►

Unedau mesur hyd

$$10 \text{ milimetr (mm)} = 1 \text{ centimetr (cm)}$$
$$100 \text{ centimetr} = 1 \text{ metr (m)}$$
$$1000 \text{ metr} = 1 \text{ cilometr (km)}$$

Enghraifft

0mm 10	20	30	40	50	60	70	80
0cm 1	2	3	4	5	6	7	8

Mae'r llinell yma'n mesur 5.7 cm (neu 57 mm).

Trawsnewid unedau o fewn y system fetrig

Enghreifftiau

1 Trawsnewidiwch 6.75 m yn cm

$$6.75 \text{ m} = 6.75 \times 100 \text{ cm}$$
$$= 675 \text{ cm}$$

2 Trawsnewidiwch 6400 m yn km

$$6400 \text{ m} = (6400 \div 1000) \text{ km}$$
$$= 6.4 \text{ km}$$

Ymarfer 11:1

1 Trawsnewidiwch yr unedau ym mhob un o'r canlynol.
Meddyliwch yn ofalus beth fydd angen ei wneud, lluosi ynteu rhannu.
a 50 mm yn cm (10 mm = 1 cm)
b 3000 m yn km (1000 m = 1 km)
c 9 m yn cm (100 cm = 1 m)
ch 7 cm yn mm (10 mm = 1 cm)
d 4.5 cm yn mm (10 mm = 1 cm)
dd 12 000 m yn km (1000 m = 1 km)
e 0.5 m yn cm (100 cm = 1 m)
f 56 mm yn cm (10 mm = 1 cm)

2 Trawsnewidiwch yr unedau ym mhob un o'r canlynol.
Meddyliwch yn ofalus beth fydd angen ei wneud, lluosi ynteu rhannu
â 10, 100 neu 1000.
a 4 km yn m
b 400 cm yn m
c 20 mm yn cm
ch 6 cm yn mm
d 15 km yn m
dd 2 m yn cm
e 30 mm yn cm
f 5000 m yn km
ff 5 m yn mm
g 2000 mm yn m

3 Trawsnewidiwch yr unedau ym mhob un o'r canlynol.
Meddyliwch yn ofalus beth fydd angen ei wneud, lluosi ynteu rhannu
â 10, 100 neu 1000.
a 285 cm yn m
b 550 m yn km
c 8.7 cm yn mm
ch 0.6 cm yn mm
d 7.4 km yn m
dd 3.75 m yn cm
e 65 mm yn cm
f 0.9 km yn m
ff 0.15 m yn mm
g 1250 mm yn m

4 Ysgrifennwch pa uned sy'n cwblhau pob brawddeg.
Dewiswch un o'r unedau yma: mm, cm, m, km.
a Mae clip papurau tua 30 ... o hyd.
b Mae drws tua 2 ..... o uchder.
c Mae llwy de tua 13 .... o hyd.
ch Mae'r pellter o Lundain i Gaerdydd tua 240 ....
d Mae cwpwrdd ffeilio tua 45 ..... o led.
dd Mae cae pêl-droed tua 70 .... o led.
e Mae ewin bys tua 10 ... o led.
f Mae lled y Sianel tua 33 .....

233

Trawsnewid unedau hyd Imperial yn unedau metrig

1 fodfedd = 2.5 cm   1 llathen = 0.9 m   1 filltir = 1.6 km

Enghreifftiau **1** Trawsnewidiwch 3 modfedd yn cm
1 fodfedd = 2.5 cm
3 modfedd = 3 × 2.5 cm
= 7.5 cm

3 Trawsnewidiwch 4 milltir yn km
1 filltir = 1.6 km
4 milltir = 4 × 1.6 km
= 6.4 km

2 Trawsnewidiwch 3.5 llath yn m
1 llathen = 0.9 m
3.5 llath = 3.5 × 0.9 m
= 3.15 m

Ymarfer 11:2

1 Trawsnewidiwch yr unedau ym mhob un o'r canlynol.
  a 2 fodfedd yn cm   **c** 7 milltir yn km   **d** 20 milltir yn km
  b 6 llath yn m   **ch** 10 llath yn m   **dd** 12 modfedd (1 droedfedd) yn cm

2 Trawsnewidiwch yr hydoedd coch yn unedau metrig.
  a Mae llyfr Julie yn 8 modfedd wrth 6.5 modfedd.
  b Mae drws ystafell wely Emrys yn 30 modfedd o led.
  c Mae cae criced yn 22 llath o hyd.
  ch Mae gan Alison bren mesur 1 droedfedd.
     Mae ganddi hi hefyd bren mesur llai sy'n
     6 modfedd o hyd.
  d Mae Tudur yn rhedeg y marathon yn
     Llundain, sy'n 26.2 o filltiroedd.
  dd Mae cwrt tennis Ysgol Abergwynant yn
     26 llath wrth 12 llath.

6.5 modfedd

llyfr ysgrifennu

8 modfedd

Mae 1 fodfedd tua $2\frac{1}{2}$ cm.
Mae 1 llathen fymryn yn llai nag 1 metr.
Mae 1 filltir fymryn yn fwy nag $1\frac{1}{2}$ km.

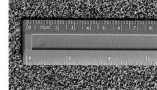

Enghraifft

Rhowch amcangyfrif o'r hydoedd yma mewn unedau metrig..

a 4 modfedd **b** 18 llath **c** 12 milltir

a Mae 1 fodfedd tua $2\frac{1}{2}$ cm

$2 \times 4 = 8$

Mae $\frac{1}{2}$ o 4 yn 2

Mae 4 modfedd tua $8 + 2 = 10$ cm

b Mae 1 llathen fymryn yn llai nag 1 metr

Mae 18 llath fymryn yn llai nag 18 m

Mae 18 llath tua 16 neu 17 m

c Mae 1 filltir fymryn yn fwy nag $1\frac{1}{2}$ km

$\frac{1}{2}$ o 12 yw 6

$12 + 6 = 18$

Mae 12 milltir fymryn yn fwy na 18 km

Mae 12 milltir tua 19 neu 20 km

---

3 Rhowch amcangyfrif o'r canlynol mewn unedau metrig.

a 6 modfedd	**d** 2 lath	**ff** 2 filltir	• **i** 15 modfedd
b 8 modfedd	**dd** 12 llath	**g** 30 milltir	• **l** 27 modfedd
c 10 modfedd	**e** 25 llath	**ng** 1000 milltir	• **ll** 17 milltir
ch 20 modfedd	**f** 100 llath	**h** 16 milltir	• **m** 55 milltir

4 **a** 1 fodfedd = 2.5 cm, 1 llathen = 0.9 m, 1 filltir = 1.6 km

Defnyddiwch y rhain a lluosi i newid yr hydoedd yng nghwestiwn **3** yn unedau metrig.

b Defnyddiwch eich atebion i **a** i wirio eich amcangyfrifon yng nghwestiwn **3**.

Unedau mesur màs

Mae enwau unedau mesur màs yn debyg i unedau mesur hyd.

1000 miligram (mg) = 1 gram (g)

1000 gram = 1 cilogram (kg)

1000 kg = 1 dunnell fetrig (t)

Mae chwarter llwy de o siwgr yn pwyso tuag 1 gram.

Mae bag cyffredin o siwgr yn pwyso 1 cilogram.

Trawsnewid unedau o fewn y system fetrig

Enghreifftiau

1 Trawsnewidiwch 2.5 kg yn g

$$2.5 \, \text{kg} = 2.5 \times 1000 \, \text{g}$$
$$= 2500 \, \text{g}$$

2 Trawsnewidiwch 5000 g yn kg

$$5000 \, \text{g} = (5000 \div 1000) \, \text{kg}$$
$$= 5 \, \text{kg}$$

Ymarfer 11:3

1 Trawsnewidiwch yr unedau ym mhob un o'r canlynol.
Meddyliwch yn ofalus beth fydd angen ei wneud, lluosi ynteu rhannu.

a 4 kg yn g (1000 g = 1 kg)
b 7000 mg yn g (1000 mg = 1 g)
c 2000 g yn kg (1000 g = 1 kg)
ch 8000 kg yn t (1000 kg = 1 t)
d 6 kg yn g
dd 55 kg yn g

e 85 mg yn g
f 0.6 kg yn g
ff 125 mg yn g
g 0.3 g yn mg
ng 650 g yn kg
h 1.5 t yn kg

Trawsnewid unedau mesur màs Imperial yn unedau metrig

Mae 1 owns tua 30 gram   (16 owns = 1 pwys)
Mae 1 pwys fymryn yn llai na hanner cilogram   (14 pwys = 1 stôn)
Mae 1 dunnell fymryn yn fwy nag 1 dunnell fetrig

2 Amcangyfrifwch werth y meintiau coch mewn unedau metrig.
a Mae babi newydd ei eni yn pwyso tuag 8 pwys.
b Mae wy yn pwyso tua 2 owns.
c Mae gwraig yn pwyso tua 140 pwys.
ch Mae car bychan yn pwyso tua 2 dunnell.
d Mae oren yn pwyso tua 6 owns.
dd Mae twrci mawr wedi ei rostio yn pwyso tua 20 pwys.

Weithiau mae'n rhaid i ni fod yn fwy cywir.

1 owns (oz) = 28 g   1 pwys (lb) = 450 g = 0.45 kg

Enghreifftiau

1 Trawsnewidiwch 3 owns yn g

1 owns = 28g
3 owns = 3 × 28 g
       = 84 g

2 Trawsnewidiwch 5 pwys yn kg

1 pwys = 0.45 kg
5 pwys = 5 × 0.45 kg
       = 2.25 kg

3 Trawsnewidiwch yr unedau ym mhob un o'r rhain.
- **a** 4 owns yn g
- **b** 0.5 owns yn g
- **c** 3 phwys yn kg
- **ch** 6.5 pwys yn kg
- **d** 8 owns yn g
- **dd** 14 pwys yn kg
- **e** 100 pwys yn kg
- **f** 12 owns yn g
- **ff** 7 pwys yn kg

4 Mae un dunnell Imperial yn hafal i 2240 pwys.
- **a** Trawsnewidiwch un dunnell yn gilogramau gan ddefnyddio 1 pwys = 0.4536 kg Rhowch eich ateb yn gywir i'r rhif cyfan agosaf.
- **b** Sawl cilogram yn fwy yw tunnell Imperial na thunnell fetrig?
- **c** Beth yw'r ganran ychwanegol mewn tunnell Imperial?

Unedau mesur cynhwysedd

Mae enwau unedau mesur cynhwysedd yn debyg i unedau mesur hyd.

1000 mililitr (m*l*) = 1 litr *(1)*
100 centilitr (c*l*) = 1 litr

5 m*l*   75 c*l*   1 litr

Mae'r llwy ffisig blastig yn dal 5 m*l.*
Mae'r botel yn dal 75 c*l.*
Mae'r carton sudd oren yn dal 1 litr.

Gallwn drawsnewid unedau cynhwysedd yn yr un modd ag unedau mesur hyd neu fàs.

Ymarfer 11:4

1 Trawsnewidiwch yr unedau ym mhob un o'r rhain.

a 3000 ml yn l (1000 ml = 1l) **ch** 4.5 l yn ml **e** 800 ml yn l
b 75 cl yn l (100 cl = 1l) **d** 0.5 l yn ml **f** 5600 ml yn l
c 7l yn ml **dd** 9000 ml yn l **ff** 0.25 l yn ml

Trawsnewid unedau mesur cynhwysedd Imperial yn unedau metrig

Mae un peint fymryn yn fwy na hanner litr.
Mae un galwyn tua $4\frac{1}{2}$ litr.

2 Amcangyfrifwch werth y meintiau coch mewn unedau metrig.

a Mae dysgl golchi llestr yn dal tua 12 peint o ddŵr.

b Mae bwced gyffredin yn dal tua 2 alwyn o ddŵr.

c Byddai bin lludw yn dal tua 20 galwyn o ddŵr.

ch Byddai basged ysbwriel y dosbarth yn dal tua 7 galwyn o ddŵr.

Weithiau mae'n rhaid i ni fod yn fwy cywir.
1 peint = 0.57 l 1 galwyn = 4.5 l (8 peint = 1 galwyn)

Enghreifftiau **1** Trawsnewidiwch 4 peint yn litrau.

1 peint = 0.57l
4 peint = 4 × 0.57 l
= 2.28 l

2 Trawsnewidiwch 3 galwyn yn litrau.

1 galwyn = 4.5 l
3 galwyn = 3 × 4.5 l
= 13.5 l

3 Trawsnewidiwch bob un o'r canlynol yn litrau.

a 7 peint **c** 0.5 peint **d** 5 peint **e** 3.5 peint
b 15 galwyn **ch** 5.6 galwyn **dd** 9 galwyn **f** 1.4 galwyn

4 Mae galwyn Imperial yn 4.546 litr.
Mae galwyn Americanaidd yn llai. Mae'n 3.785 litr.

a Trawsnewidiwch y ddau fath yn fililitrau.

b Beth yw'r gwahaniaeth rhwng galwyn Imperial a galwyn Americanaidd mewn mililitrau?

2   Cyflwyno cymarebau

4 cm

8 cm

←——— 3 cm ———→   ←——————— 6 cm ———————→

Mae Blwyddyn 8 wedi cael tynnu eu lluniau.
Mae Sonia wedi prynu'r maint mwyaf i'w mam.
Mae'r maint lleiaf yn cael ei gadw ar gyfer cofnodion yr ysgol.

Mae lled y llun bychan yn hanner lled y llun mawr.
Mae hyd y llun bychan hefyd yn hanner hyd y llun mawr.

Gallwn ysgrifennu'r ffracsiwn yma mewn ffordd arall: 1:2 (sy'n cael ei
ddweud 'un *i* ddau').

Cymhareb

Cymhareb yw'r ffordd o fesur maint cymharol dau beth.

Enghraifft

Mae cymhareb lled y llun bychan i led y llun mawr yn 3 cm : 6 cm (sy'n
cael ei ddweud 3 cm i 6 cm).

Gallwn ysgrifennu cymarebau heb unedau.   3 cm : 6 cm = 3 : 6
Gallwn symleiddio cymarebau fel ffracsiynau. $\frac{3}{6} = \frac{1}{2}$ felly 3 : 6 = 1 : 2

Ymarfer 11:5

1 a Mesurwch y sgwâr yma.
Copïwch y sgwâr yn eich llyfr.
b Lluniwch sgwâr newydd â'i ochrau'n hanner mor hir.
c Copïwch a llenwch y bylchau:
(1) Mae cymhareb ochrau'r sgwâr *bychan* i ochrau'r
sgwâr *mawr* yn
? cm : 4 cm = ? : 4 = ? : 2
(2) Mae cymhareb ochrau'r sgwâr *mawr* i ochrau'r
sgwâr *bychan* yn
4 cm : ? cm = 4 : ? = 2 : ?

2 a Mesurwch y petryal yma.
Copïwch y petryal yn eich llyfr.
b Lluniwch betryal newydd â'i ochrau'n deirgwaith mor hir.
c Copïwch a llenwch y bylchau:
(1) Mae cymhareb lled y petryal *bychan* i led y petryal *mawr* yn
2 cm : ? cm = 2 : ? = 1 : ?
(2) Mae cymhareb hyd y petryal *mawr* i hyd y petryal *bychan* yn
? cm : 3 cm = ? : 3 = ? : 1

3 a Mesurwch hyd a lled bob petryal.
Copïwch nhw i'ch llyfr.
Labelwch bob ochr gan nodi'r hyd.

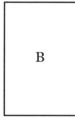
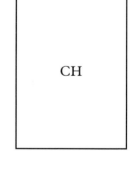

A

B

C

CH

b Ysgrifennwch beth yw'r gymhareb lled i hyd ar gyfer petryal A.
c Gwnewch yr un peth gyda'r petryalau eraill.
ch Cymhareb lled a hyd pa betryal sy'n wahanol i'r gweddill?

Enghraifft

Mae gan gwmni llogi ceir 8 o geir a 4 fan i'w llogi.
Beth yw'r gymhareb:
a ceir i faniau?
b faniau i geir?
Rhowch eich atebion yn eu ffurf symlaf.

a ceir : faniau $= 8 : 4$
$= 2 : 1$

b faniau : ceir $= 4 : 8$ (symleiddiwch fel sy'n cael
$= 1 : 2$ ei wneud gyda'r ffracsiwn $\frac{4}{8} = \frac{1}{2}$)

Ymarfer 11:6

1 Mae Poli yn 7 oed. Mae ei ffrind Dilys yn 5 oed.
  a Beth yw cymhareb oed Poli i oed Dilys?
  b Beth yw cymhareb oed Dilys i oed Poli?

2 Mae Gethin yn cael £5 o arian poced. Mae ei ffrind Dyfan yn cael £3.
  a Beth yw cymhareb arian poced Gethin i arian poced Dyfan?
  b Beth yw cymhareb arian poced Dyfan i arian poced Gethin?

3 Mae Laura yn gweithio 4 awr yr wythnos. Mae Nansi yn gweithio 3 awr.
  a Beth yw cymhareb oriau gwaith Nansi i oriau gwaith Laura?
  b Beth yw cymhareb oriau gwaith Laura i oriau gwaith Nansi?

4 Mae Alan yn 12 oed. Mae ei chwaer fach Ceridwen yn 6 oed.
  a Beth yw cymhareb oed Alan i oed Ceridwen?
  b Beth yw cymhareb oed Ceridwen i oed Alan?
Rhowch bob ateb yn ei ffurf symlaf.

5 Mae 30 o ddisgyblion yn nosbarth 8L. Mae 10 ohonynt yn ferched.
  a Faint o fechgyn sydd yn 8L?
  b Beth yw'r gymhareb merched i fechgyn?
  c Beth yw'r gymhareb bechgyn i ferched?
Rhowch eich atebion i **b** ac **c** yn eu ffurf symlaf.

6 Dyma gownteri.

   a Beth yw'r gymhareb cownteri gwyrdd i gownteri melyn?
   b Beth yw'r gymhareb cownteri melyn i gownteri gwyrdd?
   c Pa ffracsiwn o'r holl gownteri sy'n wyrdd?
   ch Pa ffracsiwn o'r holl gownteri sy'n felyn?

7 Rhowch eich atebion yn eu ffurf symlaf yn y cwestiwn yma.

   a Beth yw'r gymhareb merched i fechgyn?
   b Beth yw'r gymhareb bechgyn i ferched?
   c Pa ffracsiwn o'r plant sy'n ferched?
   ch Pa ffracsiwn o'r plant sy'n fechgyn?

8 Dyma rai patrymau wedi eu gwneud â chiwbiau coch a glas.
Ar gyfer pob patrwm ysgrifennwch y gymhareb ciwbiau coch i giwbiau glas.
Rhowch eich atebion yn eu ffurfiau symlaf.

a

b

c

   ch Gwnewch batrymau eich hun.
Ysgrifennwch y gymhareb ciwbiau coch i giwbiau glas bob tro.

3   Cyfrannedd

Mae Robert yn gwneud teisennau ffrwythau. Mae'r rysáit yn gwneud 20 o deisennau ond dim ond 10 sydd eu hangen ar Robert. Mae'n rhaid iddo newid y mesurau yn y rysáit.

Ymarfer 11:7

1 Dyma'r cynhwysion i wneud 20 o deisennau ffrwythau

      14 owns blawd codi   7 owns margarîn

      4 owns syltanas   1 llwy de o sbeis cymysg

      2 owns resins   2 wy bychan

      6 owns siwgr

  a Rhestrwch y cynhwysion fydd eu hangen arnoch i wneud 10 teisen.

  b Beth yw'r gymhareb mesurau'r cynhwysion ar gyfer 10 teisen i fesurau ar gyfer 20 teisen? Rhowch y gymhareb yn ei ffurf symlaf.

  c Rhestrwch y cynhwysion sydd eu hangen i wneud 30 teisen.

  ch Beth yw cymhareb mesurau'r cynhwysion ar gyfer 30 teisen i'r mesurau ar gyfer 20 teisen? Rhowch y gymhareb yn ei ffurf symlaf.

2 Mae'r cyfarwyddiadau ar botelaid o ddiod oren yn dweud 'Un rhan o ddiod oren i bum rhan o ddŵr'.

Mae Llio yn gwneud llond jwg o'r ddiod oren.

  a Ysgrifennwch, mewn ffigurau, beth yw'r gymhareb diod oren i ddŵr yn y ddiod wan?

  b Mae Llio yn gwanhau 200 ml o'r ddiod oren. Faint o ddŵr mae hi'n ei ddefnyddio?

  c Faint o ddiod oren sydd gan Llio yn ei jwg?

3 Mae'r cyfarwyddiadau ar botel o siampŵ yn dweud 'Un rhan o siampŵ i 30 rhan o ddŵr'.

  a Ysgrifennwch, mewn ffigurau, beth yw'r gymhareb siampŵ i ddŵr.

  b Mae'r botel siampŵ yn cynnwys 500 ml. Faint o ddŵr fyddech chi'n ei ychwanegu petaech chi'n defnyddio potelaid gyfan?

  c Faint o siampŵ gwan fydd gennych i gyd?

4 Mae Mr Ffrancon yn defnyddio tair rhan o dywod i un rhan o sment i wneud morter.

    a Ysgrifennwch beth yw'r gymhareb tywod i sment mewn ffigurau.

    b (1) Faint o dywod mae Mr Ffrancon yn ei gymysgu â 6 kg o sment?

       (2) Faint o forter mae hyn yn ei wneud i gyd?

    c (1) Faint o sment mae Mr Ffrancon yn ei gymysgu â 30 kg o dywod?

       (2) Faint o forter mae hyn yn ei wneud i gyd?

5 Dyma'r cyfarwyddiadau ar botel ffisig:

    'Ychwanegwch ddwy ran o ddŵr.'

    a Ysgrifennwch y gymhareb ffisig i ddŵr.

    b (1) Faint o ddŵr sydd ei angen i wanhau 5 m*l* o ffisig?

       (2) Faint o ffisig gwan sydd yna i gyd?

    c Mae nyrs yn mesur 30 m*l* o ddŵr i'w gymysgu â rhywfaint o'r ffisig. Faint o'r ffisig mae hi'n ei ddefnyddio?

6 Mae petryal yn 5 cm o hyd a 2 cm o led. Mae'n cael ei helaethu i roi petryal newydd 20 cm o hyd ac 8 cm o led.

Mae cymhareb hydoedd yr hen betryal i hydoedd y petryal newydd yn $1 : n$

Ysgrifennwch beth yw gwerth n.

7 Mae llun yn 7 cm o hyd a 4.5 cm o led. Mae'n cael ei helaethu i roi llun sy'n 21 cm o hyd.

7 cm

4.5 cm

    a Gwnewch fraslun o'r ddau lun. Labelwch yr ochrau gan nodi'r hydoedd.

    b Ysgrifennwch gymhareb hydoedd y llun bychan i hydoedd y llun mawr.

    c Cyfrifwch led y llun mawr.

21 cm

?

Mwy o symleiddio cymarebau

Enghraifft   Symleiddiwch y cymarebau yma.   **a** $8 : 12$ **b** $24 : 6$

        a Mae 4 yn mynd i mewn i 8 a 12 $8 : 12 = \dfrac{8}{4} : \dfrac{12}{4} = 2 : 3$

        b Mae 6 yn mynd i mewn i 24 a 6 $24 : 6 = \dfrac{24}{6} : \dfrac{6}{6} = 4 : 1$

Ymarfer 11:8

1   Symleiddiwch y cymarebau yma.

a	$5:15$	**ch**	$18:30$	**e**	$100:20$	**g**	$9:27$
b	$14:21$	**d**	$25:10$	**f**	$88:55$	**ng**	$36:24$
c	$16:20$	**dd**	$30:20$	**ff**	$12:18$	**h**	$30:25$

. . . .

Rhannu gan ddefnyddio cymarebau

Enghraifft

Mae Carl a'i chwaer Sian yn ennill gwobr o £20. Maen nhw'n penderfynu rhannu'r wobr yn ôl cymhareb eu hoedran.
Mae Carl yn 15 oed a Sian yn 10 oed.
Faint o arian mae'r ddau ohonynt yn ei gael?

Mae'r gymhareb oedran Carl i oedran Sian yn $15:10 = 3:2$
Mae Carl yn cael 3 rhan ac mae Sian yn cael 2 ran.
Mae angen $3 + 2 = 5$ rhan
Mae un rhan yn £20 ÷ 5 = £4
Mae Carl yn cael £4 × 3 = £12
Mae Sian yn cael £4 × 2 = £8
Gwiriwch: £12 + £8 = £20

2   Rhannwch y symiau yma o arian yn ôl y cymarebau a roddir.
Efallai bydd angen i chi symleiddio'r gymhareb yn gyntaf.
Gwiriwch eich ateb bob tro.

a	£12	$2:1$	**d**	£18	$5:4$	**ff**	£50	$12:8$
b	£15	$1:4$	**dd**	£30	$7:3$	**g**	£100	$15:35$
c	£24	$3:5$	**e**	£21	$10:4$	**ng**	£30	$10:14$
ch	£28	$3:4$	**f**	£75	$18:12$	**h**	£27	$20:4$

3   Mae Caren yn gwneud diod lemon.
Mae hi'n defnyddio pum rhan o ddŵr i un rhan o ddiod lemon.
Faint o ddŵr a faint o ddiod lemon sydd mewn 3 litr o'r ddiod?

4   Mae cymysgedd concrit yn cynnwys un rhan o sment, dwy ran o dywod a thair rhan o gerrig mân.
Faint o bob un sydd mewn 60 kg o'r gymysgedd?

4 Mapiau a graddfeydd

Mae Toni eisiau gwneud cynllun o'i ystafell.
Mae Euros yn ei helpu i fesur yr ystafell.
Mae'n rhaid i Toni ddewis graddfa cyn gwneud ei gynllun.

◄◄ AILCHWARAE ►

Graddfa　　　　　Mae **graddfa** lluniad yn nodi'r gwir hyd o'i gymharu â'r hyn sydd yn y lluniad.

Ymarfer 11:9

1 Mae Toni yn gwneud lluniad wrth raddfa o'i ystafell. Mae o'n defnyddio graddfa 1 cm i 1 metr.
  a (1) Mesurwch hyd y lluniad mewn centimetrau.
  (2) Ysgrifennwch beth yw gwir hyd yr ystafell mewn metrau.
  b (1) Mesurwch led y lluniad mewn centimetrau.
  (2) Ysgrifennwch beth yw gwir led yr ystafell mewn metrau.

Graddfa: 1 cm i 1 m

2 Mae Toni yn penderfynu fod ei luniad yn rhy fychan.
  Mae o'n tynnu llun petryal newydd ag ochrau sydd ddwywaith mor hir.
  a (1) Ysgrifennwch beth yw hyd y petryal newydd mewn centimetrau.
  (2) Ysgrifennwch beth yw lled y petryal newydd mewn centimetrau.
  b Ysgrifennwch beth yw gwir hyd a lled yr ystafell mewn metrau.
  Defnyddiwch eich atebion i gwestiwn **1** i'ch helpu.
  c Sawl centimetr sy'n cynrychioli 1 metr ar y raddfa newydd?

Gallwn ddarganfod hyd llinell grom drwy ddefnyddio darn o linyn. Gosodwch y llinyn ar y llinell grom. Marciwch hyd y llinell gron ar y llinyn. Mesurwch yr hyd sydd wedi ei farcio gan ddefnyddio pren mesur.

Gallwn ddefnyddio'r dull yma i ddarganfod pellteroedd ar fapiau.

Mae Meinir ac Emlyn yn cynllunio taith gerdded. Byddant yn cychwyn tua'r de o orsaf Cark & Cartmel ar hyd y ffordd i West Plain Farm. Yna byddant yn troi i'r gorllewin i Cowpren Point gan ddilyn y llwybr. Oddi yno byddant yn cerdded yn ôl i'r orsaf drwy Canon Winder, Sand Gate a Flookburgh.
Gallant ddarganfod pa mor bell maen nhw wedi ei gerdded drwy ddefnyddio'r raddfa.

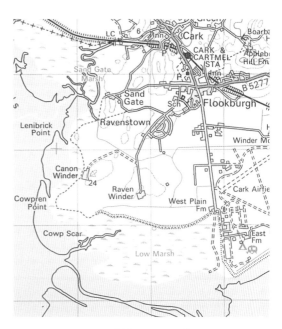

Graddfa: 2 cm i 1 km

3   **a**   Copïwch y tabl yma a'i gwblhau.

Pellter ar y map	1 cm	2 cm	3 cm	4 cm	5 cm
Gwir bellter		1 km	1.5 km		

b   Rhowch eich atebion i'r rhain mewn cilometrau.
   (1) Hyd y rhedfa lydan yn Maes Awyr Cark.
   (2) Y pellter i'r de o orsaf Cark & Cartmel i West Plain Farm.
   (3) Y pellter mae gwylan yn hedfan o Cowpren Point i groesffordd Flookburgh.

c   (1) Amcangyfrifwch hyd taith Meinir ac Emlyn ar y map. Defnyddiwch ddarn o linyn i'ch helpu.
   (2) Rhowch hyd y daith mewn cilometrau.

Gallwn ysgrifennu graddfeydd mapiau fel cymhareb o rifau.

Enghraifft   Mynegwch y raddfa 2 cm i 1 km fel cymhareb o rifau, 1 : ?

Bydd angen i ni drawsnewid 1 km yn cm   1 km = 1000 m

$$1000\,m = 1000 \times 100\,cm$$
$$= 100\,000\,cm$$

Mae'r raddfa yn 2 cm i 100 000 cm neu 2 : 100 000 = 1 : 50 000
Ateb: Gellir ysgrifennu 2 cm i 1 km fel **1 : 50 000**

Ymarfer 11:10

1   Copïwch a chwblhewch:
1 km = ... cm
Mae graddfa o 1 cm i 1 km = 1 : ?
Mae graddfa o 2 cm i 1 km = 2 : ? = 1 : ?
Mae graddfa o 4 cm i 1 km = 4 : ? = 1 : ?

● **2**   Mynegwch y raddfa 1 cm i 2 km fel cymhareb yn y ffurf 1: ?

Enghraifft   Mae Sharon yn gwneud cynllun o gae'r ysgol.
Mae hi'n defnyddio graddfa o 1 : 500
  a Beth yw'r gwir hyd mae 4 cm ar ei chynllun hi yn ei gynrychioli?
  b Mae'r cae pêl-droed yn 90 m o hyd.
      Beth fydd hyd y cae ar gynllun Sharon?

  a Mae 4 cm yn cynrychioli 4 × 500 cm = 2000 cm
$$2000\,cm = (2000 \div 100)\,m$$
$$= 20\,m$$

  b Mae gwir hyd o 90 m yn 90 × 100 cm = 9000 cm
      9000 cm ÷ 500 = 18 cm
    Bydd hyd y cae yn 18 cm ar gynllun Sharon.

Cofiwch: Gwiriwch bob amser fod eich atebion yn gwneud synnwyr.

3   Mae John wedi gwneud cynllun o'i ystafell ddosbarth. Mae o wedi defnyddio graddfa o 1 : 100.
  a Mae'r cynllun yn 7 cm o led.
      Beth yw lled ystafell ddosbarth John?
  b Mae hyd ystafell ddosbarth John yn 9 m.
      Beth yw hyd y cynllun?

4   Mae Mr Ifans yn gwneud tŷ bach twt i'w ferch ar ei phen-blwydd yn bedair oed.
Mae hwn yn gopi o dŷ Mr Ifans ei hun. Mae'r raddfa yn 1 : 5

   a   Mae tŷ Mr Ifans yn 10 m o uchder.
Pa mor uchel yw'r tŷ bach twt?

   b   Mae'r tŷ bach twt yn 3 m o hyd.
Pa mor hir yw tŷ Mr Ifans?

5   Mae Medwyn yn gwneud model wrth
raddfa o awyren.
Mae cymhareb hydoedd y model
i hydoedd yr awyren wreiddiol
yn 1 : 10
Copïwch y tabl.
Llenwch y bylchau.

Rhan o'r awyren	Model o'r awyren	Awyren wreiddiol
hyd adain	1 m	
uchder drws	20 cm	
lled drws		90 cm
uchder y gynffon	15 cm	
hyd yr awyren i gyd		20 m
nifer y seddau		60

6   Dyma fap stryd yn dangos rhan o Runcorn
yn Swydd Gaer. Mae'r raddfa yn 1 : 12 000

   a   Mesurwch hyd Park Road ar y map.

   b   Cyfrifwch beth yw hyd Park Road
mewn gwirionedd

   c   Mae rhan o Heath Road yn cael ei
dangos ar y map.
Mae hyd Heath Road mewn
gwirionedd yn 2.4 km.
Cyfrifwch beth yw hyd Heath Road
fel y mae i'w weld ar y map yma.

7   Mae gan Mr Harris fap ffordd â
graddfa o 1 : 300 000

   a   Mae dwy dref 8 cm ar wahân ar y map.
Beth yw'r pellter rhyngddynt mewn gwirionedd?

   b   Mae dwy dref arall 60 km ar wahân mewn gwirionedd.
Faint o gentimetrau sydd rhyngddynt ar fap Mr Harris?

1   Trawsnewidiwch yr unedau ym mhob un o'r canlynol.
     a   380 cm yn m   **d**   7250 g yn kg   **ff**   17.9 cm yn mm
     b   1.7 kg yn g   **dd** 8.6 km yn m   **g**   0.35 g yn mg
     c   0.6 *l* yn m*l*   **e**   50 000 m*l* yn *l*   **ng** 95 cm yn m
     ch 1900 mg yn g   **f**   14.7 m yn cm   **h**   0.25 m yn mm

2   Rhowch amcangyfrif o'r mesurau Imperial yma.
     Defnyddiwch yr uned fetrig a roddir.
     a   12 modfedd neu 1 droedfedd (cm)   **ch**   4 owns (g)   **e**   4 peint (*l*)
     b   5 milltir (km)   **d**   2 bwys (kg)   **f**   2 alwyn (*l*)
     c   20 llath (m)   **dd** 1 pwys (g)

3   **a**   Mesurwch ochrau'r petryal yma.
     b   Lluniwch betryal mwy fel bo cymhareb
        ochrau'r petryal bychan i ochrau'r petryal
        mawr yn 1 : 4

4   Rhowch bob ateb yn ei ffurf symlaf.
     a   Beth yw'r gymhareb cŵn i gathod?
     b   Beth yw'r gymhareb cathod i gŵn?
     c   Pa ffracsiwn o'r anifeiliaid sy'n gathod?
     ch Pa ffracsiwn o'r anifeiliaid sy'n gŵn?

5   Defnyddir un rhan o siwgr i bedair rhan o flawd mewn rysáit teisen.
     a   Faint o flawd fydd ei angen arnoch pan fyddwch yn defnyddio 150 g o siwgr?
     b   Faint o siwgr fydd ei angen arnoch pan fyddwch yn defnyddio 1 kg o flawd?

6   Symleiddiwch y cymarebau yma.
     a   44 : 33   **b**   15 : 20   **c**   9 : 12   **ch** 24 : 20

7   Rhannwch y symiau yma o arian yn ôl y cymarebau a roddir.
     Gwiriwch eich ateb bob tro.
     a   £50   3 : 7   **b**   £15   15 : 10   **c**   £240   16 : 8   **ch** £90   7 : 2

8   Mynegwch y graddfeydd yma fel cymarebau yn y ffurf 1 : ?
     a   1 cm   i 1 m   **b**   1 cm   i 2 m   **c**   2 cm   i 1 m

9   Mae gan Mr Jenkins yr adeiladydd gynllun ar gyfer ystad newydd o dai.
     Mae'r raddfa yn 1 : 1000
     a   Mae gwir hyd y ffordd sy'n mynd drwy'r stad yn 500 m.
        Pa mor hir yw'r ffordd ar y cynllun?
     b   Mae byngalo yn 1.2 cm o led ar y cynllun.
        Beth yw gwir led y byngalo?

1 Dysgwch y canlynol i'ch helpu i gofio maint rhai unedau Imperial.
- Mae dau a chwarter pwys o jam yn pwyso tua chilogram.
- Mae peint a thri chwarter o ddŵr run faint ag un litr yn siwr.
- "Tair troedfedd tair modfedd yw metr," medd Glyn,
  "mae'n hirach na llathen, wel cofiwch chi hyn."

Fedrwch chi feddwl am ragor o rigymau defnyddiol?

2 Dyma rai dywediadau, cymalau ac enwau pobl yn Saesneg.
Mae'r geiriau sy'n cwblau'r dywediadau wedi'u trawsnewid yn unedau metrig.
Ysgrifennwch y geiriau cywir yn Saesneg. Mae **a** wedi'i wneud: *A foot in the grave.*
a 30 cm in the grave
b 45 *l* hat
c Sharon 6.4 kg
ch New Scotland 0.9 metres
d 0.57 *l* sized
dd 0.45 kg of flesh
e Give him 2.5 cm and he will take 1.6 km
f A miss is as good as 1.6 km
ff It went down like 1016 kg of bricks
g She hasn't got 28 g of common sense
ng Full 183 cm five thy father lies …
h Pooh wandered into the 0.405 km² Wood
i Spare the 5.03 m and spoil the child
l A 20 m gang
ll Jack and 0.14 *l* went up the …
Dyma ddywediad Cymraeg. Ysgrifennwch y gair cywir. "Wyddoch chi dydy o ddim yn llawn 90 cm." Fedrwch chi feddwl am ragor?

3 Dyma gyfarwyddiau ar botel o ddiod lemwn:
'Ychwanegwch chwe rhan o ddŵr'.
a Ysgrifennwch beth yw'r gymhareb diod lemon i ddŵr yn y ddiod wan.
b (1) Mae Gemma yn gwneud jygiad o'r ddiod. Mae hi'n mesur 150 m*l* o ddiod lemon.
         Faint o ddŵr fydd ei angen arni?
     (2) Faint o ddiod wan sydd gan Gemma i gyd?
c Mae Gemma yn gwneud jygiad arall o'r ddiod. Mae hi'n gwanhau'r ddiod lemon gan
     ddefnyddio'r un gymhareb ag o'r blaen i gael 1.575 *l* o ddiod i gyd.
     Faint o ddŵr sydd yn y ddiod wan?

4 Beth yw x ac y?   **a** $5:8 = x:56$ **b** $2:9 = 11:y$

5 Mae onglau triongl yn y gymhareb $3:4:5$
Cyfrifwch beth yw onglau'r triongl.

6 Mae teisen yn pwyso 560 g.
Mae dwywaith cymaint o flawd ag o siwgr ac mae dwywaith cymaint o siwgr
ag o fenyn. Nid oes cynhwysion eraill yn y deisen.
Faint o bob un o'r cynhwysion sydd yn y deisen?

7 Edrychwch ar y patrymau yma o gownteri.

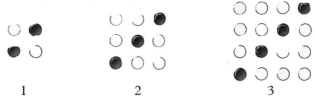

1   2   3

a Ysgrifennwch beth yw cymhareb y cownteri gwyn i gownteri du ym mhob patrwm.
Rhowch eich atebion yn eu ffurfiau symlaf.
b Rhagfynegwch yr ateb ar gyfer y pedwerydd patrwm.
Gwnewch y pedwerydd patrwm i weld a ydych chi'n gywir.
c Copïwch y tabl yma.
Defnyddiwch y patrwm i'w lenwi.

Rhif y patrwm	1	2	3	4	5	6
Nifer y cownteri du	2	3	4			
Nifer y cownteri gwyn	2	6				

ch Ysgrifennwch gymhareb cownteri gwyn i gownteri du yn yr n fed patrwm (n yw rhif y patrwm).
d (1) Faint o gownteri du fydd yn y 10fed patrwm?
(2) Faint o gownteri gwyn fydd yn y 10fed patrwm?
dd (1) Faint o gownteri gwyn fydd yn y 20fed patrwm?
(2) Eglurwch mewn geiriau sut y cawsoch yr ateb yma.
e Ysgrifennwch reol mewn algebra i ddarganfod nifer y cownteri **gwyn** os ydych yn gwybod beth yw rhif (n) y patrwm.

8 **a** (1) Lluniwch betryal 3 cm wrth 4 cm.
(2) Beth yw perimedr y petryal?
(3) Mesurwch groeslin y petryal.
b (1) Lluniwch betryal newydd â'i ochrau yn ddwywaith hyd ochrau'r cyntaf.
(2) Beth yw perimedr y petryal?
(3) Mesurwch groeslin y petryal.
c Ysgrifennwch a symleiddiwch y cymarebau yma.
(1) perimedr y petryal cyntaf : perimedr yr ail betryal
(2) croeslin y petryal cyntaf : croeslin yr ail betryal
(3) Ysgrifennwch beth yr ydych yn sylwi arno.

9 Mae map o Wledydd Prydain yn defnyddio graddfa o 1 : 1500 000
a Faint o gilometrau mae 1 cm yn eu cynrychioli?
b Ar y map, mae'r pellter rhwng Bournemouth a Swindon yn 6.5 cm.
Beth yw'r gwir bellter sydd rhyngddynt mewn gwirionedd?
c Mae'r gwir bellter rhwng Leicester a Norwich yn 165 km.
Sawl centimetr sydd rhyngddynt ar y map?

- **Hyd**
  $10\,mm = 1\,cm$ $\quad$ $100\,cm = 1\,m$ $\quad$ $1000\,m = 1\,km$
  Mae 1 fodfedd tua $2\frac{1}{2}$ cm. $\qquad$ 1 fodfedd $= 2.5\,cm$
  Mae 1 llathen fymryn yn llai nag 1 metr. $\quad$ 1 llathen $= 0.9\,m$
  Mae 1 filltir fymryn yn fwy nag $1\frac{1}{2}$ km. $\quad$ 1 filltir $= 1.6\,km$

- Màs
  $1000\,mg = 1\,g$ $\quad$ $1000\,g = 1\,kg$ $\quad$ $1000\,kg = 1\,t$
  Mae 1 owns tua 30 gram. $\qquad\qquad$ 1 owns (oz) $= 28\,g$
  Mae 1 pwys fymryn yn llai na hanner cilogram. $\quad$ 1 pwys (lb) $= 450\,g = 0.45\,kg$
  Mae 1 dunnell fymryn yn fwy nag 1 dunnell fetrig. $\quad$ 1 kg $= 2.2$ pwys

- **Cynhwysedd**
  $1000\,ml = 1\,l$ $\quad$ $100\,cl = 1\,l$
  Mae un peint fymryn yn fwy na hanner litr. $\quad$ 1 peint $= 0.57\,l$
  Mae un galwyn tua $4\frac{1}{2}$ litr. $\qquad\qquad$ 1 galwyn $= 4.5\,l$

- **Cymhareb**
  Enghraifft
  Cymhareb yw'r ffordd o fesur maint cymharol dau beth

  Symleiddiwch y gymhareb $8:12$

  Mae 4 yn rhanuu i mewn i 8 a 12 $\quad 8:12 = \dfrac{8}{4} : \dfrac{12}{4} = 2:3$

- *Enghraifft*
  Mae Carl a'i chwaer Sian yn ennill gwobr o £20. Maen nhw'n penderfynu rhannu'r wobr yn ôl cymhareb eu hoedran.
  Mae Carl yn 15 oed a Sian yn 10 oed.
  Faint o arian mae'r ddau ohonynt yn ei gael?

  Mae'r gymhareb oedran Carl i oedran Sian yn $15:10 = 3:2$
  Mae Carl yn cael 3 rhan ac mae Sian yn cael 2 ran.
  Mae angen $3 + 2 = 5$ rhan.
  Mae un rhan yn £20 ÷ 5 = £4
  Mae Carl yn cael £4 × 3 = £12
  Mae Sian yn cael £4 × 2 = £8 $\quad$ *Gwiriwch:* £12 + £8 = £20

- *Enghraifft*
  Mynegwch y raddfa 2 cm i 1 km fel cymhareb o rifau, $1:?$

  Bydd angen i ni newid 1 km yn cm. $\quad$ 1 km $= 1000\,m$
  $1000\,m = 1000 \times 100\,cm = 100\,000\,cm$
  Y raddfa yw 2 cm i 100 000 cm neu $2:100\,000 = 1:50\,000$

- *Enghraifft*
  Mae Sharon yn gwneud cynllun o gae'r ysgol.
  Mae hi'n defnyddio graddfa o $1:500$
  Beth yw'r gwir hyd mae 4 cm ar ei chynllun hi yn ei gynrychioli?

  Mae 4 cm yn cynrychioli $4 \times 500\,cm = 2000\,cm$
  $\qquad\qquad 2000\,cm = (2000 \div 100)\,m = 20\,m$

1   Trawsnewidiwch yr unedau ym mhob un o'r rhain:
   a 300 cm yn m   **c** 8.6 m yn cm   **d** 7.2 kg yn g   **e** 3000 m*l* yn *l*
   b 7 km yn m   **ch** 4500 g yn kg   **dd** 0.4 t yn kg   **f** 4.8 *l* yn m*l*

2   Rhowch amcangyfrif o'r mesurau coch gan ddefnyddio'r unedau metrig a roddir mewn
   cromfachau.
   a Mae eich bys canol tua 3 modfedd o hyd. (cm)
   b Mae pont Tyne yn Newcastle yn 177 llath o hyd. (m)
   c Mae'r cyfyngiad cyflymdra mewn trefi yn 30 milltir yr awr (km)
   ch Mae afal canolig yn pwyso tua 4 owns (g)
   d Mae dyn yn pwyso tua 165 pwys. (kg)
   dd Mae can dyfrio mawr yn dal tua 3 galwyn (*l*).
   e Mae dau fygiad o goffi yn gwneud tuag un peint (*l*).

3   **a** Defnyddiwch luosi i drawsnewid y mesurau yn fanwl gywir yn unedau
          metrig yng nghwestiwn **2**.
   b Defnyddiwch yr atebion i wirio eich amcangyfrifon yng nghwestiwn **2**.

4   Mae Melangell yn 6 oed. Mae ei brawd Cefin yn 18 oed.
   a Beth yw cymhareb oed Melangell i oed Cefin?
          Rhowch eich ateb yn ei ffurf symlaf.
   b Rhannwch wobr o £60 rhwng Melangell a Cefin yn ôl cymhareb eu hoedran.

5   Dyma gyfarwyddiadau ar dun o sudd oren wedi ei dewychu.
   Ychwanegwch dair rhan o ddŵr i un rhan o sudd oren'.
   a Mae tun yn dal 250 m*l* o sudd.
          Faint o ddŵr ydych chi'n ei ychwanegu?
   b Faint o ddiod oren mae hyn yn ei wneud i gyd?

6   **a** Symleiddiwch y cymarebau yma.
          (1) 12 : 20   (2) 15 : 10   (3) 50 : 45   (4) 10 : 1000
   b Copïwch a llenwch y bylchau.
          Mae graddfa o 5 cm i 1 km = 5 : ? = 1 : ?

7   Mae gan fap raddfa o 4 cm i 1 km.
   a Mae ffordd ar y map yn 24 cm o hyd.
          Pa mor hir yw'r ffordd mewn gwirionedd?
   b Mae llyn yn 2.5 km o led.
          Pa mor llydan yw'r llyn ar y map?

8   Mae Helen yn gwneud model o long awyrennau yn ôl graddfa o 1 : 500.
   a Mae'r llong awyrennau yn 300 m o hyd.
          Pa mor hir yw'r model?
   b Mae'r model yn 15 cm o led.
          Pa mor llydan yw'r llong?

12 Arwynebedd

CRAIDD

1 **Perimedr ac arwynebedd**

2 **Mwy am arwynebedd**

3 **Helaethiad ac arwynebedd**

CWESTIYNAU

ESTYNIAD

CRYNODEB

PROFWCH
EICH HUN

Mae arwynebedd arwyneb yr ysgyfaint dynol tua'r un maint ag arwynebedd cwrt tennis.

1 Perimedr ac arwynebedd

◄◄AILCHWARAE►

Dyma lun o Efrog.
Mae'n dangos yr hen wal berimedr.
Mae hon yn mynd yr holl ffordd o
amgylch yr hen ddinas.

Perimedr

Gelwir y pellter yr holl ffordd
o amgylch ymyl allanol siâp
yn **berimedr** y siâp.

Y llinell goch yw perimedr y
siâp yma.
Mae'r perimedr yn
$2 + 2 + 1 + 1 + 1 + 3 = 10$ cm

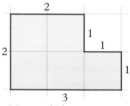

Mae gan bob sgwâr
arwynebedd o 1 cm^2

Arwynebedd

Gelwir maint y gofod oddi mewn i'r siâp yn **arwynebedd** y siâp.

Mae arwynebedd y siâp yma wedi ei liwio'n wyrdd.
Rydym yn defnyddio sgwariau i fesur arwynebedd.

Mae arwynebedd y siâp yma yn 5 cm^2.

Ymarfer 12:1

Copïwch y siapiau yma ar bapur sgwariau 1 cm.
Llenwch y bylchau.

1

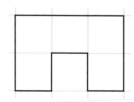

perimedr = ... cm
arwynebedd = ... cm^2

2

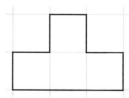

perimedr = ... cm
arwynebedd = ... cm^2

3

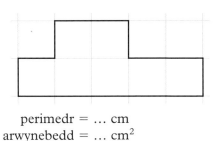

perimedr = ... cm
arwynebedd = ... cm^2

4

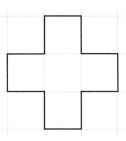

perimedr = ... cm
arwynebedd = ... cm^2

Arwynebedd petryal

Arwynebedd petryal = $h$yd $\times$ $l$led
= hl

Enghraifft

Cyfrifwch arwynebedd y petryal yma.

Arwynebedd = hyd $\times$ lled
= 4×3
= $12 \, \text{cm}^2$

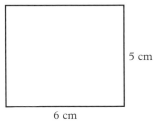

3 cm

4 cm

Ymarfer 12:2

1 Darganfyddwch beth yw perimedr ac arwynebedd pob petryal.

a

5 cm

6 cm

b

1 cm

8 cm

2 Mae ystafell fwyta yn mesur 4 m wrth 3 m. Beth yw arwynebedd yr ystafell?

3 Mae llun yn mesur 30 cm wrth 25 cm. Beth yw perimedr y llun?

4 Mae blaen bocs Creision Da yn mesur
190 cm wrth 270 cm.
Beth yw ei arwynebedd?

5 Mae Pedr eisiau gorchuddio ei ardd gefn
â glaswellt.
  a Beth yw arwynebedd ei ardd gefn?
  b Mae hadau glaswellt yn costio 25c am bob m².
  Faint fydd yr hadau glaswellt yn ei gostio?

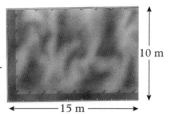

10 m

15 m

6 Mae Seiriol yn gwneud llenni newydd
i'w hystafell wely.
Mae'r defnydd yn 2 metr o led.
Mae hi'n prynu darn 6 metr o hyd.
  a Beth yw arwynebedd y defnydd mae hi'n ei brynu?
  b Mae'r defnydd yn costio £5 y m².
  Faint mae defnydd Seiriol yn ei gostio?

7 Mae *arwynebedd* petryal yn 65 cm².
Mae'r hyd yn 13 cm.
Beth yw'r lled?

8 Mae arwynebedd wal yn 48 m².
Mae uchder y wal yn 1.5 m.
Beth yw lled y wal?

Enghraifft   Amcangyfrifwch arwynebedd y ddeilen yma.

Rhifwch y sgwariau cyfan yn gyntaf.
Mae yna 17 o sgwariau cyfan.

Nawr, rhifwch y sgwariau y mae
mwy na hanner bob un o fewn
yr amlinelliad.
Mae yna 12 o'r rhain.

Mae'r amcangyfrif o arwynebedd
y ddeilen yn 29 o sgwariau.

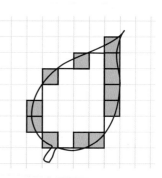

9 Rhowch amcangyfrif o arwynebedd pob deilen.

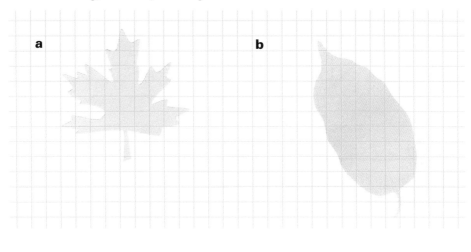

a   b

Arwynebedd triongl	**Arwynebedd triongl** $= \dfrac{\text{sail} \times \text{uchder}}{2}$
	$= \dfrac{su}{2}$

Enghraifft   Darganfyddwch arwynebedd y triongl yma.

Arwynebedd y triongl $= \dfrac{\text{sail} \times \text{uchder}}{2}$

$= \dfrac{10 \times 8}{2}$

$= 40 \text{ cm}^2$

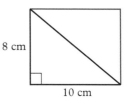

8 cm

10 cm

Ymarfer 12:3

Darganfyddwch beth yw arwynebedd y trionglau yma.

1

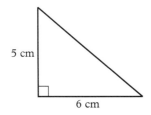

5 cm

6 cm

2

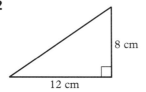

8 cm

12 cm

3

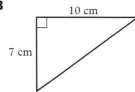

10 cm

7 cm

259

4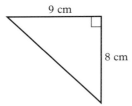

9 cm

8 cm

5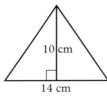

10 cm

14 cm

6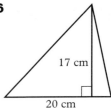

17 cm

20 cm

Arwynebedd paralelogram	**Arwynebedd paralelogram** = *s*ail × *u*chder	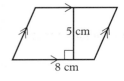
	= *su*	
	= 8 × 5	5 cm
	= 40 cm²	8 cm

Darganfyddwch beth yw arwynebedd pob paralelogram.

7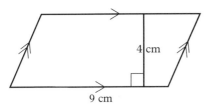

4 cm

9 cm

9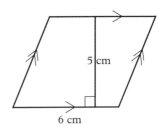

5 cm

6 cm

8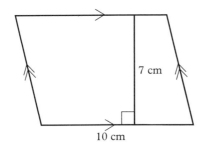

7 cm

10 cm

10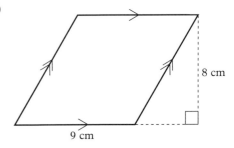

8 cm

9 cm

2   Mwy am arwynebedd

Mae Mr Williams a'i deulu wedi symud i'w tŷ newydd.
Maen nhw'n mynd i osod glaswellt yn yr ardd gefn sydd ar ffurf trapesiwm.
Mae angen iddynt ddarganfod beth yw arwynebedd y lawnt er mwyn gwybod faint o laswellt i'w brynu.

Ymarfer 12:4

Byddwch angen papur sgwariau 1 cm.

1 Dyma luniad wrth raddfa o lawnt gefn Mr Williams.

   a Copïwch y lluniad ar bapur sgwariau 1 cm.

Rydych yn mynd i ddarganfod arwynebedd lawnt Mr Williams.

   b Marciwch ganolbwynt bob un o'r ymylon sy'n goleddu.
Lluniwch y petryal coch.

   c Ysgrifennwch hyd y petryal.
Ysgrifennwch led y petryal.
Darganfyddwch arwynebedd y petryal.

  ch Eglurwch pam fod arwynebedd y petryal yr un fath ag arwynebedd y trapesiwm.

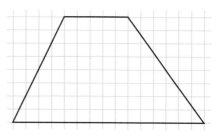

Graddfa: 1 sgwâr yn cynrychioli 1 m².

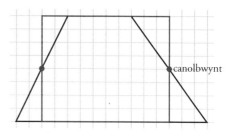

canolbwynt

Nid oes gennym luniad wrth raddfa bob amser.
Bydd arnom angen fformiwla i ddarganfod arwynebedd trapesiwm.

Hyd y petryal   = cymedr (cyfartaledd) ochr a ac ochr b y trapesiwm

$$= \frac{a + b}{2}$$

Arwynebedd trapesiwm

Arwynebedd y trapesiwm = Arwynebedd y petryal

$$= \frac{a + b}{2} \times u$$

Enghraifft   Cyfrifwch arwynebedd y trapesiwm yma.

$a = 4\,cm$ $b = 12\,cm$ $u = 6\,cm$

Arwynebedd y trapesiwm $= \dfrac{a+b}{2} \times u$

$\qquad\qquad\qquad = \dfrac{4+12}{2} \times 6$

$\qquad\qquad\qquad = 48\,cm^2$

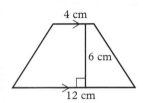

2   Cyfrifwch arwynebedd y trapesiwm yma.
Copïwch a llenwch y bylchau.

$a = \ldots\,cm$ $b = \ldots\,cm$ $u = \ldots\,cm$

Arwynebedd
y trapesiwm $\quad = \dfrac{a+b}{2} \times u$

$\qquad\qquad = \dfrac{\ldots + \ldots}{2} \times \ldots$

$\qquad\qquad = \ldots\,cm^2$

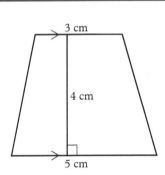

Defnyddiwch y fformiwla i ddarganfod arwynebedd pob trapesiwm:

3

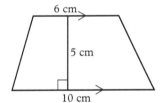

6

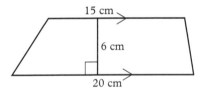

4

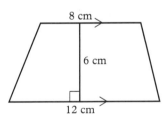

7

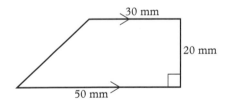

5

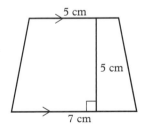

8

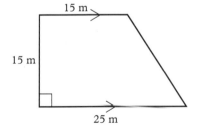

Mae'r ddau drapesiwm yma wedi eu llunio'n fanwl gywir.
Beth yw arwynebedd pob un?

9

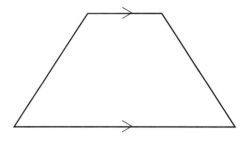

10

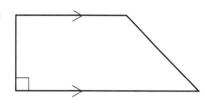

Ymarfer 12:5

1 Mae pen y cafn dŵr yma ar ffurf
trapesiwm.
Beth yw ei arwynebedd?

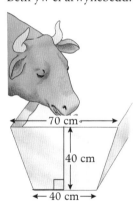

3 Mae wal ochr y pwll nofio yma ar
ffurf trapesiwm.
Beth yw arwynebedd y wal?

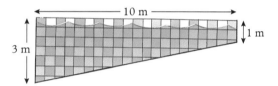

2 Mae wal dalcen y sied yma ar
ffurf trapesiwm.
Beth yw arwynebedd y wal?

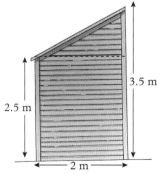

4 Mae'r fwtres yma'n dal wal eglwys.
Beth yw ei harwynebedd?

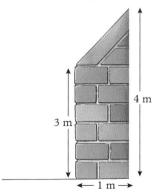

Er mwyn darganfod arwynebedd siâp cymhleth, rhannwch y siâp yn siapiau syml.

(1) Penderfynwch sut y byddwch yn rhannu'r siâp.

(2) Darganfyddwch unrhyw hydoedd sydd ar goll.

(3) Cyfrifwch arwynebedd bob rhan o'r siâp.

(4) Adiwch arwynebeddau'r rhannau at ei gilydd.

Gofalwch eich bod yn dangos eich gwaith yn glir.

Ymarfer 12:6

1 Darganfyddwch arwynebedd y siâp yma.

  a Copïwch y diagram.
Rhannwch y siâp yn drapesiwm
a phetryal.

  b Darganfyddwch beth yw lled
y petryal.
Copïwch a llenwch y bwlch:
$8\,\text{m} - 2\,\text{m} = \ldots \text{m}$

  c Copïwch a llenwch y bylchau:
Arwynebedd y petryal $= hl$
$$= \ldots \times \ldots$$
$$= \ldots \text{m}^2$$

ch Copïwch a llenwch y bylchau:

Arwynebedd
y trapesiwm $= \dfrac{a+b}{2} \times u$

$$= \dfrac{\ldots + \ldots}{2} \times \ldots$$

$$= \ldots \text{m}^2$$

  d Copïwch a llenwch y bylchau:
Cyfanswm arwynebedd
y siâp $= \ldots \text{m}^2 + \ldots \text{m}^2$
$$= \ldots \text{m}^2$$

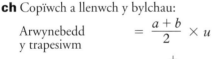

Darganfyddwch arwynebeddau'r siapiau yma yn yr un modd.

2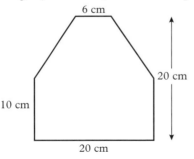

3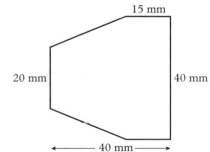

4 Dyma lun o wal dalcen ysgubor. Beth yw arwynebedd y wal?

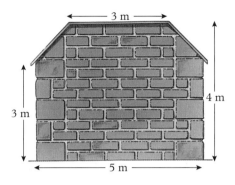

5 Dyma fathodyn ar ffurf cwch hwylio. Beth yw arwynebedd y bathodyn?

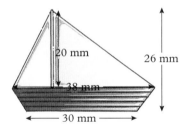

6 Gellir rhannu'r top gweithio cegin yma yn ddau drapesiwm. Beth yw arwynebedd y top gweithio?

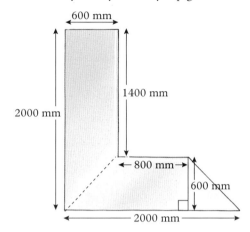

7 Mae'r tŵr bychan yma yn rhan o olygfa ar lwyfan. Beth yw ei arwynebedd?

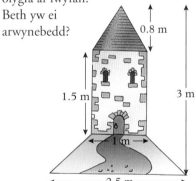

8 Mae'r llun yn dangos ochr sied bren â ffenestr betryal.
   a Darganfyddwch gyfanswm arwynebedd ochr y sied.
   b Darganfyddwch arwynebedd y ffenestr.
   c Darganfyddwch arwynebedd y pren sydd ar ochr y sied.

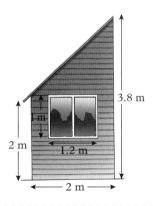

Ymarfer 12:7 Y triongl mwyaf

Mae perimedr pob un o'r trionglau yn yr ymarfer yma yn 24 cm.
Byddwch yn gwneud ymchwil i ddarganfod gan pa driongl mae'r arwynebedd mwyaf.

Byddwch angen cwmpas.
Mae sgwaryn yn ddefnyddiol i lunio uchder trionglau.

1 **a** Defnyddiwch eich cwmpas i lunio'r triongl yma.

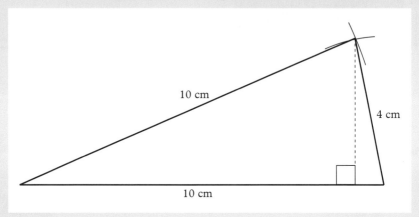

10 cm

4 cm

10 cm

b Lluniwch a mesurwch uchder y triongl.
c Cyfrifwch arwynebedd y triongl.
ch Cyfrifwch berimedr y triongl.

2 Mae sail triongl arall yn 10 cm o hyd.
Mae un o'r ochrau eraill yn 6 cm o hyd.
Mae perimedr y triongl yn 24 cm.
a Beth yw hyd y drydedd ochr?
b Lluniwch y triongl yma gan
ddefnyddio cwmpas.
c Lluniwch a mesurwch uchder
y triongl.
ch Cyfrifwch arwynebedd y triongl.

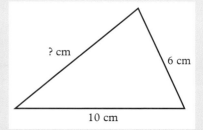

? cm

6 cm

10 cm

3 Ymchwiliwch i arwynebeddau trionglau eraill â sail 10 cm a pherimedr o 24 cm.
Pa driongl sydd â'r arwynebedd mwyaf?

4 Ymchwiliwch i arwynebeddau trionglau â seiliau o hydoedd gwahanol.
Dylai perimedr pob un o'r trionglau fod yn 24 cm.

3   Helaethiad ac arwynebedd

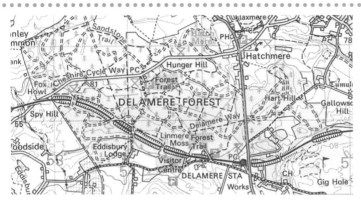

Mae Alec eisiau darganfod arwynebedd y fforest yma yn fras ar gyfer ei waith cartref Daearyddiaeth.

Ymarfer 12:8

Bydd arnoch angen papur sgwariau 1 cm.

1   Copïwch y siâp yma ar bapur sgwariau.
Labelwch y siâp yn A.
Beth yw arwynebedd A?

2   Helaethwch siâp A gan ddefnyddio ffactor graddfa o 2.
Labelwch y siâp yn B.
Beth yw arwynebedd B?

3   Helaethwch siâp A gan ddefnyddio ffactor graddfa o 3.
Labelwch y siâp yn C.
Beth yw arwynebedd C?

4   Copïwch a llenwch y tabl.
Lluniwch CH a D os yw'n angenrheidiol yn unig.

Siâp	Arwynebedd A	Ffactor graddfa	Arwynebedd newydd
A	4	1	4
B	4	2	16
C	4	3	36
CH	4	4	
D	4	5	

5   Beth yw'r rheol ar gyfer darganfod yr arwynebedd newydd?
Awgrym: Mae a wnelo'r rheol rywbeth â ffactor graddfa.

6 Beth fydd yr arwynebedd newydd ar gyfer ffactor graddfa o 8?

7 Pa ffactor graddfa sy'n rhoi arwynebedd newydd o 400 cm²?

· ·

Pan fydd siâp yn cael ei helaethu, mae'r arwynebedd yn cael ei luosi â sgwâr y ffactor graddfa.

Enghraifft   Mae arwynebedd petryal yn 8 cm².
Mae'r petryal yn cael ei helaethu yn ôl ffactor graddfa o 3.
Beth yw'r arwynebedd newydd?

Sgwâr y ffactor graddfa yw $3^2 = 9$
Arwynebedd newydd = arwynebedd gwreiddiol × sgwâr y ffactor graddfa
$$= 8 \times 9$$
$$= 72 \, cm^2$$

Ymarfer 12:9

Yng nghwestiynau 1 - 6 rhoddir arwynebedd siâp.
Mae'r siâp yn cael ei helaethu yn ôl y ffactor graddfa a roddir.
Darganfyddwch yr arwynebedd newydd.

1 4 cm²   ffactor graddfa 2   **4** 9 cm²   ffactor graddfa 10

2 7 cm²   ffactor graddfa 8   **5** 12 cm²   ffactor graddfa 6

3 6 cm²   ffactor graddfa 5   **6** 11 cm²   ffactor graddfa 4

7 Mae arwynebedd patio yn 9 m².
Mae'n cael ei helaethu yn ôl ffactor graddfa o 2
Beth fydd yr arwynebedd newydd?

8 Mae arwynebedd maes parcio yn 75 m².
Bydd y maes parcio yn cael ei helaethu yn ôl
ffactor graddfa o 1.5.
Beth fydd yr arwynebedd newydd?

9 Mae arwynebedd gwinllan yn 950 m².
Mae'r winllan yn cael ei helaethu yn ôl ffactor graddfa o 4.
Beth yw'r arwynebedd newydd?

10 Mae Delwyn wedi llunio triongl ag arwynebedd o 4.5 cm².
Mae o'n helaethu'r triongl yn ôl ffactor graddfa o 6.
Beth yw'r arwynebedd newydd?

· ·

Enghraifft   Mae lawnt wedi cael ei helaethu yn ôl ffactor graddfa o 2.
Mae'r arwynebedd newydd yn 36 m².
Beth oedd yr arwynebedd gwreiddiol?

Sgwâr y ffactor graddfa yw $2^2 = 4$
    Arwynebedd newydd = arwynebedd gwreiddiol × sgwâr y ffactor graddfa
        $36 = ? \times 4$
    Arwynebedd gwreiddiol $= 36 \div 4$
        $= 9$

    Yr arwynebedd gwreiddiol oedd 9 m².

Ymarfer 12:10

Yng nghwestiynau 1 - 6 rhoddir arwynebedd siâp.
Mae'r siâp wedi cael ei helaethu yn ôl y ffactor graddfa a roddir.
Darganfyddwch yr arwynebedd gwreiddiol.

1   32 cm²   ffactor graddfa 2   **4**   64 cm²   ffactor graddfa 4

2   45 cm²   ffactor graddfa 3   **5**   700 cm²   ffactor graddfa 10

3   75 cm²   ffactor graddfa 5   **6**   640 cm²   ffactor graddfa 8

7   Mae Louise wedi helaethu petryal yn ôl ffactor graddfa o 2.
Mae'r arwynebedd newydd yn 36 cm².
Beth oedd arwynebedd y petryal cyn iddi ei helaethu?

8   Mae ffermwr wedi helaethu un o'i gaeau yn ôl ffactor graddfa o 2.
Nawr mae'r arwynebedd yn 12 hectar.
Beth oedd arwynebedd gwreiddiol y cae?

9   Mae Stâd Fasnachol wedi cael ei helaethu yn ôl ffactor graddfa o 3.
Mae'r arwynebedd newydd yn 1305 hectar.
Beth oedd yr arwynebedd gwreiddiol?

10   Mae hyd petryal yn 8 cm.
Mae'r petryal yn cael ei helaethu yn ôl ffactor graddfa o 3.
Mae'r arwynebedd newydd yn 288 cm².
Beth oedd lled gwreiddiol y petryal?

1 Darganfyddwch berimedr ac arwynebedd pob un o'r petryalau yma.

a 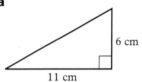 7 cm

12 cm

b 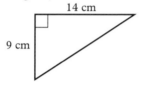 5.5 cm

11 cm

c 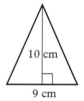 3.7 cm

4.4 cm

2 Darganfyddwch arwynebeddau'r trionglau yma.

a 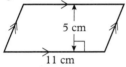 6 cm

11 cm

b 14 cm 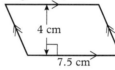 9 cm

c 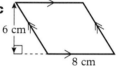 10 cm

9 cm

3 Darganfyddwch arwynebeddau'r paralelogramau yma.

a 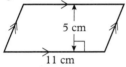 5 cm

11 cm

b 4 cm

7.5 cm

c 6 cm

8 cm

4 Mae pen lander tŷ ar ffurf trapesiwm.
Beth yw ei arwynebedd?

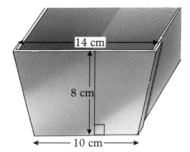

14 cm

8 cm

10 cm

5 Copïwch yr echelinau yma ar bapur sgwariau.
  a Plotiwch y pwyntiau yma:
  A (1, 1) B (3, 1) C (6, 5)
  D (0, 5)
  Cysylltwch y pwyntiau i gael trapesiwm
  ABCD.
  b Beth yw arwynebedd ABCD?

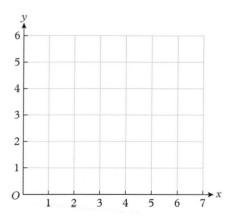

6 Mae ochrau'r bin ysbwriel metel hwn
ar ffurf trapesiwm.
Mae'r sail yn sgwâr.
  a Beth yw arwynebedd un ochr?
  b Beth yw arwynebedd y sail?
  c Beth yw cyfanswm arwynebedd y metel
  a ddefnyddiwyd i wneud y bin?

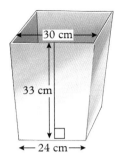

Yng nghwestiynau 7 - **10** rhoddir arwynebedd siâp.
Mae'r siâp yn cael ei helaethu yn ôl y ffactor graddfa a roddir.
Darganfyddwch yr arwynebedd newydd.

7 5 cm^2 ffactor graddfa 4   **9** 3 cm^2 ffactor graddfa 5

8 6 cm^2 ffactor graddfa 2   **10** 7 cm^2 ffactor graddfa 12

Yng nghwestiynau **11 - 14** rhoddir arwynebedd siâp.
Mae'r siâp wedi cael ei helaethu yn ôl y ffactor graddfa a roddir.
Darganfyddwch yr arwynebedd gwreiddiol.

11 81 cm^2 ffactor graddfa 3   **13** 147 cm^2 ffactor graddfa 7

12 48 cm^2 ffactor graddfa 2   **14** 175 cm^2 ffactor graddfa 5

15 Mae arwynebedd siâp yn 15 cm^2.
Mae'n cael ei helaethu yn ôl ffactor graddfa o 5.
Beth yw'r arwynebedd newydd?

16 Mae gan faes chwarae arwynebedd o 60 m^2.
Mae'n cael ei helaethu i 540 m^2.
Pa ffactor graddfa a ddefnyddir?

17 Mae Pauline wedi helaethu ei lluniad yn ôl ffactor graddfa o 3.
Mae'r arwynebedd newydd yn 396 cm^2.
Beth oedd arwynebedd ei lluniad gwreiddiol?

1 Darganfyddwch yr hydoedd sydd wedi eu marcio â llythrennau.

a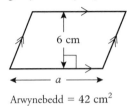

6 cm

a

Arwynebedd = 42 cm²

b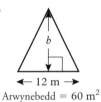

b

← 12 m →

Arwynebedd = 60 m²

c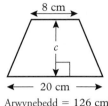

8 cm

c

← 20 cm →

Arwynebedd = 126 cm²

2 Copïwch yr echelinau yma ar bapur sgwariau.

a Plotiwch y pwyntiau (1, 1) (1, 8) (7, 8)
Mae'r rhain yn dri o fertigau petryal.
Ysgrifennwch gyfesurynnau'r
pedwerydd fertig.
Lluniwch y petryal.

b Plotiwch a labelwch y pwyntiau yma:
A (1, 4) B (4, 8) C (7, 6) D (5, 4)
E (5, 1)
Cysylltwch nhw â llinellau syth mewn trefn.

c Darganfyddwch arwynebedd y siâp ABCDE.
Awgrym: Darganfyddwch arwynebedd y
petryal ac yna tynnwch arwynebeddau nes
fydd dim ar ôl ond y siâp ABCDE.

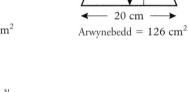

3

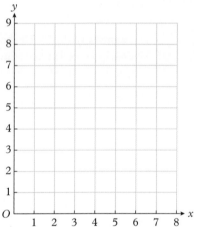

← *b* →

c

7 cm

a

Arwynebedd = 84 cm²   Arwynebedd = 3024 cm²

Darganfyddwch werthoedd *a*, *b* ac *c*.

- **Perimedr**   Gelwir y pellter yr holl ffordd o amgylch ymyl allanol siâp yn **berimedr** y siâp.

  Arwynebedd   Gelwir y gofod oddi mewn i'r siâp yn **arwynebedd** y siâp.

Arwynebedd petryal $= hyd \times lled$

$\qquad\qquad\qquad\quad = hl$

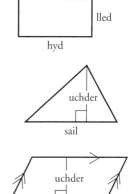

$$\textbf{Arwynebedd triongl} = \frac{sail \times uchder}{2}$$

$$= \frac{su}{2}$$

Arwynebedd paralelogram $= sail \times uchder$

$$= su$$

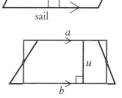

$$\textbf{Arwynebedd trapesiwm} = \frac{a+b}{2} \times u$$

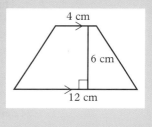

- *Enghraifft*   Cyfrifwch arwynebedd y trapesiwm yma.

              $a = 4\,cm \quad b = 12\,cm \quad u = 6\,cm$

              Arwynebedd y trapesiwm $= \dfrac{a+b}{2} \times u$

                               $= \dfrac{4+12}{2} \times 6$

                               $= 48\,cm^2$

- Pan fo siâp yn cael ei helaethu, mae'r arwynebedd yn cael ei luosi â sgwâr y ffactor graddfa.

  Enghraifft   Mae arwynebedd petryal yn $8\,cm^2$.

                Mae'r petryal yn cael ei helaethu yn ôl ffactor graddfa o 3.

                Beth yw'r arwynebedd newydd?

                Sgwâr y ffactor graddfa yw $3^2 = 9$

                Arwynebedd newydd = arwynebedd gwreiddiol $\times$ sgwâr y ffactor graddfa

                              $= 8 \times 9$

                              $= 72\,cm^2$

1 Darganfyddwch arwynebeddau'r siapiau yma.

a

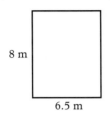

8 m

6.5 m

ch

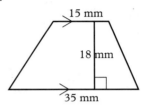

15 mm

18 mm

35 mm

b

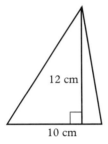

12 cm

10 cm

d

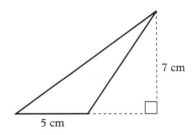

7 cm

5 cm

c

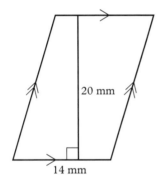

20 mm

14 mm

dd

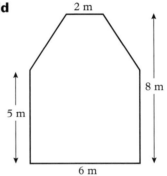

2 m

5 m

8 m

6 m

2 Darganfyddwch beth yw perimedr siâp **a** yng nghwestiwn **1**.

3 Mae gan siâp arwynebedd o 15 cm².
Mae'n cael ei helaethu yn ôl ffactor graddfa o 10.
Beth yw'r arwynebedd newydd?

4 Mae Alan wedi helaethu triongl gan ddefnyddio ffactor graddfa o 2.
Mae'r arwynebedd newydd yn 48 cm².
Beth oedd arwynebedd y triongl cyn yr helaethiad?

13 Ystadegaeth: casglu'r cwbl ynghyd

CRAIDD

1 **Cyfartaleddau ac amrediad**

2 **Grwpio data**

3 **Polygonau amlder**

CWESTIYNAU

ESTYNIAD

CRYNODEB

PROFWCH EICH HUN

Cyfrifiadau Criced Cythryblus

Mae Rhodri a Siôn yn chwarae i'r un tîm criced.

Yn ystod hanner cyntaf y tymor roedd cyfartaledd rhediadau Rhodri am bob batiad yn fwy na chyfartaledd Siôn. Gobeithiai Rhodri y byddai'n gallu ennill y tlws am gyfartaledd batio gorau'r tymor.

Roedd cyfartaledd Rhodri yn ystod ail hanner y tymor hefyd yn well na chyfartaledd Siôn.

Dychmygwch felly pa mor siomedig oedd Rhodri pan sylweddolodd mai cyfartaledd Siôn oedd y gorau am y tymor **cyfan** – a Siôn gipiodd y tlws!

Sut y gallai hyn fod wedi digwydd?

1   Cyfartaledd ac amrediad

◄◄ **AILCHWARAE** ►

Mae Blwyddyn 8 yn cynnwys wyth o ddosbarthiadau yn Ysgol Abergwynant.
Nid yw pob dosbarth yn cynnwys yr un nifer o ddisgyblion.
Mae un dosbarth yn cynnwys 25 o ddisgyblion, mae tri dosbarth yn cynnwys 27 o ddisgyblion, mae dau ddosbarth yn cynnwys 28 o ddisgyblion ac mae dau ddosbarth yn cynnwys 29 o ddisgyblion.

Cymedr

Er mwyn darganfod **cymedr** set o ddata:
    (1) Darganfyddwch gyfanswm yr holl werthoedd data.
    (2) Rhannwch â'r nifer o werthoedd data.

Enghraifft

Darganfyddwch y nifer cymedrig o ddisgyblion mewn dosbarth Blwyddyn 8 yn Ysgol Abergwynant.

Y cyfanswm yw:
    $25 + 27 + 27 + 27 + 28 + 28 + 29 + 29 = 220$
Y cymedr yw $220 \div 8 = 27.5$

Mae'n amhosibl cael 27.5 o ddisgyblion mewn dosbarth! Peidiwch â thalgrynnu'r cymedr i rif cyfan, hyd yn oed os byddwch yn gweld yr ateb yn un gwirion.

Ymarfer 13:1

1   Mae gan Ysgol Abergwynant nyrs ysgol. Rhifodd y nyrs faint o blant oedd yn dioddef yn ddrwg o asthma bob dydd am bythefnos.
Dyma'i chanlyniadau:
    3   15   0   3   1   0   4   3   1   4
Cyfrifwch beth yw'r nifer cymedrig o ddisgyblion sy'n dioddef o asthma bob dydd.

2   Amserodd Toni ei deithiau yn ôl ac ymlaen i'r ysgol am wythnos.
Dyma'i amseroedd mewn munudau:
    25   21   24   26   21   24   26   27   21   27
Beth yw amser cymedrig teithiau Toni?

3 Cafodd rhai plant eu pwyso a'u mesur fel rhan o archwiliad meddygol.

Taldra (cm)	148	136	130	127	137	143	139	141	144	129
Pwysau (kg)	65	55	46	41	51	61	58	61	59	49

a Darganfyddwch beth yw'r taldra cymedrig.
b Darganfyddwch beth yw'r pwysau cymedrig.

4 Dyma ffigurau glawiad misol, mewn milimetrau, yn Ne Cymru dros gyfnod o flwyddyn.

Ion	115.8	Ebr	63.5	Gorff	85.4	Hydr	114.3
Chwe	76.2	Mai	76.2	Awst	99.1	Tach	116.8
Maw	58.4	Meh	55.8	Medi	91.4	Rhag	109.1

a Cyfrifwch beth yw'r glawiad cymedrig bob mis.
b Ysgrifennwch ym mha fisoedd oedd y glawiad yn llai na'r glawiad cymedrig.
c Ysgrifennwch ym mha fisoedd oedd y glawiad yn uwch na'r glawiad cymedrig.

Modd

Y **modd** yw'r gwerth data mwyaf cyffredin neu'r gwerth data mwyaf poblogaidd. Weithiau mae'n cael ei alw'n **werth moddol**.

Enghraifft

Darganfyddwch beth yw'r nifer moddol o ddisgyblion mewn dosbarth Blwyddyn 8 yn Ysgol Abergwynant.

Dyma'r nifer sydd ym mhob dosbarth:
     25   27   27   27   28   28   29   29
Y nifer mwyaf cyffredin yw 27.

Y gwerth moddol yw 27 o ddisgyblion.

---

5 Dyma ganlyniadau'r nyrs ysgol gyda golwg ar achosion drwg o asthma.
Cofnododd nifer yr achosion bob dydd am bythefnos.
     3   15   0   3   1   0   4   3   1   4
Ysgrifennwch nifer moddol yr achosion o asthma.

6 Dyma amseroedd Toni mewn munudau ar gyfer ei deithiau yn ôl ac ymlaen i'r ysgol.
     25   21   24   26   21   24   26   27   21   27
Ysgrifennwch beth oedd amser moddol teithiau Toni.

7 Mae Mrs Lewis yn gwylltio pan fydd dosbarth 8B yn anghofio'u llyfrau mathemateg.
Mae hi'n cyfrif faint o lyfrau sy'n cael eu hanghofio dros gyfnod o 8 gwers.
Dyma'i chanlyniadau:
     0   1   3   1   2   0   1   1
Ysgrifennwch y modd.

8 Nid oes raid i'r modd fod yn rhif.
Dyma siart cylch sy'n dangos sut mae
8M a'u hathro yn dod i'r ysgol.
  a Beth yw'r modd?
  b Eglurwch sut y gallwch
  ddarganfod y modd o'r siart cylch.

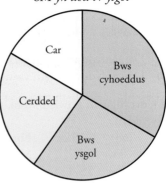

*Siart cylch yn dangos sut mae
8M yn dod i'r ysgol*

Y canolrif	Mae yna drydydd math o gyfartaledd a elwir yn **ganolrif**.

Y canolrif yw gwerth canol y data.
Rhaid i chi sicrhau fod eich data mewn trefn, gan roi'r rhif
lleiaf yn gyntaf.

Enghreifftiau **1** Dyma'r symiau wariodd Cara ar ginio ysgol mewn
wythnos.
    75 c   92 c   95 c   88 c   98 c
Darganfyddwch y swm canolrifol wariodd Cara.

Ysgrifennwch y rhifau mewn trefn:
    75 c   88 c   92 c   95 c   98 c
Y gwerth canol yw 92c felly hwn yw'r canolrif.

2 Darganfyddwch y nifer canolrifol o ddisgyblion mewn dosbarth ym
Mlwyddyn 8 yn Ysgol Abergwynant.

Dyma'r niferoedd sydd ym mhob dosbarth:
    25   27   27   27   28   28   29   29
Mae dau werth canol.

Y canolrif yw $\dfrac{27 + 28}{2} = 27.5$

Fel y cymedr, nid oes raid i'r canolrif fod yn un o'r
gwerthoedd data.

---

9 Darganfyddwch ganolrif bob un o'r setiau yma o rifau.
  a 7   5   6   7   4   8   3
  b 14   16   17   12   13

10 Dyma ganlyniadau'r nyrs ysgol gyda golwg ar achosion drwg o asthma. Cofnododd nifer yr achosion bob dydd am bythefnos.

  3   15   0   3   1   0   4   3   1   4

Darganfyddwch beth yw'r canolrif.

11 Dyma amseroedd Toni mewn munudau ar gyfer ei deithiau yn ôl ac ymlaen i'r ysgol.

  25   21   24   26   21   24   26   27   21   27

Darganfyddwch beth yw amser canolrifol teithiau Toni.

| Amrediad | Ar gyfer unrhyw set o ddata, ceir yr **amrediad** drwy dynnu'r gwerth lleiaf o'r gwerth mwyaf. |

Enghraifft   Darganfyddwch beth yw amrediad nifer y disgyblion mewn dosbarthiadau Blwyddyn 8 yn Ysgol Abergwynant.

Y niferoedd ym mhob dosbarth yw:

  25   27   27   27   28   28   29   29

Y gwerth mwyaf yw 29. Y gwerth lleiaf yw 25.

Yr amrediad yw $29 - 25 = 4$

Ymarfer 13:2

1 Dyma ganlyniadau'r nyrs ysgol gyda golwg ar achosion drwg o asthma. Cofnododd y nifer o achosion bob dydd am bythefnos.

  3   15   0   3   1   0   4   3   1   4

Darganfyddwch beth yw'r amrediad.

2 Dyma amseroedd teithiau Toni yn ôl ac ymlaen i'r ysgol, mewn munudau.

  25   21   24   26   21   24   26   27   21   27

Darganfyddwch beth yw amrediad ei amseroedd.

3 Cafodd rhai plant eu pwyso a'u mesur fel rhan o archwiliad meddygol.

Taldra (cm)	148	136	130	127	137	143	139	141	144	129
Pwysau (kg)	65	55	46	41	51	61	58	61	59	49

  a Darganfyddwch beth yw amrediad y taldra.
  b Darganfyddwch beth yw amrediad y pwysau.

Dewis cyfartaledd synhwyrol

Enghraifft   Dyma'r nifer o ddisgyblion oedd yn dod i'r clwb gwyddbwyll am ddeng wythnos.

  12   12   12   13   15   16   17   17   18   46

Dyma'r tri chyfartaledd: **cymedr 17.8, modd 12, canolrif 15.5**
Pa gyfartaledd yw'r mwyaf synhwyrol i'w ddewis?

Mae'r modd yn rhy fychan.
Mae'r cymedr yn rhy fawr oherwydd y 46 (y parti Nadolig).
Y canolrif yw'r mwyaf synhwyrol.

Defnyddio amrediad

Mae'r amrediad yn dweud wrthym sut mae'r data wedi eu gwasgaru o amgylch y cymedr.

Enghraifft   Dyma rediadau a sgoriwyd gan ddau gricedwr yn ystod eu chwe batiad olaf.

Jac	44	73	39	60	68	40
Ian	120	7	84	26	9	90

Mae angen 50 i ennill.
Pwy yw'r dewis gorau fel batiwr?

Mae gan Jac **gymedr** o 54 o rediadau ac **amrediad** o 34 o rediadau ar gyfer ei fatiadau.
Mae gan Ian **gymedr** o 56 o rediadau ac **amrediad** o 113 o rediadau ar gyfer ei fatiadau.
Mae'r sgorau cymedrig bron yr un fath ond mae amrediad Ian yn llawer mwy nag amrediad Jac.
Mae sgorau Jac fel arfer yn ddibynadwy, ond mae rhai Ian yn amrywio mwy.
Jac yw'r dewis gorau os oes angen 50 o rediadau i ennill.

Ymarfer 13:3

1   Edrychwch ar y data yma. Rydych eisoes wedi darganfod y tri chyfartaledd a'r amrediad.
  a   Rhifau dyddiol nyrs yr ysgol ar gyfer achosion drwg o asthma:

      3   15   0   3   1   0   4   3   1   4

  b   Amseroedd Toni ar gyfer ei deithiau yn ôl ac ymlaen i'r ysgol, mewn munudau:

    25   21   24   26   21   24   26   27   21   27

Ar gyfer pob set:
Ysgrifennwch beth yw'r cymedr, y modd a'r canolrif.
Dywedwch pa gyfartaledd neu gyfartaleddau fyddai'n synhwyrol i'w defnyddio.

2 **a** Ysgrifennwch beth yw cymedr ac amrediad amseroedd Toni o gwestiwn **1**.

b Dyma amseroedd teithiau Toni yn ystod pythefnos arall.

26 22 20 28 24 18 27 19 28 30

Darganfyddwch beth yw cymedr ac amrediad yr ail bythefnos.

c Mae Toni yn teithio ar y bws. Yn ystod yr ail bythefnos ceisiodd y cyngor ddefnyddio lonydd traffig gwahanol ar gyfer bysiau.

Defnyddiwch eich atebion i **a** a **b** i benderfynu pa system yw'r orau er mwyn i'r bysiau redeg ar amser.

Eglurwch sut y gwnaethoch ddewis eich ateb.

Tabl marciau rhifo   Pan fydd llawer o ddata byddwn yn gwneud **tabl marciau rhifo**. Byddwn yn defnyddio marciau rhifo.

Marciau rhifo   Mae **marciau rhifo** yn cael eu trefnu mewn grwpiau o bump. Mae'r pumed marc rhifo yn croesi'r pedwar arall: ⵜⵜⵜⵜ

Ymarfer 13:4

1 Dyma nifer y disgyblion sydd ym mhob dosbarth ym Mlynyddoedd 7 i 11 yn Ysgol Abergwynant.

Blwyddyn 7	30	27	26	28	29	30	28	29
Blwyddyn 8	25	27	28	27	29	27	28	29
Blwyddyn 9	28	27	29	27	26	29	25	27
Blwyddyn 10	28	24	27	28	26	27	28	27
Blwyddyn 11	25	26	27	29	27	28	26	28

a Darganfyddwch beth yw amrediad nifer y disgyblion sydd mewn dosbarth.

b Copïwch y tabl rhifo yma. Parhewch y golofn gyntaf hyd at 30. Llenwch y tabl.

Nifer y disgyblion mewn dosbarth	Marciau rhifo	Cyfanswm
24		
25		

c Defnyddiwch y tabl i ddarganfod y modd.

2 Mae'r prifathro eisiau gwybod beth yw'r nifer cymedrig o ddisgyblion ym mhob dosbarth yn Ysgol Abergwynant.

    a Defnyddiwch y data o gwestiwn **1**.

       Copïwch y tabl. Llenwch y tabl.

       Gallwch ychwanegu colofn arall at y tabl ar gyfer cwestiwn **1** os dymunwch.

       Adiwch y rhifau yn y drydedd golofn i ddarganfod cyfanswm nifer y disgyblion.

Nifer y disgyblion mewn dosbarth	Nifer y dosbarthiadau	Cyfanswm nifer y disgyblion
24	1	$24 \times 1 =$
25	3	$25 \times 3 =$

    b Copïwch a llenwch y bylchau:

          Nifer cymedrig o ddisgyblion

               = cyfanswm nifer y disgyblion ÷ cyfanswm nifer y dosbarthiadau

               = ... ÷ 40

               = ...

3 Mae rhai o ddisgyblion Ysgol Abergwynant yn dod mewn car i'r ysgol.

Un bore gwnaeth dosbarth 8J arolwg o faint o ddisgyblion oedd yn cyrraedd ym mhob car.

Dyma'u canlyniadau:

Nifer y disgyblion mewn car	1	2	3	4
Nifer y ceir	38	27	12	3

    a Ysgrifennwch beth yw'r modd.

    b Copïwch y tabl yma ar gyfer yr arolwg.

       Llenwch y tabl er mwyn darganfod cyfanswm nifer y disgyblion.

Nifer y disgyblion mewn car	Nifer y ceir	Cyfanswm nifer y disgyblion
1	38	$1 \times 38 =$

    c Copïwch a llenwch y bylchau:

          Nifer cymedrig o ddisgyblion = cyfanswm nifer y disgyblion ÷ 80

                            = ... ÷ 80

                            = ...

    d Darganfyddwch beth yw amrediad nifer y disgyblion mewn car.

2 Grwpio data

Yn aml mae oedran darllen yn cael ei nodi ar lyfrau plant.
Mae hyn yn mesur pa mor anodd i'w ddarllen yw llyfr.

Mae mwy nag un ffordd o fesur oedran darllen. Un o'r rhain yw cyfrif nifer y llythrennau ym mhob gair.
Gall llyfrau i blant hŷn gynnwys geiriau hirach.
Ffordd arall yw cyfrif nifer y geiriau ym mhob brawddeg.

Mae hyd geiriau a hyd brawddegau yn enghreifftiau o ddata arwahanol.

Data arwahanol

Pan fydd data yn werthoedd unigol arbennig yn unig gelwir nhw yn **ddata arwahanol**.

Enghraifft

Mae maint esgidiau yn enghraifft o ddata arwahanol.
Dyma'r unig werthoedd posibl: 1, $1\frac{1}{2}$, 2, $2\frac{1}{2}$, etc. Ni cheir meintiau esgidiau rhwng y rhain.

Ymarfer 13:5

 1 **a** Edrychwch ar y ddwy dudalen o lyfrau plant. Copïwch y tabl marciau rhifo yma ar gyfer Llyfr A. Llenwch y tabl.

Hyd gair (llythrennau)	Marciau rhifo	Cyfanswm
1		
2		
3		
4		
5		
6		
7		
8		
9		
10		

b Nawr, gwnewch dabl marciau rhifo ar gyfer Llyfr B.

Er mwyn cymharu'r ddau lyfr mae hi'n well llunio diagramau.

2 **a** Copïwch yr echelinau ar bapur graff.

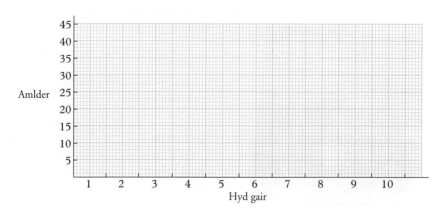

b Defnyddiwch eich tabl marciau rhifo ar gyfer Llyfr A i lunio siart bar.
c Copïwch yr echelinau unwaith eto.
ch Defnyddiwch eich tabl marciau rhifo ar gyfer Llyfr B i lunio siart bar arall.

3 Defnyddiwch eich dau siart bar i ateb y cwestiynau yma.
   a Ym mha lyfr ceir y mwyaf o eiriau 2 lythyren?
   b Ym mha lyfr ceir y mwyaf o eiriau 6 llythyren?
   c Pa lyfr, yn eich barn chi, yw'r hawsaf i'w ddarllen?
       Eglurwch eich ateb.

4 **a** Beth yw'r hyd gair mwyaf cyffredin yn Llyfr A?
   b Copïwch a llenwch y bwlch:
           Yr hyd gair moddol ar gyfer Llyfr A yw … o lythrennau.
   c Beth yw'r hyd gair mwyaf cyffredin yn Llyfr B?
   ch Copïwch a llenwch y bwlch:
           Yr hyd gair moddol ar gyfer Llyfr B yw … o lythrennau.

5 **a** Ychwanegwch bedwaredd colofn at eich tabl marciau rhifo.

Hyd gair (llythrennau)	Marciau rhifo	Cyfanswm	Cyfanswm nifer o lythrennau (= hyd gair × cyfanswm)

   b Llenwch y bedwaredd golofn.
       Adiwch y rhifau sydd yn y golofn.
       Dyma gyfanswm nifer y llythrennau.
   c Rhannwch eich ateb i **b** â chyfanswm nifer y geiriau.
       Dyma hyd cymedrig y gair.
   ch Ym mha lyfr mae hyd cymedrig y geiriau leiaf?
   e A yw hyn yn cydfynd â'ch ateb i gwestiwn **3c**? Eglurwch.

Ceir ffordd arall o fesur pa mor anodd yw llyfrau i'w darllen.
Gallwch gyfrif nifer y geiriau sydd mewn brawddeg.
Gelwir hyn yn hyd brawddeg.

Ymarfer 13:6

 1 **a** Ewch yn ôl at eich tudalen o Lyfr A.
Rhifwch nifer y geiriau sydd ym mhob brawddeg.
Ysgrifennwch hyd pob brawddeg yn eich llyfr.

b Rhifwch hyd y brawddegau ar y tudalen o Lyfr B.
Nodwch hyd pob brawddeg yn eich llyfr.

Gall brawddegau fod o lawer o wahanol hydoedd.
Mae hi'n gwneud synnwyr gosod y rhain mewn grwpiau cyn gwneud tabl marciau rhifo.

Hyd y frawddeg (mewn geiriau)	Marciau rhifo	Cyfanswm
1–5		
6–10		
11–15		
16–20		
21–25		
26–30		
31–35		

Mae brawddegau sy'n cynnwys 1, 2, 3, 4 neu 5 o eiriau yn mynd i'r grŵp 1–5.
Mae brawddegau sy'n cynnwys 6, 7, 8, 9 neu 10 o eiriau yn mynd i'r grŵp 6–10
ac yn y blaen.

Yna gallwch ddefnyddio'r data wedi'u grwpio i wneud siart bar.

---

2 **a** Copïwch y tabl marciau rhifo.

b Cofnodwch hydoedd y brawddegau o Lyfr A.
Defnyddiwch y rhifau wnaethoch eu hysgrifennu yng nghwestiwn **1**.

c Copïwch y tabl marciau rhifo unwaith eto.
Cofnodwch hydoedd y brawddegau o Lyfr B.

3 a Copïwch yr echelinau ar bapur sgwariau.

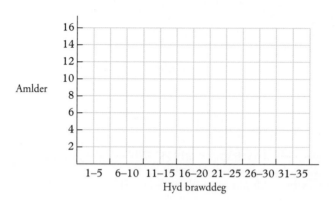

b Defnyddiwch eich tabl marciau rhifo ar gyfer Llyfr A i lunio siart bar.
Cofïwch beidio â gadael lle gwag rhwng y barrau.
c Copïwch yr echelinau unwaith eto.
ch Defnyddiwch eich tabl marciau rhifo ar gyfer Llyfr B i lunio siart bar arall.

4 a Yn Llyfr A ym mha grŵp ceir y nifer mwyaf o frawddegau?
b Copïwch a llenwch y bwlch:
        Yr hyd brawddeg moddol ar gyfer Llyfr A yw … o eiriau.
c Yn Llyfr B ym mha grŵp ceir y nifer mwyaf o frawddegau?
ch Copïwch a llenwch y bwlch:
        Yr hyd brawddeg moddol ar gyfer Llyfr B yw … o eiriau.
d Meddyliwch am eich atebion i **b** ac **ch**.
Pa lyfr yn eich barn chi yw'r hawsaf i'w ddarllen?
Eglurwch eich ateb.

5 Gallwch ddarganfod hyd brawddeg cymedrig.
a Ysgrifennwch gyfanswm nifer y geiriau ar y tudalen o Lyfr A.
b Ysgrifennwch gyfanswm nifer y brawddegau ar y tudalen o Lyfr A.
c Copïwch a llenwch y bwlch:
    hyd cymedrig brawddeg
        = cyfanswm nifer y geiriau ÷ cyfanswm nifer y brawddegau
        = … ÷ …
        = …
ch Ysgrifennwch gyfanswm nifer y geiriau ar y tudalen o Lyfr B.
d Ysgrifennwch gyfanswm nifer y brawddegau ar y tudalen o Lyfr B.
dd Darganfyddwch beth yw hyd cymedrig y brawddegau yn Llyfr B.

Data di-dor	Mae data yn **ddi-dor** pan allant gymryd *unrhyw* werth mewn amrediad penodol.
Enghraifft	Mae hyd pryfed genwair, taldra disgyblion ym Mlwyddyn 8, pwysau llygod bochdew yn enghreifftiau o ddata di-dor.

Pan fyddwch yn grwpio data di-dor rhaid i chi feddwl yn ofalus iawn ynglŷn â dechrau a diwedd pob grŵp.

Ymarfer 13:7

1 Mewn arolwg Gwyddoniaeth mesurodd Hywel hydoedd pryfaid genwair mewn centimetrau.
Dyma'i ganlyniadau i'r milimetr agosaf.

6.2	5.4	8.9	12.1	6.5
9.3	7.2	12.7	10.2	5.4
7.7	9.5	11.1	8.6	7.0
13.5	12.7	5.6	15.4	12.3
13.4	9.5	6.7	8.6	9.1
11.5	14.2	13.5	8.8	9.7

Gosododd Hywel y data mewn grwpiau fel hyn:

Hydoedd mewn cm	Marciau rhifo	Cyfanswm
5 ond llai na 7		
7 ond llai na 9		
9 ond llai na 11		
11 ond llai na 13		
13 ond llai na 15		
15 ond llai na 17		

a I ba grŵp y bydd 13.5 yn mynd?
b I ba grŵp y bydd 7.0 yn mynd?
c Copïwch y tabl marciau rhifo.
Cofnodwch yr holl ganlyniadau yn eich tabl.
ch Lluniwch siart bar gan ddefnyddio'r data yma sydd wedi eu grwpio.
Peidiwch â gadael lle gwag rhwng y barrau.

2 Defnyddiodd Buddug grwpiau gwahanol.

a Copïwch y tabl yma.

Hyd mewn cm	Marciau rhifo	Cyfanswm
5 ond llai na 9		
9 ond llai na 13		
13 ond llai na 17		

b Cofnodwch holl ganlyniadau cwestiwn **1** yn eich tabl newydd.

c Defnyddiwch eich tabl newydd i lunio siart bar.
Peidiwch â gadael lle gwag rhwng y barrau.

ch Pa siart bar, yn eich barn chi, sy'n dangos y data orau?
Eglurwch eich ateb.

3 Dyma bwysau 30 o oedolion mewn cilogramau.

47	65	52	43	58	69	71	49	56	60
82	54	91	54	70	56	95	47	82	86
75	79	96	99	100	57	98	63	80	92

a Copïwch y tabl yma.

Pwysau mewn kg	Marciau rhifo	Cyfanswm
40 ond llai na 50		
50 ond llai na 60		
60 ond llai na 70		
70 ond llai na 80		
80 ond llai na 90		
90 ond llai na 100		
100 ond llai na 110		

b I ba grŵp mae pwysau o 100 kg yn perthyn?

c I ba grŵp mae pwysau o 80 kg yn perthyn?

ch Cofnodwch yr holl ganlyniadau yn eich tabl.

d Gwnewch siart bar gan ddefnyddio'r data yma sydd wedi eu grwpio.
Peidiwch â gadael lle gwag rhwng y barrau.

4 Gwnaeth Siân arolwg o faint o amser oedd ei ffrindiau yn ei gymryd i ddod i'r ysgol.
Dyma'i chanlyniadau mewn munudau i'r funud agosaf.

8	13	21	5	16	24	9	14	16	17
7	5	25	31	14	17	19	23	5	12
8	12	16	19	21	24	5	2	33	4

a Dewiswch grwpiau synhwyrol ar gyfer y data yma.

b Gwnewch dabl marciau rhifo ar gyfer y grwpiau yma.

c Llenwch y tabl marciau rhifo.

ch Defnyddiwch eich tabl i wneud siart bar.

3   Polygonau amlder

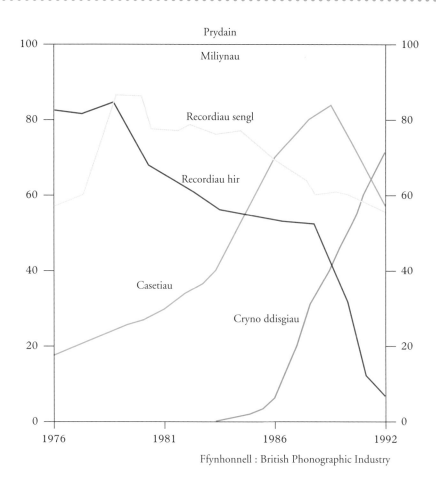

Prydain

Miliynau

Recordiau sengl

Recordiau hir

Casetiau

Cryno ddisgiau

Ffynhonnell : British Phonographic Industry

Mae'r polygonau amlder yma'n dangos gwerthiant recordiau hir, casetiau, cryno ddisgiau a recordiau sengl er 1976.

Polygon amlder	Yn aml defnyddir **polygonau amlder** i gymharu dwy set o ddata.
Tuedd	Cysylltir y pwyntiau â'i gilydd i ddangos y **duedd**. Mae'r duedd yn dangos sut mae'r data yn newid. Nid ydych yn darllen gwybodaeth o'r llinellau rhwng y pwyntiau.

Ymarfer 13:8

1 Edrychwch ar y tabl yma.
Mae'n dangos cyfanswm y goliau a sgoriwyd mewn 40 gêm bêl-droed ar un dydd Sadwrn.

Nifer y goliau	0	1	2	3	4	5	6
Nifer y gemau	5	9	12	5	7	1	1

  a Edrychwch ar y ffigurau coch.
    Sawl gêm oedd yn cynnwys 2 gôl?
  b Edrychwch ar y ffigurau gwyrdd.
    Sawl gêm oedd yn cynnwys 6 gôl?
  c Ysgrifennwch yr holl sgorau terfynol posibl sy'n cynnwys 6 gôl.
    Dechreuwch â 6–0, 5–1, 4–2, …

Dyma bolygon amlder yn dangos yr wybodaeth yma.

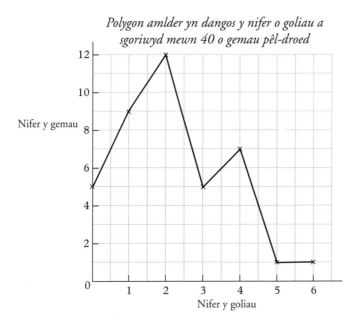

Polygon amlder yn dangos y nifer o goliau a sgoriwyd mewn 40 o gemau pêl-droed

  ch Sawl gêm oedd yn cynnwys 5 o goliau?
    A yw hyn yr un fath â'r hyn a ddangosir yn y tabl?
  d Sawl gêm oedd yn cynnwys 2 gôl?

2   Edrychwch ar y polygon amlder yma.
Mae'n dangos nifer y disgyblion sydd ym mhob blwyddyn mewn ysgol uwchradd i fechgyn.

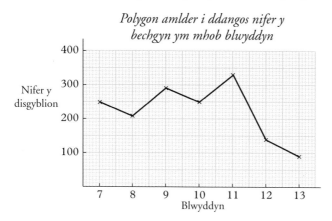

*Polygon amlder i ddangos nifer y
bechgyn ym mhob blwyddyn*

Copïwch y tabl yma.

Blwyddyn	7	8	9	10	11	12	13
Nifer y disgyblion							

Llenwch y tabl. Defnyddiwch y polygon amlder i gael yr wybodaeth.

3   Dyma bolygon amlder yn dangos nifer y disgyblion yn yr ysgol ferched gyfagos.

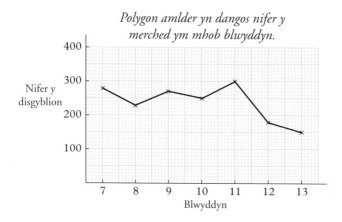

*Polygon amlder yn dangos nifer y
merched ym mhob blwyddyn.*

Copïwch y tabl o gwestiwn **2** unwaith eto.
Llenwch y tabl. Defnyddiwch y polygon amlder i gael yr wybodaeth.

Gellir llunio'r polygonau amlder yng nghwestiwn **2** a chwestiwn **3** ar yr
un diagram.
Mae hyn yn ei gwneud yn haws i'w cymharu.

4 **a** Copïwch y polygon amlder yng nghwestiwn **2** ar bapur graff.
    b Copïwch y polygon amlder yng nghwestiwn **3** ar yr un set o echelinau.
    c Pa ysgol sy'n cynnwys y nifer mwyaf o ddisgyblion Blwyddyn 7?
    ch Pa ysgol sy'n cynnwys mwy o ddisgyblion ym Mlwyddyn 9?
    d Ym mha flwyddyn mae gan y ddwy ysgol yr un nifer o ddisgyblion?
    dd Faint mwy o fechgyn nag o ferched sydd ym Mlwyddyn 9?
    e Faint mwy o ferched nag o fechgyn sydd ym Mlwyddyn 8?

5 Edrychwch ar y polygonau amlder yma.
Maen nhw'n dangos nifer y disgyblion sydd mewn dwy ysgol.

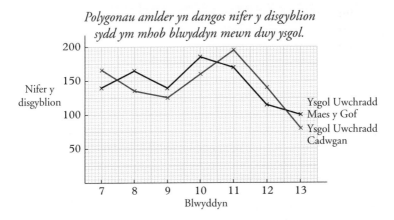

Polygonau amlder yn dangos nifer y disgyblion sydd ym mhob blwyddyn mewn dwy ysgol.

    a Gan ba ysgol mae'r nifer mwyaf o ddisgyblion Blwyddyn 7?
    b Gan ba ysgol mae'r nifer mwyaf o ddisgyblion Blwyddyn 9?
        Faint o ddisgyblion yn fwy sydd gan yr ysgol hon ym Mlwyddyn 9?
    c Gwnewch restr o nifer y disgyblion sydd ym mhob blwyddyn yn Ysgol Uwchradd Maes y Gof.
        Faint o ddisgyblion sydd yno i gyd?
    ch Faint o ddisgyblion sydd yn Ysgol Cadwgan?

6 Mae dosbarth 8P wedi bod yn cymharu dau lyfr darllen. Mae'r llyfrau yn rhai ar gyfer plant ysgolion cynradd.
Mae 8P wedi cyfrif sawl llythyren sydd yn y 50 gair cyntaf ym mhob llyfr.
Dyma ddau dabl yn dangos eu canlyniadau.

Nifer y llythrennau mewn gair	1	2	3	4	5	6	7
Nifer y geiriau yn *Hwyl wrth ddarllen*	3	5	14	17	6	4	1

Nifer y llythrennau mewn gair	1	2	3	4	5	6	7
Nifer y geiriau yn *Mae darllen yn hawdd*	4	5	9	13	10	7	2

a Copïwch yr echelinau ar bapur sgwariau.

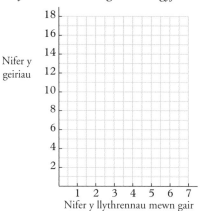

Polygonau amlder yn dangos nifer y llythrennau mewn geiriau ar gyfer dau lyfr

b Lluniwch bolygon amlder ar gyfer *Hwyl wrth ddarllen.*
c Lluniwch bolygon amlder ar gyfer *Mae darllen yn hawdd* ar yr un diagram.
Defnyddiwch liw gwahanol.
ch Pa lyfr yn eich barn chi yw'r hawsaf i'w ddarllen?
Eglurwch eich ateb.

7 Cesglir canlyniadau bob blwyddyn ynglŷn ag anafiadau a achoswyd mewn damweiniau ffyrdd.
Dyma nifer yr anafiadau gafodd plant oedran ysgol yng Nghaerdydd mewn un flwyddyn.

Oedran	5	6	7	8	9	10	11	12	13	14	15	16	17	18	19
Nifer	37	35	42	52	56	56	52	62	63	87	58	113	167	188	167

a Lluniwch bolygon amlder i ddangos y data yma.
b Disgrifiwch sut mae nifer yr anafiadau yn newid wrth i blant fynd yn hŷn.
c Ydych chi'n meddwl y bydd y duedd yma'n parhau?
Eglurwch eich ateb.

Os yw'r data yn cael ei grwpio yna mae pwyntiau'r polygonau amlder yn cael eu plotio yng nghanol pob grŵp.
Mae hyn fel cysylltu canol pen pob bar ar siart bar.

Dyma dabl o'r data anafiadau o Ymarfer 13:8.
Mae'r data wedi eu grwpio.

Oedran	5–7	8–10	11–13	14–16	17–19
Nifer	114	164	177	258	522

Ymarfer 13:9

1 **a** Lluniwch siart bar o'r data wedi eu grwpio yma. Defnyddiwch bensil a lluniwch y barrau mor ysgafn ag sydd bosibl.
  b Rhowch groes fechan yng nghanol pen bob bar.
  c Cysylltwch eich croesau gan ddefnyddio llinellau syth.
    Nawr mae gennych bolygon amlder.

2 Dyma ddata anafiadau ar gyfer grwpiau oedran hŷn.

Oedran	20–22	23–25	26–28	29–31	32–34
Nifer	485	406	359	292	246

  a Lluniwch siart bar ar gyfer y data yma. Defnyddiwch bensil a'i lunio'n ysgafn.
  b Lluniwch bolygon amlder ar ben eich siart bar.
  c Disgrifiwch duedd yr anafiadau wrth i'r bobl fynd yn hŷn.
  ch Awgrymwch beth yw'r rheswm am y duedd yma.

3 Dyma drydedd set o ddata anafiadau ar gyfer Caerdydd.

Oedran	41–43	44–46	47–49	50–52	53–55
Nifer	158	166	156	130	98

  a Plotiwch y tair set o ddata anafiadau ar un polygon amlder.
    PEIDIWCH Â chysylltu 33 a 42.
    Defnyddiwch y raddfa yma ar yr echelin waelod.

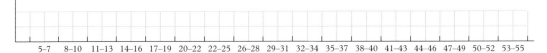

5–7 8–10 11–13 14–16 17–19 20–22 22–25 26–28 29–31 32–34 35–37 38–40 41–43 44–46 47–49 50–52 53–55

  b Wrth edrych ar duedd y graff, awgrymwch werthoedd ar gyfer y grwpiau sydd ar goll: 35-37 a 38-40.

1 Mae tîm pêl-droed dan 15 Ysgol Abergwynant wedi chwarae tair gêm.
Nifer cymedrig y goliau maen nhw wedi eu sgorio yw 2.
  a Beth yw cyfanswm nifer y goliau a sgoriwyd?
  b Maen nhw'n chwarae gêm arall ac yn sgorio pedair gôl.
    Beth yw'r cymedr newydd?

2 Mae dosbarth 8L yn casglu 40 o ddail oddi ar goeden.
Maen nhw'n mesur y dail mewn centimetrau, yn gywir i'r milimetr agosaf.
Dyma'r canlyniadau:

6.0	5.2	6.1	5.3	8.2	6.4	5.7	7.1	6.5	6.4
7.2	8.7	4.8	5.6	7.3	4.9	6.5	8.3	6.8	7.8
7.4	7.9	5.5	7.0	7.5	5.8	5.1	7.6	6.8	5.4
8.1	6.3	6.4	5.9	4.7	8.4	6.1	6.7	8.8	7.7

  a Copïwch y tabl a'i lenwi.

Hyd deilen mewn cm	Marciau rhifo	Cyfanswm
4 ond llai na 5		
5 ond llai na 6		
6 ond llai na 7		
7 ond llai nag 8		
8 ond llai na 9		

  b Defnyddiwch eich tabl i lunio siart bar.
  c Ysgrifennwch beth yw'r grŵp moddol.

3 Dyma dabl yn dangos nifer y disgyblion sydd mewn dwy ysgol.

Nifer y disgyblion	Blwyddyn 7	Blwyddyn 8	Blwyddyn 9	Blwyddyn 10	Blwyddyn 11
Ysgol Abercaffo	170	160	180	200	150
Ysgol Glyn Rhedyn	150	160	140	120	150

  a Copïwch yr echelinau ar bapur sgwariau.
  b Plotiwch y pwyntiau ar gyfer Ysgol Abercaffo. Cysylltwch y pwyntiau gan ddefnyddio llinellau syth.
  c Plotiwch y pwyntiau ar gyfer Ysgol Glyn Rhedyn. Cysylltwch y pwyntiau gan ddefnyddio llinellau syth. Defnyddiwch liw gwahanol.

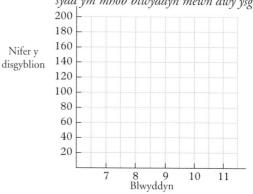

Polygonau amlder i ddangos nifer y disgyblion sydd ym mhob blwyddyn mewn dwy ysgol.

Nifer y disgyblion

Blwyddyn

1   Mae Cyngor Aberllwyfen yn ceisio cael pobl i rannu ceir wrth fynd i'w gwaith. Mae hyn yn lleihau nifer y traffig.
Mae'r cyngor yn gwneud arolygon yn rheolaidd er mwyn gweld a oes mwy o bobl yn rhannu.
Dyma set o'u canlyniadau ar gyfer 50 o geir.

Nifer o bobl mewn car	Nifer y ceir
1	15
2	18
3	11
4	4
5	2

   a Beth yw'r nifer cymedrig o bobl mewn car?
   b Ysgrifennwch beth yw'r modd.
   c Maen nhw'n darganfod mai canolrif y canlyniadau yw 2. Dewiswch un o'r tri chyfartaledd i amcangyfrif faint o bobl sydd mewn 500 o geir.
   ch Beth yw'r tebygolrwydd y bydd car yn cynnwys mwy nag un teithiwr?

2   Mesurodd 40 o ddisgyblion gyfradd curiad eu calon ar ôl bod yn ymarfer.
Dyma'u canlyniadau yn ôl curiadau y funud.

124	120	137	122	124	122	129	124	128	126
132	122	120	120	126	124	122	128	136	110
134	120	126	115	122	126	132	124	118	112
128	122	128	119	125	124	122	118	112	130

   a Dewiswch grwpiau synhwyrol ar gyfer y data yma.
   b Lluniwch dablau marciau rhifo ar gyfer y grwpiau yma.
   c Llenwch eich tabl marciau rhifo.
   ch Lluniwch siart bar i ddangos eich canlyniadau.

3   Mae Gemma a Lois wedi gwneud arolwg o ddau fath o foron.
Mae'r ddau fath yn costio'r un faint ac mae'r moron tua'r un maint.
Maen nhw wedi agor wyth tun o bob math ac wedi cyfrif sawl moronen sydd ym mhob tun.
Dyma'u canlyniadau:

Math A	32	41	28	31	34	37	39	30
Math B	32	34	36	30	32	35	33	32

   a Beth yw'r nifer cymedrig o foron ym mhob tun ar gyfer pob math?
      Pa fath yw'r fargen orau?
   b Beth yw'r amrediad ar gyfer y ddau fath o foron?
      Eglurwch beth mae'r amrediad yn ei ddangos.
      Pa fath o foron fyddech chi'n ei ddewis y tro nesaf?

- **Cymedr**   Er mwyn darganfod **cymedr** set o ddata:
  (1) Darganfyddwch gyfanswm yr holl werthoedd data.
  (2) Rhannwch â'r nifer o werthoedd data.

  Modd   Y **modd** yw'r gwerth data mwyaf cyffredin neu'r gwerth data mwyaf poblogaidd.

  Canolrif   Y **canolrif** yw gwerth canol y data pan fydd y data wedi eu trefnu, y rhif lleiaf yn gyntaf.

- **Amrediad**   Yr **amrediad** yw'r gwerth mwyaf tynnu'r gwerth lleiaf.

- **Data arwahanol**   Pan fydd data yn werthoedd unigol arbennig yn unig gelwir nhw yn **ddata arwahanol.**

  Data di-dor   Mae data yn **ddi-dor** pan allant gymryd *unrhyw* werth mewn amrediad penodol.

- **Grwpio data**   Mae hi'n gwneud synnwyr gosod data mewn grwpiau cyn i chi wneud tabl marciau rhifo.

  Enghraifft

Hyd y frawddeg (geiriau)	Marciau rhifo	Cyfanswm
1–5		
6–10		
11–15		

  Mae brawddegau sy'n cynnwys 1, 2, 3, 4 neu 5 o eiriau yn mynd i'r grŵp 1–5. Mae brawddegau sy'n cynnwys 6, 7, 8, 9 neu 10 o eiriau yn mynd i'r grŵp 6–10 ac yn y blaen.
  Yna gallwch ddefnyddio'r data wedi'u grwpio i wneud siart bar.

- **Polygonau amlder**
  Defnyddir **polygonau amlder** yn aml i gymharu dwy set o ddata.

  Tuedd
  Cysylltir y pwyntiau â'i gilydd i ddangos y **duedd**.
  Mae'r duedd yn dangos sut mae'r data yn newid.
  Nid ydych yn darllen gwybodaeth o'r llinellau rhwng y pwyntiau.

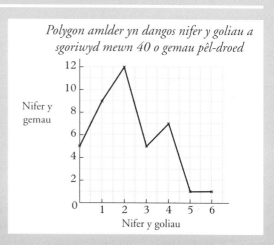

Polygon amlder yn dangos nifer y goliau a sgoriwyd mewn 40 o gemau pêl-droed

1 Edrychwch ar y rhifau yma:

7   6   9   0   3   4   7   6   4   7

a Darganfyddwch y cymedr.   **c** Darganfyddwch y canolrif.

b Ysgrifennwch beth yw'r modd.   **ch** Darganfyddwch yr amrediad.

2 Cofnododd dosbarth 8J sawl teithiwr oedd mewn 50 car a yrrodd heibio'r ysgol. Dyma'u canlyniadau:

Nifer y teithwyr	Nifer y ceir	Cyfanswm nifer y teithwyr
1	23	$1 \times 23 =$
2	17	$2 \times 17 =$
3	7	$3 \times 7 \ =$
4	3	$4 \times 3 \ =$
Cyfanswm		

a Ysgrifennwch beth yw'r modd.

b Copïwch y tabl a'i lenwi.

c Beth yw'r nifer cymedrig o deithwyr ym mhob car?

ch Lluniwch bolygon amlder i ddangos y data.

3 Mesurodd dosbarth 8F uchder 40 o eginblanhigion bedair wythnos ar ôl plannu'r hadau.

Dyma'u canlyniadau, mewn centimetrau, yn gywir i'r milimetr agosaf.

2.8	10.3	3.6	6.3	8.1	7.2	4.7	7.1	4.3	8.2
5.9	8.0	2.5	7.4	5.3	9.1	1.9	6.8	4.8	5.1
9.4	7.3	3.8	7.9	9.0	8.7	5.5	8.4	3.6	8.5
7.9	7.8	9.7	7.7	1.8	6.2	7.3	6.9	10.5	6.5

a Copïwch y tabl.

Cofnodwch yr holl ganlyniadau yn y tabl.

Hyd mewn cm	Marciau rhifo	Cyfanswm
0 ond llai na 2		
2 ond llai na 4		
4 ond llai na 6		
6 ond llai nag 8		
8 ond llai na 10		
10 ond llai na 12		

b Ysgrifennwch y grŵp moddol.

c Defnyddiwch y data wedi'u grwpio i lunio siart bar.

ch Lluniwch bolygon amlder ar eich siart bar.

14 Cyfaint: llenwi'r gwagle

CRAIDD

1 **Gwasgwch bopeth i mewn!**

2 **Stacio**

3 **Prismau**

CWESTIYNAU

ESTYNIAD

CRYNODEB

PROFWCH EICH HUN

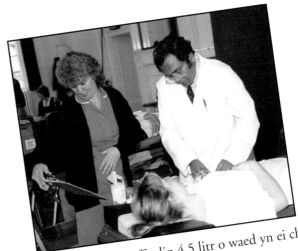

Mae gan wraig gyffredin 4.5 litr o waed yn ei chorff.
Mae gan ddyn fymryn mwy.

Os byddwch yn rhoi gwaed i'r Gwasanaeth Gwaed Cenedlaethol maen nhw'n cymryd llai na hanner litr.

Maen nhw'n casglu 1.5 miliwn o litrau bob blwyddyn.
Mae hyn yr un fath ag sydd mewn tua 300 000 o bobl!

1 Gwasgwch bopeth i mewn!

Record y byd ar gyfer y nifer o bobl mewn blwch ffonio yw 23.
Mae hyn yn llawer o bobl mewn lle bychan iawn!

| **Cyfaint** | Gelwir maint y lle mae gwrthrych yn ei gymryd yn **gyfaint** y gwrthrych. |

Exercise 14:1

1 Edrychwch ar y gwrthrychau yma.

Rhestrwch y gwrthrychau yn ôl eu cyfaint. Dechreuwch gyda'r *mwyaf*.

2 Edrychwch ar y gwrthrychau yma.

Rhestrwch y gwrthrychau yn ôl eu cyfaint. Dechreuwch gyda'r *lleiaf*.

Cynhwysedd **Cynhwysedd** gwrthrych gwag yw cyfaint y lle sydd y tu mewn iddo.

---

3   Edrychwch ar y cynwysyddion yma.

Rhestrwch y gwrthrychau yn ôl eu cynhwysedd.
Dechreuwch gyda'r *mwyaf*.

Unedau mesur cyfaint

Mae cyfaint yn cael ei fesur mewn unedau ciwbig.
Gall y rhain fod yn mm³, cm³ neu yn m³

1 cm³   **1 cm³** yw'r lle a gymerir gan giwb â phob un o'i ymylon yn 1 cm o hyd.

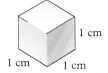

Unedau mesur cynhwysedd

---

1 m*l*   Mae'r ciwb yma'n cael ei lenwi â dŵr.
Mae cyfaint y dŵr sydd ynddo yn **1 mililitr**.
Mae hyn yn cael ei ysgrifennu fel hyn: **1 m*l***
Mae **1 m*l*** yr un fath ag **1 cm³**.

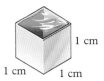

---

4   Edrychwch ar y cynwysyddion yma.
 a Rhestrwch y cynwysyddion yn ôl eu cyfaint. Dechreuwch gyda'r *lleiaf*.
 • b Mae Penri yn defnyddio'r Cola a'r hufen iâ i wneud diod hufen iâ.
 Mae gan wydryn Penri gynhwysedd o 350 m*l*.
 Mae o'n rhoi'r hufen iâ i gyd yn y gwydryn yn gyntaf.
 A fydd digon o le i'r Cola i gyd yn y gwydryn wedyn?

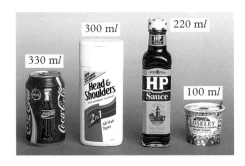

Byddwn yn defnyddio **litrau** i fesur cyfeintiau mawr.

1 litr = 1000 ml

Mae'r botel lemonêd yma'n dal 2 litr.
Mae'r can petrol yma'n dal 5 litr.
Mae tancer petrol yn dal 34 000 litr.

Ymarfer 14:2

1 Amcangyfrifwch beth yw cyfaint y cynwysyddion yma.
Ysgrifennwch eich atebion mewn litrau.

a   **c**    **d**

b   **ch**

2 Amcangyfrifwch beth yw cyfaint y cynwysyddion yma.
Ysgrifennwch eich atebion mewn mililitrau.

3 Amcangyfrifwch beth yw cyfaint y cynwysyddion yma.
Bydd angen i chi ddewis un ai mililitrau neu litrau.

a    **b**    **c**

2 Stacio

· ·

Mae silffoedd mewn archfarchnadoedd yn cael eu stacio fel ei bod hi'n bosibl gweld beth sydd ar werth. Mae angen gosod cymaint o bethau ag sydd bosibl arnynt.

Mae'n rhaid i'r bobl sy'n stacio'r silffoedd ddarganfod faint o bethau y gellir eu gosod ar y silffoedd.

Enghraifft

Mae Rachel yn stacio bocsys Creision Da.
Yn gyntaf, mae hi'n darganfod sawl bocs y gellir ei osod ar y silff.
Mae'n bosibl gosod 5 bocs ar y silff yma.

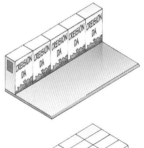

Yna mae hi'n darganfod sawl rhes o focsys y gellir eu gosod ar y silff.
Mae hi'n gallu gosod 4 rhes ar y silff yma.

Mae hi'n lluosi nifer y bocsys sydd ym mhob rhes â nifer y rhesi.
Mae hyn yn dweud wrthi hi sawl bocs y gellir eu gosod ar y silff.

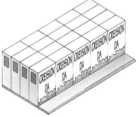

$5 \times 4 = 20$ bocs
Gellir gosod 20 bocs ar y silff.

Ymarfer 14:3

Ar gyfer pob cwestiwn:
a Ysgrifennwch sawl bocs sydd mewn un rhes.
b Ysgrifennwch sawl rhes y gellir ei gosod ar y silff.
c Darganfyddwch faint o focsys y gellir eu gosod i gyd.

1

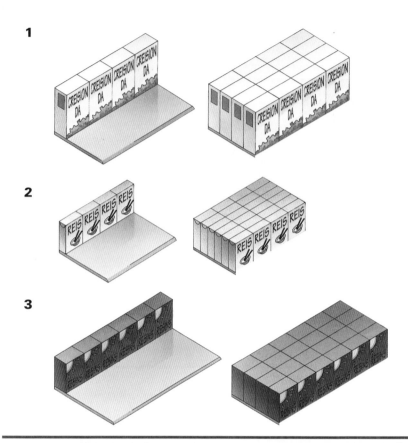

2

3

Enghraifft   Mae'n rhaid i Rachel hefyd stacio bocsys
pizza yn y rhewgell.
Mae hi'n darganfod faint ohonynt sydd
mewn un haen.

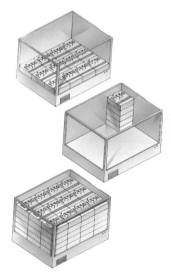

Yna mae hi'n darganfod sawl haen fydd ei
hangen i lenwi'r rhewgell.
Mae hi'n lluosi'r nifer sydd mewn un haen â'r
nifer o haenau.
Mae hyn yn dweud wrthi beth yw cyfanswm
y pizzas fydd hi'n gallu eu gosod yn y
rhewgell.

Yn y rhewgell hon mae hi'n gallu gosod 12
bocs mewn haen ac mae 5 haen.
Mae hi'n gallu gosod $12 \times 5 = 60$
o pizzas i gyd.

Ymarfer 14:4

Ar gyfer pob cwestiwn darganfyddwch y canlynol:
a Faint o focsys sydd mewn un haen?
b Faint o haenau sydd?
c Beth yw cyfanswm y bocsys yn y stac?

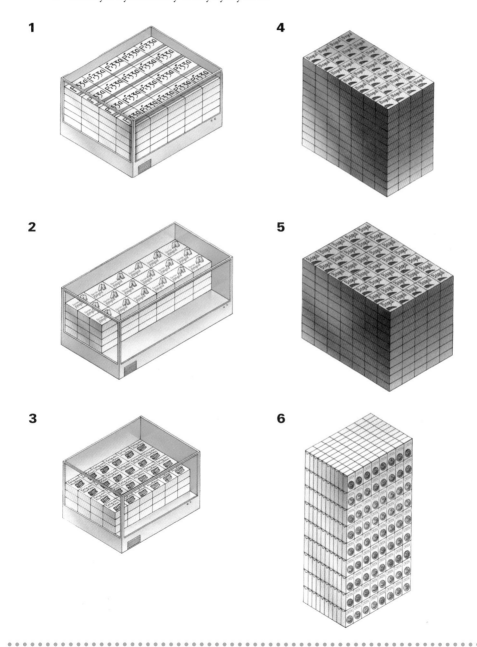

Mae Eilir yn chwarae â chiwbiau pren.
Mae o wedi dysgu sut i adeiladu tyrau.

Ymarfer 14:5

Ar gyfer pob cwestiwn darganfyddwch y canlynol:
a Faint o giwbiau sydd gan Eilir ym mhob haen?
b Faint o haenau o giwbiau sydd gan Eilir?
c Faint o giwbiau sydd gan Eilir i gyd?

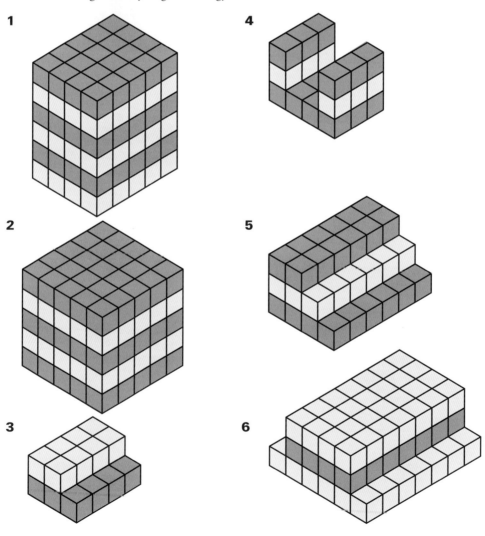

1

4

2

5

3

6

1 cm³	Gelwir ciwb ag ochrau 1 cm yn giwb 1 cm. Byddwn yn dweud fod cyfaint y ciwb yn 1 cm ciwb. Byddwn yn ysgrifennu hyn fel yma **1 cm³**.

Enghraifft

Mae cyfaint y petryal yma o giwbiau
1 cm yn 12 cm³.

Ymarfer 14:6

Darganfyddwch beth yw cyfaint y petryalau yma sydd wedi eu gwneud â chiwbiau 1 cm.
Rhowch eich atebion mewn cm³.

1

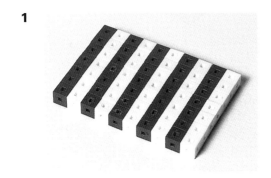

3

2

4

Darganfyddwch beth yw cyfaint y blociau yma sydd wedi eu gwneud â chiwbiau 1 cm.
Rhowch eich atebion mewn cm³.

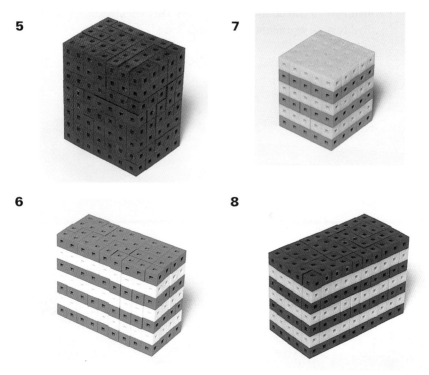

Ymarfer 14:7

Darganfyddwch beth yw cyfaint y siapiau yma sydd wedi eu gwneud â chiwbiau 1 cm.
Er mwyn gwneud hyn:
a Darganfyddwch faint o giwbiau sydd mewn un haen.
b Lluoswch â nifer yr haenau.

1

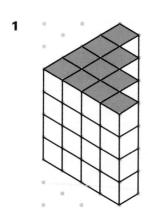

2

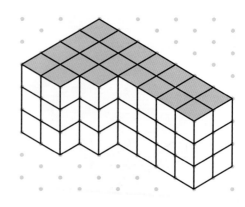

3

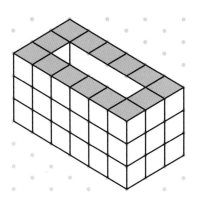

6

4

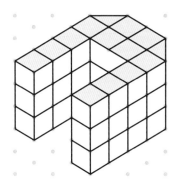

● 7

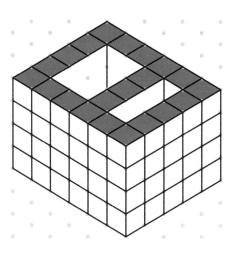

5

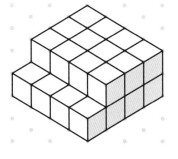

● 8

3 Prismau

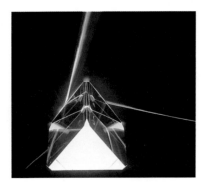

Dyma lun prism trionglog.

Mae'n cael ei ddefnyddio i hollti golau gwyn yn lliwiau'r enfys.

Prism	Mae prism yn solid â'r un siâp yn union o un pen i'r llall. Ble bynnag y gwnewch doriad yr un yw ei siâp a'i faint.
Trawstoriad	Gelwir siâp y toriad yma yn **drawstoriad** y solid.

Mae'r siapiau yma'n brismau.

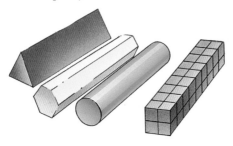

Nid yw'r siapiau yma'n brismau.

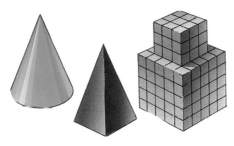

Ymarfer 14:8

Edrychwch ar y solidau yma.
Ysgrifennwch pa rai sy'n brismau gan ddefnyddio'r llythrennau.

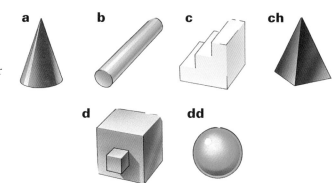

Er mwyn darganfod cyfaint prism:

(1) Darganfyddwch sawl ciwb sydd mewn un haen.

Mae hyn yr un fath ag arwynebedd y trawstoriad.

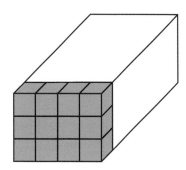

(2) Darganfyddwch sawl haen sydd yn y prism.

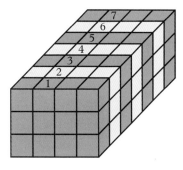

Mae hyn yr un fath â hyd y prism.

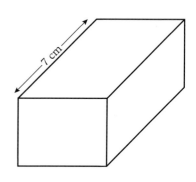

(3) Lluoswch y nifer o giwbiau mewn un haen â nifer yr haenau.
Mae hyn yr un fath â lluosi arwynebedd y trawstoriad â'r hyd.

Cyfaint prism

Cyfaint prism yw **arwynebedd y trawstoriad × hyd**

Os yw'r prism yn giwboid
mae hyn yr un fath â
hyd × lled × uchder

Enghraifft

Darganfyddwch beth yw
cyfaint y prism yma.

Arwynebedd y trawstoriad
$$= 6 \times 8$$
$$= 48 \text{ cm}^2$$

Cyfaint $= 48 \times 15$
$$= 720 \text{ cm}^3$$

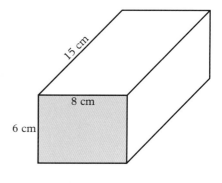

neu hyd × lled × uchder $= 6 \times 8 \times 15 = 720 \text{ cm}^3$

Ymarfer 14:9

Beth yw cyfaint y prismau yma?

1

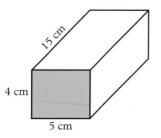

2

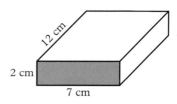

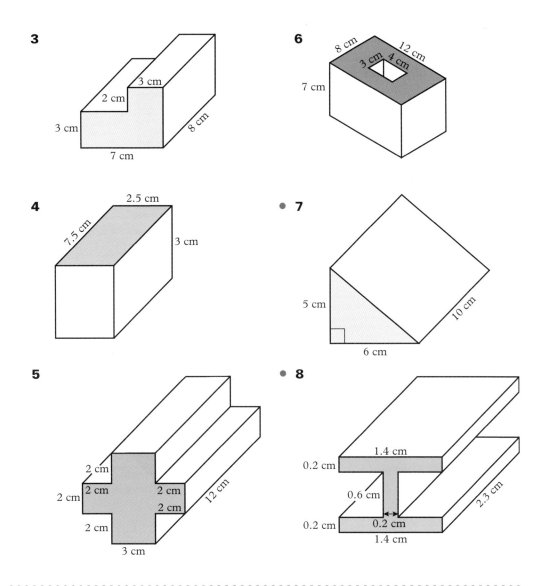

3 3 cm, 2 cm, 3 cm, 8 cm, 7 cm

6 8 cm, 12 cm, 3 cm, 4 cm, 7 cm

4 2.5 cm, 7.5 cm, 3 cm

• 7 5 cm, 6 cm, 10 cm

5 2 cm, 2 cm, 2 cm, 2 cm, 2 cm, 2 cm, 12 cm, 3 cm

• 8 1.4 cm, 0.2 cm, 0.6 cm, 2.3 cm, 0.2 cm, 0.2 cm, 1.4 cm

Ymarfer 14:10

Ar gyfer pob cwestiwn:
- **a** Gwnewch fraslun o'r siâp.
  Marciwch y mesuriadau arno.
- **b** Lliwiwch arwynebedd y trawstoriad.
- **c** Darganfyddwch beth yw arwynebedd y trawstoriad.
- **ch** Lluoswch arwynebedd y trawstoriad â'r hyd i ddarganfod beth yw'r cyfaint.

1 Ciwboid ag ochrau 5 cm, 8 cm a 3 cm o hyd.

2 Ciwb ag ochrau 6 cm o hyd.

3 Bocs grawnfwyd maint 750 g ag
ochrau o hyd 7 cm, 19 cm a 29 cm.

4 Mae carton 1 litr o sudd oren ar ffurf
ciwboid.
Mae'n mesur 5.9 cm wrth 9 cm wrth
19.5 cm.

5 Math newydd o de sy'n cael ei werthu
mewn bocs siâp 'T'.
Rhoddir y mesuriadau yn y diagram.

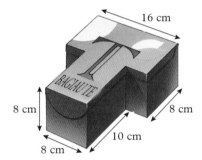

Ymarfer 14:11

1 Mae carton 1 litr o lefrith/llaeth ar ffurf ciwboid.
Mae'n mesur 7 cm wrth 7 cm wrth 21 cm.
   a Darganfyddwch beth yw cyfaint y carton.
   b Mae 1 cm³ yn cymryd yr un faint o le ag 1 m*l*.
      Mae'r carton yn cynnwys 1 *l* o lefrith/llaeth.
      Faint o le sydd ar ôl yn y carton?

2 Mae bocs Toblerone ar ffurf prism
trionglog.
Mae sail y triongl yn 6 cm ac mae'r
uchder yn 5 cm.
Mae hyd y bocs yn 30 cm.
   a Darganfyddwch beth yw arwynebedd
      y trawstoriad.
   b Darganfyddwch beth yw cyfaint y bocs.

3 Mae ffos yn cael ei hagor er mwyn gosod pibellau.
Mae trawstoriad y ffos ar ffurf trapesiwm.
Mae'n 30 m o hyd.

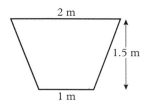

2 m

1.5 m

1 m

  a Darganfyddwch arwynebedd trawstoriad y ffos.
  b Darganfyddwch gyfaint y pridd sydd wedi cael ei dynnu o'r ffos.

4 Mae Rhys yn edrych ar ddau ysgytlaeth siocled.
Mae un ohonynt mewn potel â chynhwysedd o 750 m*l*.
Mae'r llall mewn carton sy'n mesur 8 cm wrth 6 cm wrth 15 cm.
Mae'r ddau gynhwysydd yn llawn.
Pa un sy'n cynnwys fwyaf o ysgytlaeth?

5 Mae potel o hylif golchi dillad yn cynnwys 1.5 litr.
Mae'r gwneuthurwyr eisiau cynhyrchu carton i ail-lenwi'r botel.
Mae'n rhaid i'r carton hefyd ddal 1.5 litr.
Mae sylfaen y carton yn sgwâr ag ochrau 8 cm.
Pa mor uchel fydd raid i'r carton fod?
Rhowch eich ateb i'r milimetr agosaf.

6 Mae tanc petrol mewn car yn mesur 60 cm wrth 50 cm wrth 30 cm.
  a Beth yw cyfaint y tanc mewn cm^3?
  b Ysgrifennwch eich ateb i ran **a** mewn litrau.
  c Mae 1 galwyn tua 4.5 litr.
    Tua faint o betrol mae'r tanc yn ei ddal mewn galwyni?

7 **a** Mae Siocled Poeth yn cael ei werthu mewn tuniau crwn.
    Mae arwynebedd gwaelod y tun yn 100 cm^2.
    Mae'r tun yn 15 cm o uchder.
    Darganfyddwch beth yw cyfaint y tun.
  b Mae'r cwmni sy'n gwneud Siocled Poeth eisiau newid y tuniau yn rhai petryalog.
    Mae'n rhaid i gyfaint y tun newydd fod yr un fath â'r tun yn rhan **a**.
    Awgrymwch fesuriadau posibl ar gyfer y tun newydd.

Ymarfer 14:9 Gwneud bocs

Dewiswch ddarn o bapur sgwariau sy'n union 18 cm wrth 24 cm.

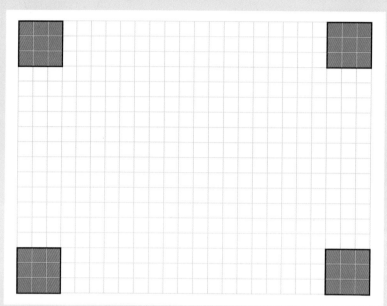

Torrwch sgwariau o bob cornel. Mae hyn yn ffurfio rhwyd bocs.
Plygwch y papur i wneud y bocs.
Gludiwch y corneli gan ddefnyddio selotep.
Ni fydd gan y bocs gaead.

Darganfyddwch gyfaint y bocs.

Defnyddiwch fwy o ddarnau o bapur sgwariau
18 cm wrth 24 cm i wneud mwy o focsys.
Ceisiwch newid meintiau'r sgwariau yn y
corneli.

Darganfyddwch gyfaint pob bocs yr ydych yn ei wneud.
Bydd angen i chi osod eich canlyniadau mewn trefn.

Beth yw'r cyfaint mwyaf y gallwch chi ei gael?

Dyma syniadau eraill:
- Nid oes raid i ochrau'r sgwariau cornel fod yn niferoedd cyfan o gentimetrau.
- Gallech wneud bocs â chaead arno.
  Sut byddai hyn yn effeithio ar y cyfaint?
- Gallech ddechrau gyda darn o bapur A4.

Ysgrifennwch adroddiad ar yr hyn yr ydych yn ei ddarganfod.

1 Amcangyfrifwch beth yw cyfaint y cynwysyddion yma. Bydd angen i chi ddewis un ai mililitrau neu litrau.

2 Darganfyddwch beth yw cyfaint y prismau yma.

a

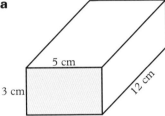

c

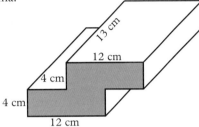

b

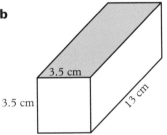

ch

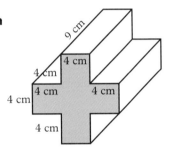

3 Ar gyfer pob cwestiwn:
  (1) Gwnewch fraslun o'r siâp.
    Marciwch y mesuriadau arno.
  (2) Lliwiwch arwynebedd y trawstoriad.
  (3) Darganfyddwch beth yw arwynebedd y trawstoriad.
  (4) Lluoswch arwynebedd y trawstoriad â'r hyd i ddarganfod beth yw'r cyfaint.
  a Ciwboid ag ochrau o hyd 3.5 cm, 5 cm a 7.5 cm.
  b Ciwb ag ochrau o hyd 8.5 cm.
  c Bocs o ddisgiau cyfrifiadur ag ochrau o hyd 10 cm, 10 cm a 4.5 cm.
  ch Cas cryno ddisgiau ag ochrau o hyd 14.2 cm, 12.4 cm ac 1.1 cm.

4 Darganfyddwch gyfaint y darn yma o gwter mewn cm³. (Mae cyfanswm ei hyd yn 5 m).

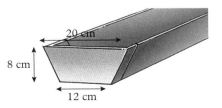

1 Dyma drawstoriad o bwll nofio.

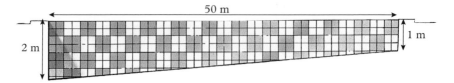

Mae'r pwll yn 15 m o led.
a Darganfyddwch arwynebedd y trawstoriad.
b Darganfyddwch gyfaint y pwll mewn m³.
c Darganfyddwch gyfaint y pwll mewn litrau. (1 m³ = 1000 *l*).

2 Mae set o frics tegan yn cynnwys 24 o giwbiau ag ochrau 4 cm.
a Darganfyddwch gyfaint pob bricsen.
b Darganfyddwch gyfanswm cyfaint y set gyfan o frics.
c Mae'r ciwbiau wedi eu pacio mewn bocs.
Awgrymwch fesuriadau posibl ar gyfer y bocs.
ch Bydd y bocsys yma'n cael eu pacio mewn cratiau sy'n dal 100 bocs.
Darganfyddwch gyfaint pob crat.

3 Mae tanc dŵr toiled Ifor ar ffurf ciwboid.
Mae'r tanc yn mesur 18 cm wrth 44 cm wrth 30 cm.
Mae'r tanc yn llenwi â dŵr nes bydd yn dri chwarter llawn.
a Darganfyddwch gyfaint y dŵr sydd yn y tanc mewn cm³.
b Darganfyddwch y cyfaint mewn litrau.

4 Mae'r bocs Toblerone anferth yma ar
ffurf prism trionglog.
Mae sail y triongl yn 15 cm a'i
uchder yn 12.5 cm.
Mae hyd y bocs yn 1 m.
a Darganfyddwch arwynebedd y
trawstoriad.
b Darganfyddwch gyfaint y bocs mewn cm³.
Dyma focs Toblerone bychan.
c Sawl gwaith yn fwy yw hydoedd
ochrau'r bocs mawr?
ch Sawl gwaith yn fwy yw cyfaint y
siocled yn y bocs mawr na chyfaint y
siocled yn y bocs bach?

10 cm
1.5 cm

- **Cyfaint**   Gelwir maint y lle mae gwrthrych yn ei gymryd yn **gyfaint** y gwrthrych

- **Cynhwysedd**   **Cynhwysedd** gwrthrych gwag yw maint y lle sydd y tu mewn iddo.

- **Unedau mesur cyfaint**   Mae cyfaint yn cael ei fesur mewn unedau ciwbig. Gall y rhain fod yn mm³, cm³ neu yn m³.

  1 cm³   **1 cm³** yw'r lle a gymerir gan giwb â phob un o'i ymylon yn 1 cm o hyd.

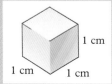

  Unedau mesur cynhwysedd   Mae'r ciwb yma'n cael ei lenwi â dŵr. Mae cyfaint y dŵr sydd ynddo yn **1 mililitr.** Mae hyn yn cael ei ysgrifennu fel hyn: **1 m*l***

  1 m*l*   Mae 1 m*l* yr un fath ag 1 cm³.

                      Byddwn yn mesur cyfeintiau mawr mewn litrau. **1 litr = 1000 m*l***

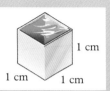

- **Prism**   Mae prism yn solid â'r un siâp yn union o un pen i'r llall. Ble bynnag y gwnewch doriad yr un yw siâp a maint y toriad.

  Trawstoriad   Gelwir siâp y toriad yma yn **drawstoriad** y solid.

- **Cyfaint prism**   Cyfaint prism yw **arwynebedd y trawstoriad × hyd**

                      Os yw'r prism yn giwboid mae hyn yr un fath â **hyd × lled × uchder**

Enghraifft   Darganfyddwch beth yw cyfaint y prism yma.

Arwynebedd y trawstoriad = 6 × 8
                        = 48 cm²

Cyfaint = 48 × 15
        = 720 cm³

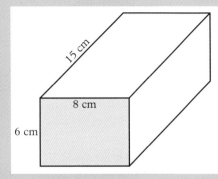

neu   hyd × lled × uchder = 6 × 8 × 15 = 720 cm³

1 Edrychwch ar y gwrthrychau yma.
Rhestrwch y gwrthrychau yn ôl eu cyfaint.
Dechreuwch gyda'r *mwyaf.*

2 Amcangyfrifwch beth yw cyfaint y cynwysyddion yma.
Bydd angen i chi ddewis un ai mililitrau neu litrau.

3 Darganfyddwch beth yw cyfaint
y blociau yma o giwbiau 1 cm.
Rhowch eich atebion mewn cm³.

4 Darganfyddwch gyfaint y prismau yma.

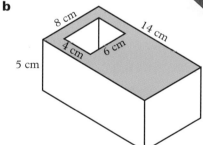

5 Darganfyddwch gyfaint y cwpwrdd
cegin yma mewn cm³.

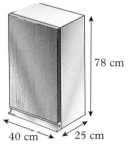

15 | Mwy ynteu llai?

CRAIDD

1 **Cynnig a gwella**

2 **Anhafaleddau**

3 **Datrys anhafaleddau llinol syml**

CWESTIYNAU

ESTYNIAD

CRYNODEB

PROFWCH EICH HUN

Mae tancer anferth yn dal 300 000 tunnell o olew crai. Mae hyn yn golygu tua 267 miliwn litr o betrol.

Mae Mini yn teithio tua 13 km ar 1 litr o betrol. Mae pellter yr Haul o'r Ddaear tua 150 miliwn o gilometrau.

Felly gallai Bill yrru ei gar yn ôl ac ymlaen i'r Haul fwy nag 11 o weithiau!

1   Cynnig a gwella

◀◀ AILCHWARAE ▶

Mae Meleri yn ymarfer pasio a saethu pêl hoci.

Mae hi'n gosod targed ac yn ceisio ei daro.

Os bydd ei phêl ym mynd gormod i'r dde bydd hi'n anelu i'r chwith y tro nesaf.

Os bydd ei phêl yn mynd gormod i'r chwith bydd hi'n anelu i'r dde y tro nesaf.

Mae hi'n agosáu at y targed.

Mae hyn yn digwydd mewn Mathemateg.

Gallwch ddatrys hafaliadau drwy ddyfalu gwahanol werthoedd.

Yna rydych yn ceisio dod yn nes at yr ateb cywir.

Cynnig a gwella yw'r enw ar y dull yma.

Enghraifft

Er mwyn datrys $3x + 3 = 45$ gan ddefnyddio'r dull cynnig a gwella:

(1) rhowch wahanol werthoedd ar gyfer x yn yr hafaliad

(2) ysgrifennwch eich canlyniadau mewn tabl fel hyn.

Gwerth x	Gwerth $3x + 3$	
10	33	rhy fach
15	48	rhy fawr
14	45	cywir

Ateb: $x = 14$

Ymarfer 15:1

Datryswch yr hafaliadau yma gan ddefnyddio'r dull cynnig a gwella.

Ar gyfer bob cwestiwn:

    copïwch y tabl

    llenwch y tabl

    ychwanegwch fwy o resi nes byddwch yn dod o hyd i'r ateb.

1 $5x - 4 = 36$

Gwerth x	Gwerth $5x - 4$	
5		
10		

2 $13x - 24 = 262$

Gwerth x	Gwerth $13x - 24$	
10		

3 $53x + 214 = 1751$

Gwerth x	Gwerth $53x + 214$	
10		

4 $113x - 214 = 3854$

Gwerth x	Gwerth $113x - 214$	
30		

Enghraifft Datryswch $12x - 35 = 163$

Gwerth x	Gwerth $12x - 35$	
10	85	rhy fach
20	205	rhy fawr
16	157	rhy fach
17	169	rhy fawr
16.5	163	cywir

Ateb: $x = 16.5$

5 $4x - 23 = 27$

Gwerth x	Gwerth $4x - 23$	
10		
12		
13		

6 $8p + 25 = 221$

Gwerth p	Gwerth $8p + 25$	
20		
30		
24		
25		

7 $25y - 124 = 356$

Gwerth y	Gwerth $25y - 124$	
10		
20		
19		
19.5		

Enghraifft Datryswch $x^2 = 1444$ Cofiwch: Mae x^2 yn golygu $x \times x$

Gwerth x	Gwerth x^2	
30	900	rhy fach
40	1600	rhy fawr
38	1444	cywir

Ateb: $x = 38$

Ymarfer 15:2

Datryswch yr hafaliadau yma gan ddefnyddio'r dull cynnig a gwella.

1 $x^2 = 2025$

Gwerth x	Gwerth x^2	
40		

2 $x^2 - 253 = 3111$

Gwerth x	Gwerth $x^2 - 253$	

● **3** $2x^2 = 2738$ *Cofiwch:* Mae $2x^2$ yn golygu $2 \times x^2$

Gwerth x	Gwerth $2x^2$	

Weithiau nid yw atebion yn gweithio'n union.
Pan fydd hyn yn digwydd bydd rhaid i chi roi eich ateb yn gywir i 1 lle degol.

Enghraifft   Datryswch $x^2 = 135$

Gwerth x	Gwerth x^2	
11	121	rhy fach
12	144	rhy fawr
11.5	132.25	rhy fach
11.6	134.56	rhy fach
11.7	136.89	rhy fawr
11.65	135.7225	rhy fawr

Mae x rhwng 11 a 12
Mae x rhwng 11.5 a 12
Mae x rhwng 11.6 a 12
Mae x rhwng 11.6 a 11.7
Mae x rhwng 11.6 a 11.65

11.6   11.65   11.7

Mae'n rhaid bod x rywle ar ran werdd y llinell rif. Mae unrhyw rif sydd ar y rhan werdd yn cael ei dalgrynnu i lawr i 11.6 i 1 lle degol.

Ateb: $x = 11.6$ i 1 lle degol.

Ymarfer 15:3

1 Datryswch $x^2 = 153$
Copïwch y tabl yma. Llenwch y tabl.
Ychwanegwch fwy o resi nes byddwch wedi darganfod x yn gywir i 1 lle degol.

Gwerth x	Gwerth x^2	
12	144	rhy fach
13	169	rhy fawr
12.5	156.25	rhy fawr

2 Datryswch yr hafaliadau yma gan ddefnyddio'r dull cynnig a gwella.
Gwnewch dabl i'ch helpu.
Rhowch eich atebion yn gywir i 1 lle degol.
a $x^2 = 189$
b $x^2 = 349$
c $x^2 = 456$

3 Mae arwynebedd y sgwâr yma'n 559 cm².
Defnyddiwch y dull cynnig a gwella i ddarganfod hyd ochr y sgwâr.
Rhowch eich ateb yn gywir i 1 lle degol.

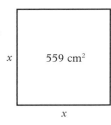

x 559 cm²

x

4 Mac hyd yr ardd yma'n dair gwaith ei lled.
Mae'r arwynebedd yn 45 m².
Darganfyddwch led yr ardd gan
ddefnyddio'r dull cynnig a gwella.
Rhowch eich ateb yn gywir i 1 lle degol.

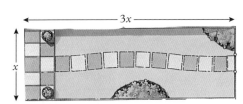

$3x$

x

5 Mae hyd y ffrâm lun yma 4 cm yn
fwy na'i lled.
Mae arwynebedd y ffrâm yn 65 cm².
a Defnyddiwch y dull cynnig a
gwella i ddarganfod lled y ffrâm
yn gywir i 1 lle degol.
b Ysgrifennwch beth yw'r hyd yn
gywir i 1 lle degol.

x

$x + 4$

2 Anhafaleddau

Mae Morfudd eisiau mynd ar y reid yma.
Mae'n rhaid i'w thaldra fod yn o leiaf 120 cm.
Mae'n rhaid i'w thaldra fod yn fwy na neu'n hafal i 120 cm.
Rydym yn ysgrifennu taldra ≥ 120
Caiff hyn ei alw'n **anhafaledd**.

Llinell rif

Gallwn ddangos rhifau positif a negatif ar **linell rif**.

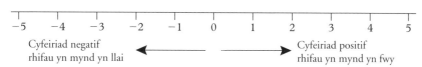

Edrychwch ar y llinell rif yma. Mae rhan ohoni wedi ei lliwio'n goch.
Beth allwn ei ddweud am yr holl rifau sydd ar y rhan goch?

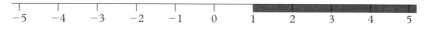

Maen nhw i gyd yn hafal i neu'n fwy nag 1.
Mewn algebra byddwn yn ysgrifennu $x \geq 1$
Rhai gwerthoedd posibl ar gyfer x yw 2, 2.5, 3.2, $5\frac{1}{2}$, 8, 39.03, 67, 500 000 ac yn y blaen.

Ar y llinell rif yma mae'r holl rifau sydd ar y rhan goch yn llai na neu'n hafal i 3.

Mewn algebra byddwn yn ysgrifennu $x \leq 3$

Ymarfer 15:4

Defnyddiwch algebra i ddisgrifio'r rhifau sydd ar ran goch y
llinell rif.

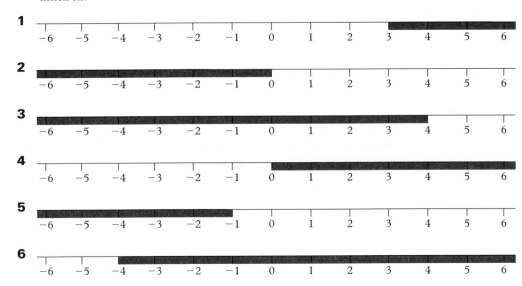

Anhafaleddau

Gelwir yr holl arwyddion yma $<$ $\leqslant$ $>$ $\geqslant$ yn arwyddion anhafaledd.

Gelwir $x < 3$ $x \leqslant 5$ $x > 1$ $x \geqslant -2$ yn **anhafaleddau**.

Tynnwch linell rif ar gyfer pob cwestiwn.
Lliwiwch ran o'r llinell rif i ddangos yr anhafaledd.

7 $x \geqslant 2$ **9** $x \geqslant 0$ **11** $x \leqslant 1$

8 $x \geqslant -3$ **10** $x \leqslant 3$ **12** $x \leqslant -2$

Enghreifftiau   **1**   Ysgrifennwch werthoedd posibl x os yw x yn rhif cyfan
ac $x \geqslant 2$

Gwerthoedd posibl x yw 2, 3, 4 , 5, 6, ...
(Golyga ... fod y rhifau yn parhau fel hyn)

   2   Ysgrifennwch y pum gwerth posibl cyntaf ar gyfer x os yw x yn rhif cyfan
ac $x > 2$

Y pum gwerth posibl cyntaf yw 3, 4, 5, 6, 7

Ymarfer 15:5

Ysgrifennwch y pum gwerth posibl cyntaf ar gyfer x os yw x yn rhif cyfan ac:

1 $x \geqslant 4$ **4** $x < 2$ **7** $x \leqslant -2$

2 $x > -3$ **5** $x \geqslant 0$ **8** $x < -8$

3 $x \leqslant 5$ **6** $x < 0$ **9** $x \geqslant -7$

Weithiau gofynnir i chi roi un o werthoedd posibl x yn unig.
Gallwch ddewis unrhyw un a fynnwch.

Ysgrifennwch un gwerth posibl ar gyfer x os yw x yn rhif cyfan ac:

10 $x > 2$ **12** $x < -1$ **14** $x > -9$

11 $x \leqslant 3$ **13** $x \geqslant 8$ **15** $x \leqslant 1$

16 Ysgrifennwch un gwerth posibl ar gyfer x os yw $x > 2$ ac x yn rhif sgwâr.

17 Ysgrifennwch werth mwyaf x os yw $x < 5$ ac x yn rhif cyfan.

18 Ysgrifennwch werth lleiaf x os yw $x \geqslant 2$ ac x yn rhif cyfan.

Mae Trefor eisiau dangos $x > 1$ ar linell rif.
Mae'n dechrau lliwio'r llinell. Nid yw'n gwybod sut i ddangos nad yw 1 yn werth posibl.

Mae'n tynnu llinell uwchben y llinell rif fel hyn:

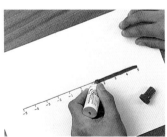

Nid yw'r cylch uwchben yr 1 yn cael ei liwio.
Mae hyn yn dangos nad yw 1 yn werth posibl ar gyfer x.

Mae Trefor yn dangos $x \geqslant 1$ ar linell rif fel hyn:

$x \geqslant 1$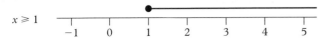

Mae'r cylch uwchben yr 1 wedi ei liwio. Mae hyn yn dangos fod 1 yn werth posibl ar gyfer x.

$x \leqslant 3$ ar linell rif yw

$x < 3$ ar linell rif yw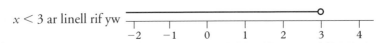

Ymarfer 15:6

Dangoswch yr anhafaleddau yma ar linellau rhif.

1 $x \geqslant 2$ **4** $x \geqslant -1$ **7** $x < -3$

2 $x > 1$ **5** $x \leqslant 3$ **8** $x > -4$

3 $x < 4$ **6** $x \leqslant -2$ **9** $x \geqslant 0$

Ysgrifennwch yr anhafaledd a ddangosir ar bob llinell rif.

10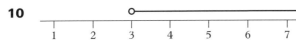

11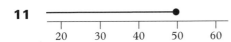

12

13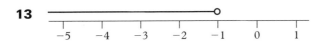

14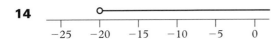

15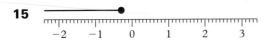

Mae Myrddin eisiau mynd ar reid yn y ffair.
Nid yw'n bosibl iddo fynd ar y reid yma oni bai fod ei
daldra yn o leiaf 120 cm ac yn llai na 160 cm.
Rydym yn ysgrifennu $t \geqslant 120$ a $t < 160$
Gallwn ddangos y rhain ar linell rif.

Rhaid i'ch taldra fod
yn 120 cm o leiaf ac
yn llai na 160 cm

$t \geqslant 120$

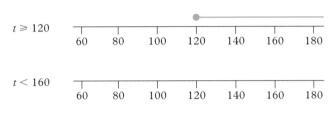

$t < 160$

Mae'n rhaid i daldra Myrddin ffitio'r ddau anhafaledd. Rydym yn edrych ym mhle mae'r
llinellau'n gorgyffwrdd.

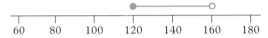

Mewn algebra byddwn yn ysgrifennu $120 \leqslant t < 160$
Rydym wedi gwneud y ddau anhafaledd yn un anhafaledd dwbl.

Ymarfer 15:7

Dangoswch yr anhafaleddau yma ar linellau rhif.

1 $2 \leqslant x < 4$ **3** $0 < x \leqslant 5$ **5** $-5 \leqslant x \leqslant -1$

2 $1 \leqslant x \leqslant 6$ **4** $-4 \leqslant x < 3$ **6** $-3 < x < 0$

Ysgrifennwch yr anhafaledd a ddangosir ar y llinell rif.

7

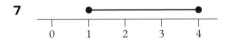

10

8

11

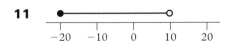

9

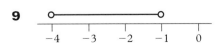

12

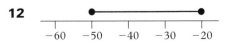

Enghraifft

Ysgrifennwch holl werthoedd posibl x os yw x yn rhif cyfan ac $1 \leqslant x \leqslant 5$

$1 \leqslant x \leqslant 5$ ar linell rif yw

Mae x yn rhif cyfan.
Felly, gwerthoedd posibl x yw 1, 2, 3, 4, 5

Ysgrifennwch holl werthoedd posibl x os yw x yn rhif cyfan a:

13 $3 \leqslant x \leqslant 5$ **15** $7 \leqslant x \leqslant 10$ **17** $-7 \leqslant x \leqslant -3$

14 $0 \leqslant x \leqslant 4$ **16** $-2 \leqslant x \leqslant 1$ **18** $2 \leqslant x \leqslant 3$

Enghraifft

Ysgrifennwch holl werthoedd posibl x os yw x yn rhif cyfan a $2 \leqslant x < 4$

$2 \leqslant x < 4$ ar linell rif yw

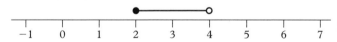

Mae x yn rhif cyfan.
Felly, gwerthoedd posibl x yw 2, 3
(Nid yw 4 yn werth posibl gan fod $x < 4$ yn golygu nad yw 4 yn cael ei gynnwys.)

Ymarfer 15:8

Ysgrifennwch holl werthoedd posibl x os yw x yn rhif cyfan ac:

1 $1 \leqslant x < 6$ **3** $3 < x \leqslant 7$ **5** $7 < x < 13$

2 $-2 \leqslant x < 3$ **4** $-6 < x \leqslant 0$ **6** $-9 \leqslant x < -2$

Ysgrifennwch un gwerth posibl ar gyfer x os yw x yn rhif cyfan a:

7 $5 \leqslant x < 8$ **9** $3 < x < 5$ **11** $-7 < x < -5$

8 $-1 < x \leqslant 2$ **10** $0 \leqslant x < 5$ **12** $0 \leqslant x \leqslant 2$

3 Datrys anhafaleddau llinol syml

Bydd cadwyn y lifft yn torri os bydd gormod o bobl ynddi.
Mae'r lifft yn ddiogel os yw cyfanswm pwysau'r lifft a'r bobl yn llai na neu'n hafal i 1400 kg.

$$p\text{wysau'r bobl} + \text{pwysau'r lifft} \leqslant 1400$$

Mae'r lifft yn pwyso 824 kg.

$$p + 824 \leqslant 1400$$

Bydd angen i ni ddatrys yr anhafaledd i ddarganfod pwysau diogel mwyaf y bobl.
Rydym yn gwneud hyn yn yr un modd ag a ddefnyddiwyd i ddatrys hafaliadau.
Rydym yn defnyddio gwrthdroeon.

$$p + 824 \leqslant 1400$$

Gwrthdro + 824 yw −824

$$p + 824 - 824 \leqslant 1400 - 824$$
$$p \leqslant 576$$

Rydym wedi datrys yr anhafaledd.
Pwysau diogel mwyaf y bobl yw 576 kg.

Ymarfer 15:9

Datryswch yr anhafaleddau yma gan ddefnyddio gwrthdroeon.

1 $x + 3 \geqslant 5$ **2** $x + 6 \leqslant 9$ **3** $x + 2 < 6$

Enghraifft

Datryswch yr anhafaledd $x - 3 < 7$
Dangoswch yr ateb ar linell rif.

$$x - 3 + 3 < 7 + 3$$
$$x < 10$$

Datryswch yr anhafaleddau yma.
Dangoswch yr atebion ar linellau rhif.

4 $x + 1 < 2$ **6** $x - 1 \leqslant 3$ **8** $x - 6 > 1$

5 $x - 2 \geqslant 7$ **7** $x + 4 \leqslant 6$ **9** $x - 5 \leqslant 4$

10   Nid yw fan fechan Caradog yn gallu cario
mwy na 1000 kg.
Mae hyn yn cynnwys pwysau Caradog.

$p$wysau'r bocsys + pwysau Caradog $\leqslant$ 1000

Mae Caradog yn pwyso 85 kg.
Beth yw pwysau mwyaf y bocsys y gall
Caradog eu rhoi yn y fan?

Ysgrifennwch y pum gwerth posibl cyntaf ar gyfer x os yw x yn rhif cyfan ac:

11 $x + 1 \leqslant 5$ **13** $x - 5 \geqslant 3$ **15** $x - 1 \leqslant 1$

12 $x - 3 > 2$ **14** $x + 6 < 7$ **16** $x - 3 < 0$

Ysgrifennwch un gwerth posibl ar gyfer x os yw x yn rhif cyfan ac:

17 $x - 2 > 12$ **19** $x + 7 < 20$ **21** $x + 9 > 1$

18 $x + 6 \leqslant 5$ **20** $x - 8 \geqslant 2$ **22** $x + 5 \geqslant 0$

Enghraifft

Datryswch yr anhafaledd $3x \geqslant 12$

Mae $3x$ yn golygu fod x yn cael ei luosi â 3.
Gwrthdro $\times 3$ yw $\div 3$

$$\frac{3x}{3} \geqslant \frac{12}{3}$$ *Cofiwch:* Mae $\frac{12}{3}$ yn golygu $12 \div 3$

$$x \geqslant 4$$

Ymarfer 15:10

Datryswch yr anhafaleddau yma.

1 $5x > 25$ **4** $3x < 21$

2 $2x \leqslant 8$ **5** $10x \geqslant 40$

3 $4x \geqslant 12$ **6** $6x \leqslant 18$

Enghraifft   Datryswch yr anhafaledd $\frac{x}{4} \geqslant 2$

Mae $\frac{x}{4}$ yn golygu fod x yn cael ei rannu â 4.

Gwrthdro $\div 4$ yw $\times 4$

$\frac{x}{4} \times 4 \geqslant 2 \times 4$

$x \geqslant 8$

Datryswch yr anhafaleddau yma.

7 $\frac{x}{2} < 6$ **10** $\frac{x}{8} \geqslant 5$

8 $\frac{x}{5} \geqslant 3$ **11** $\frac{x}{3} > 7$

9 $\frac{x}{7} \leqslant 10$ **12** $\frac{x}{9} \leqslant 11$

13 Mae cogydd yn torri teisen gaws fawr yn 24 o ddarnau.
Mae'n rhaid i bob darn bwyso o leiaf 150g.

$$\frac{pwysau \ teisen \ gaws}{24} \geqslant 150$$

Datryswch yr anhafaledd yma i ddarganfod pwysau lleiaf y deisen gaws.

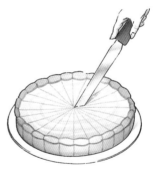

1   Datryswch yr hafaliadau yma gan ddefnyddio'r dull cynnig a gwella.
    Ar gyfer pob cwestiwn:
        copïwch y tabl
        llenwch y tabl
        ychwanegwch fwy o resi nes byddwch yn dod o hyd i'r ateb, yn gywir i 1 lle degol.
    a $x^2 + 25 = 210$

Gwerth x	Gwerth $x^2 + 25$	
10		
20		

    b $x^2 + 140 = 615$

Gwerth x	Gwerth $x^2 + 140$	
20		
30		

2   Datryswch $3a^2 = 1083$ gan ddefnyddio'r dull cynnig a gwella.
    Cofiwch: Mae $3a^2$ yn golygu $3 \times a^2$

3   Dangoswch yr anhafaleddau yma ar linellau rhif.
    a $x < 5$ **c** $x \leqslant -3$ **d** $x \leqslant 1$
    b $x \geqslant -4$ **ch** $x > 0$ **dd** $x > -6$

4   Ysgrifennwch yr anhafaledd sy'n cael ei ddangos ar y llinell rif.

a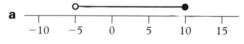

b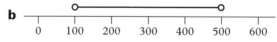

c

ch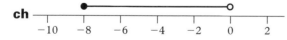

5   Ysgrifennwch y pum gwerth posibl cyntaf ar gyfer x os yw x yn rhif cyfan ac:
    a $x \geqslant 5$ **c** $x \leqslant 3$ **d** $x > 7$
    b $x \geqslant -3$ **ch** $x \leqslant -6$ **dd** $x < -1$

6 Ysgrifennwch un gwerth posibl ar gyfer x os yw $x > 11$ ac x yn rhif sgwâr.

7 Ysgrifennwch un gwerth posibl ar gyfer x os yw $x \geqslant 8$ ac x yn rhif cysefin.

8 Ysgrifennwch un gwerth posibl ar gyfer x os yw $x \geqslant 12$ ac x yn rhif ciwb.

9 Ysgrifennwch werth mwyaf x os yw $x < 8$ ac x yn rhif cyfan.

10 Ysgrifennwch werth lleiaf x os yw $x \geqslant 6$ ac x yn rhif cyfan.

11 Ysgrifennwch un gwerth posibl ar gyfer x os yw $x < 7$ ac x yn rhif sgwâr.

12 Ysgrifennwch un gwerth posibl ar gyfer x os yw $x \leqslant 9$ ac x yn eilrif.

13 Dangoswch yr anhafaleddau yma ar linellau rhif.
   a $5 \leqslant x < 8$ **c** $-2 < x \leqslant 5$ **d** $-7 \leqslant x < -3$
   b $0 < x \leqslant 4$ **ch** $-5 \leqslant x \leqslant 0$ **dd** $-1 \leqslant x < 0$

14 Ysgrifennwch holl werthoedd posibl x os yw x yn rhif cyfan a:
   a $3 \leqslant x < 7$ **c** $0 \leqslant x \leqslant 4$ **d** $-7 < x \leqslant -3$
   b $-1 < x \leqslant 5$ **ch** $-2 \leqslant x < 0$ **dd** $-9 \leqslant x < -8$

15 Datryswch yr anhafaleddau yma.
Dangoswch eich atebion ar linellau rhif.
   a $x + 9 \leqslant 15$ **c** $x - 5 > 0$ **d** $x + 5 < 2$
   b $a - 3 \geqslant 10$ **ch** $s - 8 \geqslant -3$ **dd** $x + 7 \geqslant 7$

16 Ysgrifennwch y pum gwerth posibl cyntaf ar gyfer x os yw x yn rhif cyfan ac:
   a $x - 10 \geqslant 6$ **c** $\dfrac{x}{2} \geqslant 16$ **d** $\dfrac{x}{8} \leqslant 5$

   b $4x < 12$ **ch** $6x > 24$ **dd** $\dfrac{x}{9} > 3$

1 Datryswch $x^2 + x = 153$ gan ddefnyddio'r dull cynnig a gwella.
   Copïwch y tabl yma i'ch helpu.
   Rhowch eich ateb yn gywir i 1 lle degol.

Gwerth x	Gwerth $x^2 + x$	

2 Datryswch $2x^2 + x = 271$ gan ddefnyddio'r dull cynnig a gwella.
   Copïwch y tabl yma i'ch helpu.
   Rhowch eich ateb yn gywir i 1 lle degol.

Gwerth x	Gwerth $2x^2 + x$	

3 **a** Ysgrifennwch holl werthoedd posibl x os yw x yn rhif cyfan a
       $2 \leqslant x \leqslant 5$
   b Mae'r anhafaleddau yma'n rhoi yr un gwerthoedd posibl ar gyfer x ag yn rhan **a**.
       Copïwch a llenwch y bylchau:
       $... < x \leqslant 5$ $... < x < ...$ $... \leqslant x < ...$

   Yng nghwestiynau **4–7** mae x yn rhif cyfan.

4 Ysgrifennwch y pedwar anhafaledd a chanddynt 5, 6, 7, 8, 9 fel
   gwerthoedd posibl x.

5 Ysgrifennwch y pedwar anhafaledd a chanddynt $-3, -2, -1, 0$ fel
   gwerthoedd posibl x.

6 Pa anhafaleddau sydd â 7 fel unig werth posibl x?

7 Pa anhafaleddau sydd â -4 fel unig werth posibl x?

- **Cynnig a gwella**

  Enghraifft   Datryswch $x^2 = 135$

Gwerth x	Gwerth x^2	
11	121	rhy fach
12	144	rhy fawr
11.5	132.25	rhy fach
11.6	134.56	rhy fach
11.7	136.89	rhy fawr
11.65	135.7225	rhy fawr

  Mae x rhwng 11 ac 12
  Mae x rhwng 11.5 a 12
  Mae x rhwng 11.6 a 12
  Mae x rhwng 11.6 a 11.7
  Mae x rhwng 11.6 a 11.65

  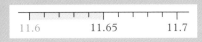

  Mae'n rhaid bod x rywle ar ran werdd y llinell rif. Mae unrhyw rif sydd ar y rhan werdd yn cael ei dalgrynnu i lawr i 11.6 i 1 lle degol.

  Ateb: $x = 11.6$ i 1 ll.d.

- **Anhafaleddau**   Gelwir yr arwyddion $<$ $\leqslant$ $>$ $\geqslant$ yn arwyddion anhafaledd.
  Gelwir $x < 3$ $x \leqslant 5$ $x > 1$ $x \geqslant -2$ yn **anhafaleddau**.

- *Enghraifft*   Ysgrifennwch werthoedd posibl x os yw x yn rhif cyfan ac $x \geqslant 2$

  Y gwerthoedd posibl yw 2, 3, 4, 5, 6, ...

- *Enghraifft*   Ysgrifennwch holl werthoedd posibl x os yw x yn rhif cyfan a $2 \leqslant x < 4$

  $2 \leqslant x < 4$ ar linell rif yw

  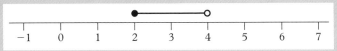

  Mae x yn rhif cyfan.
  Felly, gwerthoedd posibl x yw 2, 3
  (Nid yw 4 yn werth posibl gan fod $x < 4$ yn golygu nad yw 4 yn cael ei gynnwys).

- *Enghraifft*   Datryswch yr anhafaledd $x - 3 < 7$
  Dangoswch yr ateb ar linell rif.

  $x - 3 + 3 < 7 + 3$
  $\quad\quad x < 10$

  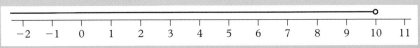

1 Datryswch $x^2 + 56 = 622$ gan ddefnyddio'r dull cynnig a gwella.
Copïwch y tabl yma. Llenwch y tabl.
Ychwanegwch fwy o resi nes byddwch wedi darganfod x yn gywir i 1 lle degol.

Gwerth x	Gwerth $x^2 + 56$	
20		

2 Dangoswch yr anhafaleddau yma ar linellau rhif.
  a $x \geqslant -1$ **c** $x < 4$
  b $3 < x \leqslant 6$ **ch** $-1 \leqslant x < 2$

3 Ysgrifennwch holl werthoedd posibl x os yw x yn rhif cyfan a
$7 \leqslant x < 11$

4 Ysgrifennwch werth uchaf x os yw $x < 7$ ac x yn
rhif cyfan.

5 Ysgrifennwch werth isaf x os yw $x \geqslant 8$ ac x yn
rhif cyfan.

6 Datryswch yr anhafaleddau yma.
Dangoswch eich atebion ar linellau rhif.
  a $x + 3 < 7$ **b** $x - 4 \geqslant 1$

7 Datryswch yr anhafaleddau yma.
  a $3x \geqslant 18$ **b** $\dfrac{x}{4} \leqslant 2$

8 Ysgrifennwch yr anhafaledd a ddangosir ar y llinell rif.

  a 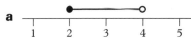   **b**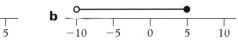

16 Y pwynt croesi

CRAIDD

1 Llinellau sy'n croestorri
2 Llinellau nad ydynt yn cychwyn ag *y*
3 Datrys problemau â llinellau

CWESTIYNAU

ESTYNIAD

CRYNODEB

PROFWCH
EICH HUN

Mae gan bob symbol yn y diagram werth. Rhoddir cyfanswm y gwerthoedd gyferbyn â rhai rhesi a cholofnau. Pa rif ddylai fod yn lle'r marc cwestiwn i roi gwerth y rhes isaf?

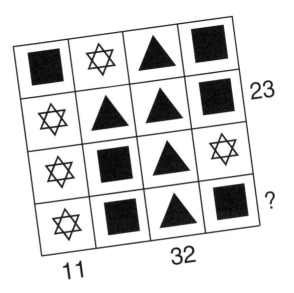

1 Llinellau sy'n croestorri

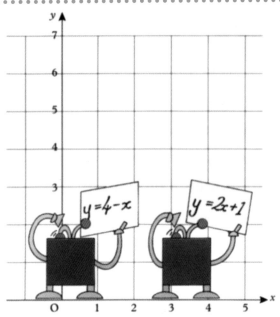

Gallwch ddefnyddio robotiaid i dynnu llinellau.

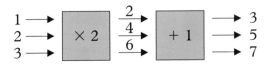

◄◄AILCHWARAE►

Enghraifft   Mae'n rhaid i'r robot dynnu'r llinell
$y = 2x + 1$
Mae'n defnyddio'r gwerthoedd 1, 2, 3 ar gyfer x

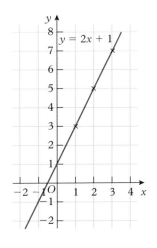

Mae'n plotio'r pwyntiau (1,3) (2,5)
(3,7)
Mae'n cysylltu'r pwyntiau â phren mesur.
Mae'n labelu ei linell â'i hafaliad
$y = 2x + 1$

Dim ond dau bwynt sydd eu hangen arnoch i
dynnu llinell syth. Mae'r trydydd pwynt yn cael
ei ddefnyddio i wirio.

Ymarfer 16:1

Defnyddiwch sgriniau robotiaid i wneud y cwestiwn yma.
Defnyddiwch y gwerthoedd 1, 2, 3 ar gyfer *x*.

1 Copïwch yr echelinau ar bapur sgwariau.
  a Tynnwch y llinell *y* = *x* + 2
    Labelwch eich llinell.
  b Ar yr un set o echelinau tynnwch y llinell *y* = 3*x* − 2
    Labelwch eich llinell.
  c Ysgrifennwch gyfesurynnau'r pwynt lle
    mae'r ddwy linell yn croesi.
    Cofiwch: gelwir hwn yn
    groestorfan.

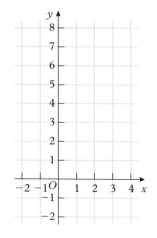

2 Copïwch yr echelinau sydd yng nghwestiwn **1**.
  a Tynnwch a labelwch y llinell *y* = 2*x* − 1
  b Tynnwch a labelwch y llinell *y* = 3
  c Ysgrifennwch gyfesurynnau croestorfan y llinellau.

Gallwch ddefnyddio tablau i blotio'ch graffiau yn hytrach na robotiaid.

Enghraifft   Tynnwch y llinell *y* = 2*x* + 3

Gallwn ddarganfod gwerth *y* pan yw *x* = 1
$$y = 2 \times 1 + 3$$
$$= 2 + 3$$
$$= 5$$

Yn yr un modd: pan yw *x* = 2   pan yw *x* = 3
$$y = 2 \times 2 + 3 \qquad y = 2 \times 3 + 3$$
$$= 4 + 3 \qquad\qquad = 6 + 3$$
$$= 7 \qquad\qquad\quad = 9$$

Mae hyn yn rhoi'r pwyntiau (1,5) (2, 7) (3,9)
Gallwn osod y pwyntiau yma mewn tabl.

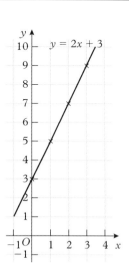

x	1	2	3
y	5	7	9

Nawr gallwn dynnu'r llinell *y* = 2*x* + 3

---

3 Copïwch yr echelinau sydd yng nghwestiwn **1** unwaith eto.
 a (1) Gwnewch dabl ar gyfer $y = 3x - 1$
  (2) Tynnwch a labelwch y llinell $y = 3x - 1$
 b (1) Gwnewch dabl ar gyfer $y = x - 1$
  (2) Tynnwch a labelwch y llinell $y = x - 1$
 c Ysgrifennwch gyfesurynnau croestorfan y llinellau.

Gwnewch dabl ar gyfer pob un o'r llinellau yma. Peidiwch â thynnu'r llinellau. Defnyddiwch y gwerthoedd 1, 2, 3 ar gyfer x.

4 $y = 4x + 1$

5 $y = 5x - 3$

6 $y = 4 + 2x$

7 $y = 3x - 7$

8 $y = 4x - 8$

9 $y = 6 - x$

10 Copïwch yr echelinau ar bapur sgwariau.
 a (1) Gwnewch dabl ar gyfer $y = 3 - x$
  (2) Tynnwch a labelwch y llinell $y = 3 - x$
 b (1) Gwnewch dabl ar gyfer $y = 2x - 3$
  (2) Tynnwch a labelwch y llinell $y = 2x - 3$
 c Ysgrifennwch gyfesurynnau croestorfan y llinellau.

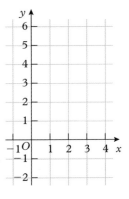

11 Copïwch yr echelinau ar bapur sgwariau.
 a (1) Gwnewch dabl ar gyfer $y = 3x + 1$
  (2) Tynnwch a labelwch y llinell $y = 3x + 1$
 b (1) Gwnewch dabl ar gyfer $y = 3x - 3$
  (2) Tynnwch a labelwch y llinell $y = 3x - 3$
 c Eglurwch pam nad yw'r llinellau'n croesi.

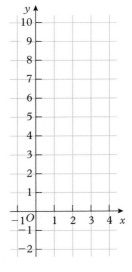

2   Llinellau nad ydynt yn cychwyn ag *y*

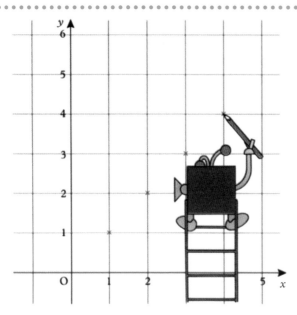

Weithiau ysgrifennir hafaliadau llinellau mewn ffordd wahanol.

Enghraifft   Tynnwch y llinell $x + y = 5$

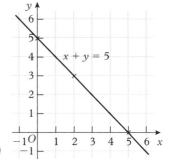

Nid ydym yn defnyddio $x = 1$, 2 a 3 ar gyfer y math yma o hafaliad.
Mae'n haws darganfod pwyntiau pan yw $x = 0$ a phan yw $y = 0$

Pan yw $x = 0$ Pan yw $y = 0$
$\quad 0 + y = 5$ $\quad x + 0 = 5$
$\qquad y = 5$ $\qquad x = 5$
Mae hyn yn rhoi (0, 5) Mae hyn yn rhoi (5, 0)

Mae hi'n ddefnyddiol darganfod trydydd pwynt.
Rhowch werth arall ar gyfer *x*
$x = 2 \qquad 2 + y = 5$
$\qquad\qquad\quad y = 3$
Mae hyn yn rhoi (2, 3)

Gallem ddefnyddio (1,4) (3,2) neu (4,1)
Maen nhw i gyd yn dilyn y rheol $x + y = 5$

Nawr mae gennym dri phwynt, felly gallwn dynnu'r llinell.

Ymarfer 16:2

1 Copïwch yr echelinau ar bapur sgwariau.

   a Darganfyddwch gyfesurynnau tri phwynt ar y llinell $x + y = 6$

   b Plotiwch y pwyntiau.
Dylent fod mewn llinell syth.
Tynnwch a labelwch y llinell $x + y = 6$

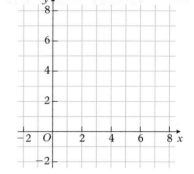

Gwnewch gwestiwn **1** unwaith eto ar gyfer y llinellau yma.
Plotiwch yr holl linellau ar yr un diagram.
Labelwch bob llinell.

2 $x + y = 7$ **4** $x + y = 3$

3 $x + y = 4$ **5** $x + y = 2$

Enghraifft   Tynnwch y llinell $x + 2y = 4$

    Pan yw $x = 0$ Pan yw $y = 0$

      $0 + 2y = 4$ $x + 2 \times 0 = 4$

         $2y = 4$ $x + 0 = 4$

          $y = 2$ $x = 4$

Mae hyn yn rhoi $(0, 2)$ Mae hyn yn rhoi $(4, 0)$

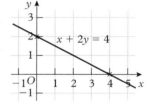

Weithiau mae'n anodd darganfod trydydd pwynt.
Byddwn yn defnyddio dau yn unig.

---

6 Copïwch yr echelinau yng nghwestiwn **1**.

   a Darganfyddwch gyfesurynnau dau bwynt ar y llinell $x + 3y = 6$

   b Plotiwch y pwyntiau.
Tynnwch a labelwch y llinell $x + 3y = 6$

Darganfyddwch ddau bwynt ar bob un o'r llinellau yma. Peidiwch â thynnu'r llinellau.

7 $3x + y = 9$ **10** $x + 4y = 8$ **13** $4x + 3y = 12$

8 $2x + y = 8$ **11** $4x + y = 4$ ● **14** $x - y = 2$

9 $5x + y = 10$ **12** $2x + 5y = 10$ ● **15** $2x + 3y = 18$

3 Datrys problemau â llinellau

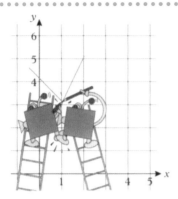

Gallwch ddefnyddio graffiau llinellau sy'n croestorri i ddatrys problemau.

Enghraifft

Mae Carys a Morgan yn prynu anrhegion.
Mae Carys yn prynu un *s*ebon ac un botel o bersawr(*p*) am £5.
Mae Deian yn prynu tri *s*ebon a dwy botel o bersawr(*p*) am £12.
Beth yw cost sebon a chost potel o bersawr?

Dyma hafaliad Carys: $s + p = 5$
Dau bwynt ar y llinell yma yw $(0,5)$
a $(5,0)$

Dyma hafaliad Deian: $3s + 2p = 12$
Dau bwynt ar y llinell yma yw $(0,6)$
a $(4,0)$

Mae'r llinellau'n croestorri yn $(2,3)$
Mae hyn yn golygu fod $s = 2$ a $p = 3$

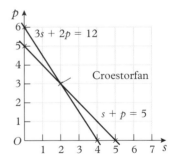

Felly mae sebon yn costio £2 a photel o bersawr yn costio £3.

Gwirio:

Gallwn wirio'r ateb.

Mae Carys yn prynu un sebon ac un botel o bersawr.
Maen nhw'n costio £2 + £3, sy'n £5.

Mae Deian yn prynu tri sebon a dwy botel o bersawr.
Maen nhw'n costio $3 \times £2 + 2 \times £3$, sy'n £12.

Hafaliadau cydamserol

Gelwir hafaliadau yr ydym yn eu datrys ar yr un pryd fel hyn yn **hafaliadau cydamserol**.

Ymarfer 16:3

Lluniwch graffiau i ddatrys y problemau yma.
Gwiriwch eich atebion yn y broblem wreiddiol bob tro.

1 Mae siop yn trefnu sêl cryno ddisgiau a
gemau.
Mae Sonia yn prynu un gryno ddisg(*c*)
ac un **g**êm am £10.
Mae Jâms yn prynu tair **c**ryno ddisg a
dwy **g**êm am £24.
Darganfyddwch gost un gryno ddisg a
chost un gêm.

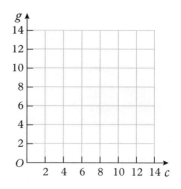

2 Mae'r Smithiaid a'r Jonesiaid yn mynd i'r
theatr gyda'i gilydd.
Mae'r Smithiaid yn prynu un tocyn
oedolyn *(T)* a phedwar tocyn plentyn (*t*)
am £12.
Mae'r Jonesiaid yn prynu dau docyn
oedolyn *(T)* ac un tocyn plentyn (*t*) am
£10.
Darganfyddwch beth yw cost tocyn
oedolyn a chost tocyn plentyn.

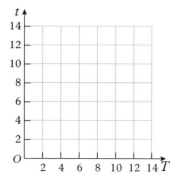

3

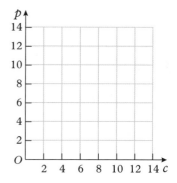

Mae Dewi yn mynd i bysgota. Mae'n defnyddio cynrhon a phryfed genwair fel
abwyd. Mae deg **c**ynrhonyn a phedwar **p**ryf genwair yn costio 40c.
Mae un **c**ynrhonyn ac un **p**ryf genwair yn costio 7c.
Darganfyddwch gost un cynrhonyn a chost un pryf genwair.

4

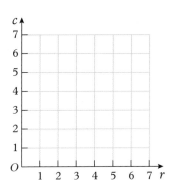

Mae Elin yn gofalu am y cwt llogi cychod yn y parc.

Mae hi'n codi yn ôl yr awr am logi cwch **r**hwyfo neu ganŵ.

Un bore Sadwrn mae hi'n llogi un cwch **r**hwyfo a dau ganŵ(**c**) yn ystod yr awr gyntaf.

Mae hi'n cael £10 am y rhain.

Yn ystod yr ail awr mae hi'n llogi tri chwch **r**hwyfo a phedwar **c**anŵ ac mae hi'n cael £24.

Darganfyddwch beth yw cost llogi cwch rhwyfo am awr a chost llogi canŵ am awr.

5 Mae Ysgol Abergwynant yn cael ffair ysgol.

Mae Hari yn prynu dwy fynsen(**b**) a phum darn o **f**flapjac am 50c.

Mae ei ffrind, Guto, yn llai barus. Dim ond un fynsen(**b**) ac un darn o **f**flapjac mae o'n eu prynu am 13c.

Darganfyddwch gost un fynsen a chost un darn o fflapjac.

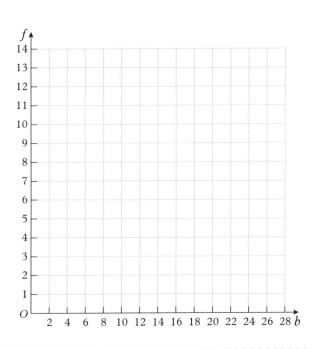

Mae Catrin wedi darganfod pos mewn papur newydd.

Mae'n rhaid iddi ddarganfod beth yw gwerth pob siâp.

Enghraifft   Dyma'r broblem yn y pos.
Mae'r siapiau yn adio i roi'r rhif sy'n cael ei ddangos.
Rhaid i Catrin ddarganfod gwerth pob siâp.

▲	▲	●	●	10
▲	▲	●	■	12
■	■	■	■	16

Mae hi'n gweld fod pedwar sgwâr yn adio i 16.
Mae'n rhaid fod gwerth un sgwâr yn 4.

Mae dau driongl(t) a dau gylch(c) yn adio i 10. $2t + 2c = 10$

Mae dau driongl, un cylch ac un sgwâr yn adio i 12.
Mae'n rhaid bod dau driongl(t) ac un $c$ylch yn adio i 8. $2t + c = 8$

Dau bwynt ar $2t + 2c = 10$ yw $(0, 5)$
a $(5, 0)$
Dau bwynt ar $2t + c = 8$ yw $(0, 8)$
a $(4, 0)$

Mae'r llinellau yn croestorri yn $(3,2)$.
Mae gwerth triongl yn 3 ac mae gwerth cylch yn 2.

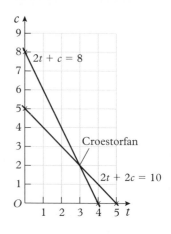

Ymarfer 16:4

Datryswch y posau lluniau yma.

1

♥	♣	♥	♥	9
♦	♦	♦	♦	20
♦	♦	♥	♣	15

2

B	A	A	C	16
B	B	A	A	14
C	C	C	C	32

Nid oes raid ichi gael llinellau i ddatrys posau bob amser.
Dyma rai posau i'w datrys heb linellau.

Ymarfer 16:5

1 Mae'r rhifau yn ◯ a ◯ yn adio i'r rhif yn ☐ fel hyn:

a Copïwch y rhain.
Llenwch y rhifau sydd ar goll.

(1) ⑤—⬚?⬚—⑦   (3) ⑧—⬚10⬚—?

(2) ⑥—⬚?⬚—③   (4) ?—⬚9⬚—④

b Ysgrifennwch werth pob llythyren:

(1) ②—⬚a⬚—③   (3) c—⬚12⬚—⑨

(2) ⑩—⬚b⬚—⑤   (4) ⑮—⬚20⬚—d

2 Mae'r rhifau yn △ a △ yn cael eu lluosi i roi'r rhif sydd yn ☐ fel hyn:

a Copïwch y rhain.
Llenwch y rhifau sydd ar goll.

(1) △4—⬚?⬚—△5   (3) △10—⬚70⬚—△?

(2) △?—⬚12⬚—△4   (4) △?—⬚18⬚—△6

b Ysgrifennwch werth pob llythyren.

(1) △4—⬚e⬚—△7   (3) △g—⬚8⬚—△4

(2) △3—⬚f⬚—△11   (4) △9—⬚9⬚—△h

1 **a** Copïwch yr echelinau ar bapur sgwariau.
   b Defnyddiwch sgrîn robot i dynnu'r
      llinell $y = 3x + 1$
      Defnyddiwch y gwerthoedd 1, 2, 3 ar gyfer x.
      Labelwch eich llinell.
   c Ar yr un set o echelinau tynnwch y llinell $x = 2$
      Labelwch eich llinell.
   ch Ysgrifennwch gyfesurynnau croestorfan y
      llinellau.

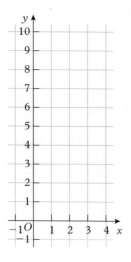

2 Copïwch yr echelinau yng nghwestiwn **1** eto.
   a (1) Gwnewch dabl ar gyfer $y = x + 5$
      (2) Tynnwch a labelwch y llinell $y = x + 5$
   b (1) Gwnewch dabl ar gyfer $y = 4x - 4$
      (2) Tynnwch a labelwch y llinell $y = 4x - 4$
   c Ysgrifennwch gyfesurynnau croestorfan y llinellau.

3 Copïwch yr echelinau ar bapur sgwariau.
   a Darganfyddwch gyfesurynnau tri
      phwynt ar y llinell $x + y = 7$
   b Plotiwch y pwyntiau.
      Dylent fod mewn llinell syth.
      Tynnwch a labelwch y llinell $x + y = 7$
   c Darganfyddwch gyfesurynnau tri
      phwynt ar y llinell $x + y = 3$
   ch Plotiwch y pwyntiau.
      Dylent fod mewn llinell syth.
      Tynnwch a labelwch y llinell $x + y = 3$
   d Beth allwch chi ei ddweud am y ddwy
      linell?

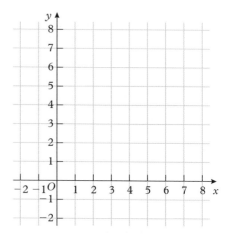

4 Darganfyddwch ddau bwynt ar bob un o'r llinellau yma. Peidiwch â thynnu'r llinellau.
   a $x + 9y = 18$ **c** $3x + 5y = 15$
   b $3x + y = 30$ **ch** $2x + 7y = 14$

5 Copïwch yr echelinau ar bapur sgwariau.
Yn ffair Ysgol Abergwynant mae cwmni menter yn gwerthu sgarffiau a theis.
Mae'r prifathro yn prynu pump o *s*garffiau a thri *t*hei am £30.
Mae Paula yn prynu un *s*garff ac un *t*ei am £8.
Darganfyddwch beth yw cost sgarff a chost tei.

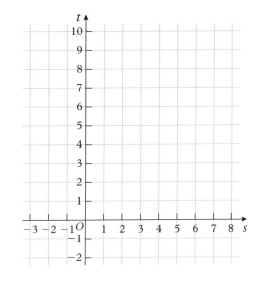

6 Copïwch yr echelinau ar bapur sgwariau.
Mae dau deulu yn mynd allan gyda'i gilydd i fowlio deg.
Mae'r Lewisiaid yn talu £24 am ddau docyn oedolyn *(T)* ac un plentyn *(t)*.
Mae'r Morusiaid yn talu £27 am un tocyn oedolyn *(T)* a thri thocyn plentyn *(t)*.
Darganfyddwch beth yw cost tocyn plentyn a chost tocyn oedolyn.

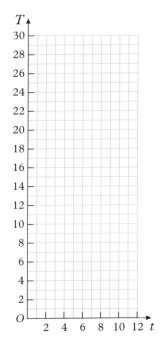

Datryswch y posau lluniau yma.

7

▲	▲	▲	▲	36
■	■	▲		19
▲	■		▲	25

8

♥	♥	♣	♦	15
♣	♣	♣	♣	28
♥	♣	♦	♦	17

1 a Mae tri phwynt ar y llinell yma wedi
eu marcio â ×.
Ysgrifennwch beth yw eu cyfesurynnau.
Edrychwch ar y rhifau sydd yng
nghyfesurynnau bob pwynt.
Ar beth rydych chi'n sylwi?

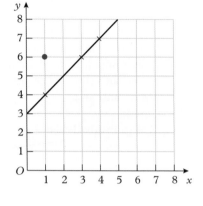

b Mae'r pwyntiau yma yn gorwedd ar y llinell.
Defnyddiwch eich ateb i **a** i ddarganfod y
cyfesurynnau sydd ar goll.

$(8, \ldots)$ $(\ldots, 13)$
$(5\frac{1}{2}, \ldots)$ $(\ldots, 7\frac{1}{2})$

c Mae'r pwynt (1,6) uwchben y llinell.
Edrychwch ar y pwyntiau hyn:
$(7, 4)$ $(6, 9)$ $(5, 11)$ $(9, 10)$
(1) Pa un o'r pwyntiau yma sydd uwchben y llinell?
Eglurwch eich ateb.
(2) Pa bwyntiau sydd o dan y llinell?

ch Mae'r pwynt (...., 20) uwchben y llinell.
Ysgrifennwch gyfesuryn x posibl ar gyfer y pwynt.

2 Datryswch y pos yma.

P	P	P	P	P	30
B	B	B	A	A	18
P	P	B	A	A	22

3 Edrychwch ar y parau yma o linellau.
Pa bâr o linellau na fyddant yn croestorri?
Eglurwch eich ateb.

a $y = 2x + 3$ **b** $y = 4x - 1$ **c** $y = x + 8$
$y = 3x + 2$ $y = 4x + 1$ $x + y = 7$

4 Mae Caren ac Arwyn yn chwarae gêm
gan ddefnyddio set o echelinau.
Mae Caren yn dewis hafaliad llinell syth
heb ddweud wrth Arwyn. Mae hi'n
gosod croesau ar y grid mewn coch nes
bydd Arwyn yn gallu dyfalu beth yw
hafaliad y llinell.
Edrychwch ar y grid ac ysgrifennwch
gyfesurynnau croesau Caren.
Darganfyddwch hafaliad y llinell.

- *Enghraifft*   Lluniwch graff o $y = 2x + 3$

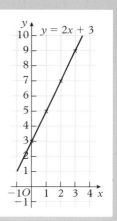

Pan yw $x = 1$	Pan yw $x = 2$	Pan yw $x = 3$
$y = 2 \times 1 + 3$	$y = 2 \times 2 + 3$	$y = 2 \times 3 + 3$
$= 2 + 3$	$= 4 + 3$	$= 6 + 3$
$= 5$	$= 7$	$= 9$

Mae hyn yn rhoi'r pwyntiau (1,5) (2,7) (3,9)
Gallwch osod y pwyntiau yma mewn tabl.

x	1	2	3
y	5	7	9

- *Enghraifft*   Tynnwch y llinell $x + 2y = 4$

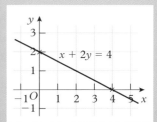

Pan yw $x = 0$ Pan yw $y = 0$
  $0 + 2y = 4$ $x + 2 \times 0 = 4$
    $2y = 4$ $x + 0 = 4$
     $y = 2$ $x = 4$
Mae hyn yn rhoi (0, 2)   Mae hyn yn rhoi (4, 0)

Weithiau mae'n anodd darganfod trydydd pwynt. Gallwch lunio graff gan ddefnyddio dau.

- *Enghraifft*

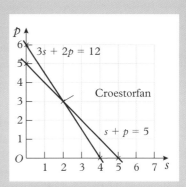

Mae Carys a Morgan yn prynu anrhegion.
Mae Carys yn prynu un *s*ebon ac un botel o bersawr(*p*) am £5.
Mae Deian yn prynu tri *s*ebon a dwy botel o bersawr(*p*) am £12.
Beth yw cost sebon a chost potel o bersawr?

Dyma hafaliad Carys: $s + p = 5$
Dau bwynt ar y llinell yma yw (0, 5) a (5, 0)

Dyma hafaliad Deian: $3s + 2p = 12$
Dau bwynt ar y llinell yma yw (0, 6) a (4, 0)

Mae'r llinellau'n croestorri yn (2, 3)
Mae hyn yn golygu fod $s = 2$ a $p = 3$

Felly mae sebon yn costio £2 a photel o bersawr yn costio £3.

Hafaliadau cydamserol   Gelwir hafaliadau yr ydym yn eu datrys ar yr un pryd fel hyn yn **hafaliadau cydamserol**.

1 Copïwch yr echelinau ar bapur sgwariau.
  a (1) Gwnewch dabl ar gyfer $y = x + 1$
      Defnyddiwch y gwerthoedd 1, 2, 3
      ar gyfer x.
    (2) Tynnwch a labelwch y llinell $y = x + 1$
  b (1) Gwnewch dabl ar gyfer $y = 2x - 3$
    (2) Tynnwch a labelwch y llinell $y = 2x - 3$
  c Ysgrifennwch gyfesurynnau croestorfan y
    llinellau.

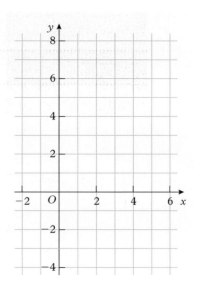

2 Darganfyddwch ddau bwynt ar bob un o'r llinellau yma. Peidiwch â thynnu'r
llinellau.
  a $x + y = 7$ **c** $x + 3y = 6$
  b $2x + y = 4$ **ch** $3x + 2y = 12$

3 Mae Steffan yn prynu dau gyw iâr a sglodion(c) a thri $s$elsig a sglodion am £12.
Mae Cefin yn prynu pedwar $c$yw iâr a sglodion a dau $s$clsig a sglodion am £16.

  a Copïwch yr echelinau ar bapur sgwariau.
  b Ysgrifennwch yr hyn mae Steffan a Cefin yn ei
    brynu fel dau hafaliad.
  c Datryswch y ddau hafaliad drwy blotio
    llinellau.
    Ysgrifennwch gost un cyw iâr a sglodion ac un
    selsig a sglodion.
  ch Gwiriwch eich atebion yn y broblem
    wreiddiol.

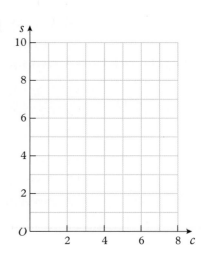

Tasgau

 1 Adio

 2 Tynnu

 3 Lluosi

 4 Lluosi â 10

 5 Lluosi â 100, 1000, ...

 6 Lluosi â 20, 30, ...

 7 Lluosi degolion â 10

 8 Lluosi degolion â 100

 9 Lluosi hir

10 Rhannu

11 Rhannu â 10

12 Rhannu â 100, 1000, ...

13 Rhannu â 20, 30, ...

14 Rhannu degolion â 10

15 Rhannu degolion â 100

16 Adio ffracsiynau

17 Tynnu ffracsiynau

18 Symleiddio ffracsiynau

1 Adio

Dylech osod symiau adio mewn colofnau.

Enghraifft

$14 + 8$

$$\begin{array}{r} 1\,4 \\ +\ \ 8 \\ \hline 2\,2 \\ \tiny 1 \end{array}$$

Dyma fwy o enghreifftiau.

$36 + 28$

$$\begin{array}{r} 3\,6 \\ +\ 2\,8 \\ \hline 6\,4 \\ \tiny 1 \end{array}$$

$237 + 46$

$$\begin{array}{r} 2\,3\,7 \\ +\ \ 4\,6 \\ \hline 2\,8\,3 \\ \tiny 1 \end{array}$$

$685 + 78$

$$\begin{array}{r} 6\,8\,5 \\ +\ \ 7\,8 \\ \hline 7\,6\,3 \\ \tiny 1\ 1 \end{array}$$

Ymarfer 1

Copïwch y symiau yma i'ch llyfr.
Cyfrifwch yr atebion.

1
$$\begin{array}{r} 2\,5 \\ +\ \ 9 \\ \hline \end{array}$$

2
$$\begin{array}{r} 2\,8 \\ +\ 1\,6 \\ \hline \end{array}$$

3
$$\begin{array}{r} 3\,7 \\ +\ 2\,5 \\ \hline \end{array}$$

4
$$\begin{array}{r} 1\,4\,7 \\ +\ \ 2\,8 \\ \hline \end{array}$$

5
$$\begin{array}{r} 2\,7\,5 \\ +\ \ 2\,4 \\ \hline \end{array}$$

6
$$\begin{array}{r} 5\,6\,8 \\ +\ \ 9\,3 \\ \hline \end{array}$$

7
$$\begin{array}{r} 2\,4\,8 \\ +\ 1\,8\,5 \\ \hline \end{array}$$

8
$$\begin{array}{r} 5\,2\,6 \\ +\ 4\,1\,9 \\ \hline \end{array}$$

9 $38 + 57$

10 $95 + 46$

11 $114 + 97$

12 $57 + 253$

13 $85 + 438$

14 $757 + 864$

Geiriau eraill

Gall y geiriau yma hefyd olygu **adio**.

plws **swm** **cyfanswm**

Enghreifftiau
Cyfrifwch 25 **plws** 14
Darganfyddwch **swm** 25 a 14
Darganfyddwch **gyfanswm** 25 a 14

Mae'r rhain i gyd yn golygu
$$\begin{array}{r} 2\,5 \\ +\ 1\,4 \\ \hline 3\,9 \end{array}$$

2 Tynnu

Dylid gosod symiau tynnu hefyd mewn colofnau.

Enghraifft

$54 - 28$

Mae'r 5 yn gywerth â 5 o 10au.
Gallwn 'fenthyg' → un o'r 10au yma.
Rydym yn ei newid yn ddeg uned.

$$\begin{array}{r} 5\,4 \\ -\ 2\,8 \\ \hline \end{array}$$

← Mae'r 8 yn fwy na'r 4.

Nawr mae'r sym yn edrych fel yma:

$$
\begin{array}{r}
^4\!\!\not{5}\,^1\!4 \\
-\ 2\,8 \\
\hline
2\,6
\end{array}
$$
← Nawr gallwn dynnu'r
8 o'r 14.

Dyma enghraifft arall:

75 − 39

$$
\begin{array}{r}
7\,5 \\
-\ 3\,9 \\
\hline
\end{array}
\rightarrow
\begin{array}{r}
^6\not{7}\,^1\!5 \\
-\ 3\,9 \\
\hline
\end{array}
\rightarrow
\begin{array}{r}
^6\not{7}\,^1\!5 \\
-\ 3\,9 \\
\hline
3\,6
\end{array}
$$

Dyma enghreifftiau mwy anodd:

92 − 45   278 − 159   734 − 457

$$
\begin{array}{r}
^8\not{9}\,^1\!2 \\
-\ 4\,5 \\
\hline
4\,7
\end{array}
\qquad
\begin{array}{r}
2\,^6\not{7}\,^1\!8 \\
-\ 1\,5\,9 \\
\hline
1\,1\,9
\end{array}
\qquad
\begin{array}{r}
^6\not{7}\,^{12}\not{3}\,^1\!4 \\
-\ 4\,5\,7 \\
\hline
2\,7\,7
\end{array}
$$

Ymarfer 2

Copïwch y symiau yma i'ch llyfr.
Cyfrifwch yr atebion.

1
$$
\begin{array}{r}
3\,7 \\
-\ 1\,8 \\
\hline
\end{array}
$$

4
$$
\begin{array}{r}
2\,5\,3 \\
-\ \ 3\,5 \\
\hline
\end{array}
$$

2
$$
\begin{array}{r}
8\,6 \\
-\ 4\,9 \\
\hline
\end{array}
$$

5
$$
\begin{array}{r}
4\,2\,3 \\
-\ 3\,1\,9 \\
\hline
\end{array}
$$

3
$$
\begin{array}{r}
5\,4 \\
-\ 2\,7 \\
\hline
\end{array}
$$

6
$$
\begin{array}{r}
6\,3\,4 \\
-\ 1\,6\,6 \\
\hline
\end{array}
$$

7 193 − 58

8 275 − 167

9 513 − 374

10 621 − 438

11 417 − 309

12 526 − 438

Ni allwn 'fenthyg' o'r golofn nesaf os oes sero ynddi.
Efallai bydd rhaid i ni fenthyg ar draws mwy nag un golofn.

Enghraifft

$$
\begin{array}{r}
5\,0\,0 \\
-\ 1\,8\,6 \\
\hline
\end{array}
\rightarrow
\begin{array}{r}
^4\not{5}\,^1\!0\,0 \\
-\ 1\,8\,6 \\
\hline
\end{array}
\rightarrow
\begin{array}{r}
^4\not{5}\,^9\not{0}\,^1\!0 \\
-\ 1\,8\,6 \\
\hline
3\,1\,4
\end{array}
$$

Ymarfer 3

Copïwch y symiau yma i'ch llyfr.
Cyfrifwch yr atebion.

1
$$
\begin{array}{r}
4\,0\,0 \\
-\ 1\,7\,3 \\
\hline
\end{array}
$$

3
$$
\begin{array}{r}
8\,0\,0\,0 \\
-\ \ 3\,6\,4 \\
\hline
\end{array}
$$

2
$$
\begin{array}{r}
8\,0\,0 \\
-\ 2\,3\,6 \\
\hline
\end{array}
$$

4
$$
\begin{array}{r}
7\,0\,0\,0 \\
-\ 4\,3\,2\,8 \\
\hline
\end{array}
$$

Geiriau eraill

Gall y geiriau yma hefyd olygu **tynnu**.

minws   **gwahaniaeth**

Enghreifftiau
Darganfyddwch 54 **minws** 26
Darganfyddwch y **gwahaniaeth** rhwng 54 a 26.

Mae'r rhain yn golygu

$$
\begin{array}{r}
^4\!\!\not{5}\,^1\!4 \\
-\ 2\,6 \\
\hline
2\,8
\end{array}
$$

Gwirio

Gallwn wirio sym dynnu drwy adio.

Enghraifft

256 − 183

$$
\begin{array}{r}
\overset{1}{\cancel{2}}\overset{1}{5}6 \\
- \ 183 \\
\hline
73
\end{array}
\qquad \text{gwiriad} \qquad
\begin{array}{r}
183 \\
+ \ 73 \\
\hline
256
\end{array}
$$

Ewch yn ôl at eich atebion i Ymarfer **5.** Gwiriwch bob un ohonynt drwy adio.

3 Lluosi

Pan fyddwn yn adio llawer o'r un rhif mae'n gynt lluosi.

Enghraifft

$$
\begin{array}{r}
31 \\
31 \\
31 \\
31 \\
+ \ 31 \\
\hline
155
\end{array}
\quad \text{yr un fath â} \quad
\begin{array}{r}
31 \\
\times \ 5 \\
\hline
155
\end{array}
$$

Mae

I wneud $\quad \begin{array}{r} 31 \\ \times \ 5 \\ \hline \end{array}$ yn gyntaf 5×1 $\quad \begin{array}{r} 31 \\ \times \ 5 \\ \hline 5 \end{array}$

yna 5×3 $\quad \begin{array}{r} 31 \\ \times \ 5 \\ \hline 155 \end{array}$

Cofiwch gadw'ch rhifau mewn colofnau.

Dyma fwy o enghreifftiau:

$$
\begin{array}{r}
62 \\
\times \ 4 \\
\hline
248
\end{array}
\qquad
\begin{array}{r}
51 \\
\times \ 9 \\
\hline
459
\end{array}
$$

Ymarfer 4

1 $\quad \begin{array}{r} 23 \\ \times \ 2 \\ \hline \end{array}$ **2** $\quad \begin{array}{r} 213 \\ \times \ 3 \\ \hline \end{array}$

3 52×4 **4** 331×3

Weithiau mae'n rhaid i ni gario.

Enghraifft

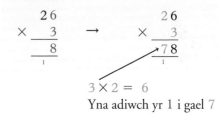

$3 \times 2 = 6$
Yna adiwch yr 1 i gael 7

Ymarfer 5

1 $\quad \begin{array}{r} 37 \\ \times \ 2 \\ \hline \end{array}$ **2** $\quad \begin{array}{r} 45 \\ \times \ 2 \\ \hline \end{array}$

3 46×4 **7** 146×9

4 124×3 **8** 178×9

5 259×2 **9** 357×5

6 637×5 **10** 803×4

Geiriau eraill

Gall y geiriau yma hefyd olygu **lluosi**.

gwaith   **lluoswm**   **o**

Enghreifftiau

Darganfyddwch 24 **gwaith** 16
Darganfyddwch **luoswm** 24 a 16.
Darganfyddwch hanner **o** 24.

4 Lluosi â 10

Pan fyddwn yn lluosi â 10, mae'r holl ddigidau yn symud ar draws, **un** golofn i'r **chwith**.

Mae hyn yn gwneud y rhif yn 10 gwaith mwy. Gallwn ddefnyddio'r penawdau **M C D U** i'n helpu.

Maen nhw'n golygu **M**iloedd, **C**annoedd, **D**egau ac **U**nedau. Enw arall ar 'unedau' yw 'unau'.

Enghraifft 1

23 × 10 = 230

C   D   U

   2   3
2   3   0

Enghraifft 2

M   C   D   U

     4   6   46 × 10 = 460
   4   6   0

   2   5   3   253 × 10 = 2530
2   5   3   0

Mae hyn yn gwneud y rhif yn 100 gwaith mwy.
Y rheswm am hyn yw bod
100 = 10 × 10. Felly mae lluosi â 100 fel lluosi â 10 ddwy waith.

Enghraifft

74 × 100 = 7400

M   C   D   U

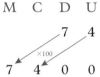

Pan fyddwn yn lluosi â 1000 mae'r holl rifau yn symud ar draws, tair colofn i'r chwith.
Y rheswm am hyn yw bod
1000 = 10 × 10 × 10. Mae hyn yn golygu fod lluosi â 1000 fel lluosi â 10 dair gwaith.

Enghraifft

74 × 1000 = 74 000

DM   M   C   D   U

Ymarfer 6

Lluoswch bob un o'r rhifau yma â 10.

1   39   **4**   756   **7**   5000

2   45   **5**   684   **8**   8007

3   128   **6**   1562

5 Lluosi â 100, 1000, ...

Pan fyddwn yn lluosi â 100, mae'r holl ddigidau yn symud ar draws, **dwy** golofn i'r **chwith**.

Ymarfer 7

Ysgrifennwch yr atebion i'r canlynol:

1   75 × 100   **7**   5243 × 100

2   82 × 100   **8**   800 × 1000

3   36 × 1000   **9**   5004 × 1000

4   178 × 100   **10**   815 × 10 000

5   3190 × 100   **11**   302 × 10 000

6   420 × 1000   **12**   835 × 100 000

6 Lluosi â 20, 30, ...

Mae lluosi â 20 yr un fath â lluosi â 2 ac yna â 10. Y rheswm am hyn yw bod $20 = 2 \times 10$.

Enghraifft

Er mwyn gwneud 18×20
yn gyntaf gwnewch

$$\begin{array}{r} 1\,8 \\ \times\ \ 2 \\ \hline 3\,6 \\ \hline {\scriptstyle 1} \end{array}$$

Yna gwnewch $\quad 36 \times 10 = 360$

Felly $\qquad\quad 18 \times 20 = 360$

Yn yr un ffordd mae lluosi â
30 yr un fath â lluosi â 3 ac yn lluosi â 10.

Enghraifft

Er mwyn gwneud 26×30
yn gyntaf gwnewch

$$\begin{array}{r} 2\,6 \\ \times\ \ 3 \\ \hline 7\,8 \\ \hline {\scriptstyle 1} \end{array}$$

Yna gwnewch $\quad 78 \times 10 = 780$

Felly $\qquad\quad 26 \times 30 = 780$

Ymarfer 8

Cyfrifwch y canlynol.

1	28×20	**7**	83×40
2	36×20	**8**	45×50
3	27×30	**9**	62×50
4	34×30	**10**	213×20
5	58×30	**11**	371×30
6	26×40	**12**	425×70

362

7 Lluosi degolion â 10

Gallwn luosi degolion â 10 yn yr un ffordd.

Enghraifft

56.87×10

C	D	U .	$\frac{1}{10}$	$\frac{1}{100}$
	5	6 . 8	7	
5	6	8 . 7		

56.87×10
$= 568.7$

Ymarfer 9

Lluoswch y degolion yma â 10.

1	9.5	**3**	17.83	**5**	10.7
2	28.2	**4**	86.31	**6**	0.9

8 Lluosi degolion â 100

Pan fyddwn yn lluosi â 100, mae'r holl ddigidau yn symud ar draws, **dwy** golofn i'r **chwith**.

Enghraifft

27.65×100

M	C	D	U .	$\frac{1}{10}$	$\frac{1}{100}$
		2	7 . 6	5	
2	7	6	5 .		

27.65×100
$= 2765$

Ymarfer 10

Lluoswch y degolion yma â 100.

1	42.91	**3**	71.6	**5**	60.59
2	57.04	**4**	137.4	**6**	7.08

9 Lluosi hir

Pan fyddwn eisiau lluosi dau rif eithaf mawr mae'n rhaid i ni weithio mewn camau.
Dyma ddau ddull. Dim ond un o'r rhain sydd yn rhaid i chi ei wybod.

Dull 1

Enghraifft
146 × 24

Yn gyntaf gwnewch   146 × 4

$$\begin{array}{r} 146 \\ \times \quad 4 \\ \hline 584 \\ \hline {\scriptstyle 1 \;\; 2} \end{array}$$

Yna gwnewch   146 × 20

$$\begin{array}{r} 146 \\ \times \quad 2 \\ \hline 292 \\ \hline {\scriptstyle 1} \end{array}$$

292 × 10 = 2920

Nawr, adiwch y ddau ateb.

$$\begin{array}{r} 584 \\ + \; 2920 \\ \hline 3504 \end{array}$$

Fel arfer mae'r gwaith yn edrych fel yma:

$$\begin{array}{r} 146 \\ \times \quad 24 \\ \hline 584 \\ 2920 \\ \hline 3504 \end{array}$$

Dyma enghraifft arall.

$$\begin{array}{r} 223 \\ \times \quad 36 \\ \hline 1338 \leftarrow (223 \times 6) \\ 6690 \leftarrow (223 \times 30) \\ \hline 8028 \\ \hline {\scriptstyle 1 \;\; 1} \end{array}$$

Dull 2

Enghraifft
125 × 23

Yn gyntaf gosodwch y rhifau drwy ddefnyddio bocsys fel yma:

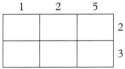

Nawr tynnwch y croesliniau fel yma:

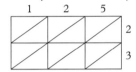

Llenwch fel sgwâr tablau yna adiwch ar hyd y croesliniau fel yma:

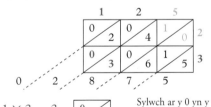

1 × 3 = 3 $\begin{array}{c}0 \\ 3\end{array}$ Sylwch ar y 0 yn y bocs sydd gyferbyn pan fo'r ateb yn rhif un digid.

Felly'r ateb yw 125 × 23 = **2875**

Dyma enghraifft arall.
Pan fydd y groeslin yn adio i roi mwy na 10, rydym yn cario i'r groeslin nesaf.

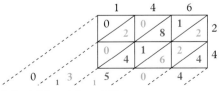

Felly 146 × 24 = **3504**

Ymarfer 11

Defnyddiwch y dull sydd orau gennych i wneud y symiau yma.

1 34×25 **7** 391×43

2 63×34 **8** 172×84

3 123×42 **9** 545×33

4 314×26 **10** 612×65

5 271×35 **11** 754×61

6 257×53 **12** 989×98

Ymarfer 12

Gwnewch y symiau yma.

1 $12 \div 3$ **7** $45 \div 9$

2 $45 \div 5$ **8** $80 \div 10$

3 $30 \div 6$ **9** $14 \div 2$

4 $20 \div 4$ **10** $42 \div 6$

5 $32 \div 4$ **11** $40 \div 8$

6 $21 \div 7$ **12** $54 \div 9$

10 Rhannu

Mae lluosi yr un fath â gwneud nifer o symiau adio. Yn yr un ffordd mae rhannu fel gwneud nifer o symiau tynnu.

Er mwyn darganfod sawl 4 sy'n gwneud 12 gallwn weld faint o weithiau y gallwn dynnu 4 o 12.

$12 - 4 = 8$ (unwaith)
$8 - 4 = 4$ (dwy waith)
$4 - 4 = 0$ (tair gwaith)

Felly mae 3 lot o 4 mewn 12.

Gallwn ddweud fod 12 wedi ei rannu â 4 yn 3

neu $12 \div 4 = 3$

Enghraifft

$$15 \div 3 = ?$$
$$15 - 3 = 12 \text{(unwaith)}$$
$$12 - 3 = 9 \quad \text{(dwy waith)}$$
$$9 - 3 = 6 \quad \text{(tair gwaith)}$$
$$6 - 3 = 3 \quad \text{(pedair gwaith)}$$
$$3 - 3 = 0 \quad \text{(pum gwaith)}$$

Felly $15 \div 3 = 5$

Pan fydd y rhifau yn mynd yn fwy mae'r dull yma'n cymryd gormod o amser. Mae'n rhaid i ni gael ffordd newydd o gyfrifo'r ateb.

Enghraifft

$68 \div 2$

$$2\overline{)68}$$

Yn gyntaf gwnewch $6 \div 2 = 3$. Rhowch y 3 uwchben y 6:

$$2\overline{)6\,8}^{\,3}$$

Nawr, gwnewch $8 \div 2 = 4$. Rhowch y 4 uwchben yr 8:

$$2\overline{)6\,8}^{\,34}$$

Felly $68 \div 2 = 34$

Dyma enghraifft arall: $84 \div 4$

$$4\overline{)8\,4}^{\,21}$$

Felly $84 \div 4 = 21$

Ymarfer 13

Gwnewch y symiau yma.

1 $2\overline{)84}$

2 $3\overline{)93}$

3 $5\overline{)55}$

4 $96 \div 3$

5 $64 \div 2$

6 $884 \div 4$

Weithiau bydd yn rhaid i ni 'gario'. Mae hyn yn digwydd pan na fydd rhif yn rhannu'n union.

Enghraifft

$72 \div 4$

$4\overline{)72}$

Yn gyntaf, gwnewch $7 \div 4$. Mae hyn yn rhoi 1 a 3 ar ôl.
Rhowch yr 1 uwchben y 7 a chariwch y 3 fel yma.

$4\overline{)7^32}$

Nawr gwnewch $32 \div 4$. Mae hyn yn rhoi 8. Rhowch yr 8 uwchben y ^{3}2 fel yma.

$4\overline{)7^32}$ = 18

Felly $72 \div 4 = 18$

Dyma enghraifft arall: $85 \div 5$

$5\overline{)8^35}$ = 17

Felly $85 \div 5 = 17$

Ymarfer 14

Gwnewch y symiau yma.

1 $2\overline{)58}$

2 $3\overline{)54}$

3 $72 \div 4$

4 $64 \div 4$

5 $84 \div 7$

6 $76 \div 4$

7 $96 \div 6$

8 $128 \div 8$

9 $424 \div 4$

10 $276 \div 2$

11 $621 \div 3$

12 $364 \div 7$

11 Rhannu â 10

Pan fyddwn yn rhannu â 10, mae'r holl ddigidau yn symud ar draws, **un** golofn i'r **dde**. Mae hyn yn gwneud y rhif yn llai.

Enghraifft

$230 \div 10 = 23$

C   D   U

2   3   0
         ÷10   ÷10
    2   3

Dyma fwy o enghreifftiau.

M   C   D   U
     5   8   0 $580 \div 10 = 58$
              ÷10   ÷10
         5   8

2   4   6   0 $2460 \div 10 = 246$
    ÷10   ÷10   ÷10
    2   4   6

Ymarfer 15

Rhannwch bob un o'r rhifau yma â 10.

1 740

2 80

3 5960

4 830

5 9040

6 7200

7 5000

8 700 000

12 Rhannu â 100, 1000, ...

Pan fyddwn yn rhannu â 100, mae'r holl ddigidau yn symud ar draws, **dwy** golofn i'r **dde**. Y rheswm am hyn yw bod $100 = 10 \times 10$. Felly mae rhannu â 100 yr un fath â rhannu â 10 ddwy waith.

Enghraifft

$7400 \div 100 = 74$

Pan fyddwn yn rhannu â 1000, mae'r holl rifau yn symud ar draws, **tair** colofn i'r **dde**.

Enghraifft

$74\,000 \div 1000 = 74$

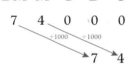

Ymarfer 16

Gwnewch y symiau yma.

1 $7800 \div 100$ **5** $78\,000 \div 100$

2 $5300 \div 100$ **6** $78\,000 \div 1000$

3 $6400 \div 100$ **7** $200\,000 \div 1000$

4 $42\,000 \div 1000$ **8** $200\,000 \div 10\,000$

13 Rhannu â 20, 30, ...

Pan fyddwn yn rhannu â 20, mae hyn yr un fath â rhannu â 2 yna â 10. Y rheswm am hyn yw bod $20 = 2 \times 10$.

Enghraifft

Er mwyn gwneud $360 \div 20$

yn gyntaf gwnewch

$$2\overline{)3^{1}60} = 180$$

Yna gwnewch $180 \div 10 = 18$

Felly $360 \div 20 = 18$

Yn yr un ffordd mae rhannu â 30 yr un fath â rhannu â 3 yna â 10.

Enghraifft

Er mwyn gwneud $780 \div 30$

yn gyntaf gwnewch

$$3\overline{)7^{1}80} = 260$$

Yna gwnewch $260 \div 10 = 26$

Felly $780 \div 30 = 26$

Ymarfer 17

Gweithiwch y symiau yma.

1 $640 \div 20$ **5** $7540 \div 20$

2 $240 \div 30$ **6** $2820 \div 30$

3 $5680 \div 40$ **7** $1890 \div 90$

4 $2350 \div 50$ **8** $24\,240 \div 80$

14 Rhannu degolion â 10

Gallwn rannu degolion â 10 yn yr un ffordd.

Enghraifft 1

$47.1 \div 10$

$47.1 \div 10 = 4.71$

Enghraifft 2

$2.9 \div 10$

U . $\frac{1}{10}$ $\frac{1}{100}$

2 . 9

$\div 10$ $\div 10$

0 . 2   9

$2.9 \div 10 = 0.29$

Ymarfer 18

Rhannwch bob un o'r degolion yma â 10.

1   51.7   **3**   4.3   **5**   4.02

2   86.2   **4**   5.69   **6**   10.5

15   Rhannu degolion â 100

Pan fyddwn yn rhannu â 100, mae'r holl ddigidau yn symud, **dwy** golofn i'r **dde**.

Enghraifft 1

$257.1 \div 100$

C   D   U . $\frac{1}{10}$ $\frac{1}{100}$ $\frac{1}{1000}$

2   5   7 . 1

$\div 100$ $\div 100$ $\div 100$ $\div 100$

2 . 5   7   1

$257.1 \div 100$
$= 2.571$

Enghraifft 2

$52.3 \div 100$

D   U . $\frac{1}{10}$ $\frac{1}{100}$ $\frac{1}{1000}$

5   2 . 3

$\div 100$ $\div 100$ $\div 100$

0 . 5   2   3

$52.3 \div 100$
$= 0.523$

Ymarfer 19

Rhannwch bob un o'r degolion yma â 100.

1   193.4   **3**   38.5   **5**   10.6

2   362.8   **4**   16.9   **6**   27.04

Geiriau eraill

Dyma air arall sy'n ymwneud â **rhannu**.

cyniferydd

Enghraifft

Darganfyddwch
gyniferydd
240 a 12
} Yr ystyr yw
$240 \div 12$

16   Adio ffracsiynau

Er mwyn adio ffracsiynau, **mae'n rhaid** i'r rhifau ar y gwaelod (enwaduron) fod yr un fath.

Enghreifftiau

$\frac{1}{3} + \frac{1}{3} = \frac{2}{3}$

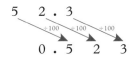

un   +   un   =   dau
traean + traean = traean

$\frac{2}{7} + \frac{3}{7} = \frac{5}{7}$

dau   +   tri   =   pum
seithfed + seithfed = seithfed

$\frac{3}{5} + \frac{3}{5} = \frac{6}{5} = 1\frac{1}{5}$

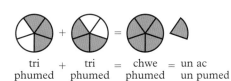

tri   +   tri   =   chwe   =   un ac
phumed   +   phumed   =   phumed   =   un pumed

Ymarfer 20

Gwnewch y symiau yma.

1. $\frac{3}{5} + \frac{1}{5}$

2. $\frac{1}{6} + \frac{3}{6}$

3. $\frac{7}{9} + \frac{1}{9}$

4. $\frac{4}{11} + \frac{3}{11}$

5. $\frac{5}{13} + \frac{7}{13}$

6. $\frac{3}{8} + \frac{2}{8}$

7. $\frac{2}{9} + \frac{5}{9}$

8. $\frac{5}{12} + \frac{4}{12}$

9. $\frac{8}{12} + \frac{5}{12}$

10. $\frac{4}{5} + \frac{3}{5}$

11. $\frac{6}{8} + \frac{5}{8}$

12. $\frac{9}{11} + \frac{5}{11}$

Weithiau mae'r ddau rif gwaelod yn wahanol. Cyn i ni fedru adio'r ffracsynau **mae'n rhaid** i ni drefnu fod y ddau yr un fath.

Enghraifft

$\frac{2}{3} + \frac{1}{6}$

Rhaid i ni ddarganfod rhif mae 3 a 6 yn rhannu'n union i mewn iddo.

Rhifau mae 3 yn rhannu'n union i mewn iddynt:

3 ⑥ 9 12 …

Rhifau mae 6 yn rhannu'n union i mewn iddynt:

⑥ 12 18 …

Y rhif cyntaf sy'n ymddangos yn y ddwy restr yw 6. Gelwir y 6 yn gyfenwadur (enwadur cyffredin) yr enwaduron 3 a 6.

Nawr, ysgrifennwch y ffracsynau gan roi 6 yn y gwaelod:

 $\frac{2}{3} = \frac{?}{6}$ felly $\frac{2}{3} = \frac{4}{6}$ felly $\frac{2}{3} = \frac{4}{6}$

Gallwn weld hyn mewn diagram.

Nid oes angen newid yr $\frac{1}{6}$

Felly $\frac{2}{3} + \frac{1}{6} = \frac{4}{6} + \frac{1}{6} = \frac{5}{6}$

Dyma enghraifft arall

$\frac{2}{3} + \frac{1}{4}$

Rhifau mae 3 yn rhannu'n union i mewn iddynt:

3 6 9 ⑫ 15 …

Rhifau mae 4 yn rhannu'n union i mewn iddynt:

4 8 ⑫ 16 …

Rhaid i ni newid y ddau ffracsiwn yn rhannau o ddeuddeg (deuddegfedau). 12 yw'r cyfenwadur.

$\frac{2}{3} = \frac{?}{12}$ $\frac{2}{3} = \frac{8}{12}$

$\frac{1}{4} = \frac{?}{12}$ $\frac{1}{4} = \frac{3}{12}$

Felly $\frac{2}{3} + \frac{1}{4} = \frac{8}{12} + \frac{3}{12} = \frac{11}{12}$

Ymarfer 21

Gwnewch y symiau yma.

1. $\frac{1}{4} + \frac{1}{2}$

2. $\frac{1}{5} + \frac{1}{10}$

3. $\frac{2}{5} + \frac{3}{10}$

4. $\frac{5}{8} + \frac{1}{4}$

5. $\frac{5}{12} + \frac{1}{6}$

6. $\frac{5}{9} + \frac{1}{3}$

7. $\frac{1}{3} + \frac{1}{5}$

8. $\frac{2}{7} + \frac{1}{2}$

9. $\frac{2}{5} + \frac{1}{3}$

10. $\frac{1}{7} + \frac{4}{5}$

11. $\frac{1}{8} + \frac{3}{7}$

12. $\frac{1}{2} + \frac{1}{3} + \frac{1}{4}$

17 Tynnu ffracsiynau

Mae hyn yn debyg iawn i adio ffracsiynau.

Enghraifft

$\frac{3}{5} - \frac{2}{5} = \frac{1}{5}$

Mae'n rhaid i'r ddau rif gwaelod fod yr un fath unwaith eto.

368

Enghraifft

$\frac{3}{8} - \frac{1}{4}$

Rhifau mae 8 yn rhannu'n union i mewn iddynt:

⑧ 16 24 …

Rhifau mae 4 yn rhannu'n union i mewn iddynt:

4 ⑧ 12 16 …

$\frac{1}{4} = \frac{?}{8} \quad \frac{1}{4} = \frac{2}{8}$

Nid oes angen newid y $\frac{3}{8}$

Felly $\frac{3}{8} - \frac{1}{4} = \frac{3}{8} - \frac{2}{8} = \frac{1}{8}$

Ymarfer 22

Gwnewch y symiau yma.

1	$\frac{7}{8} - \frac{2}{8}$	**7**	$\frac{1}{4} - \frac{1}{5}$
2	$\frac{2}{5} - \frac{1}{5}$	**8**	$\frac{3}{6} - \frac{1}{3}$
3	$\frac{7}{11} - \frac{3}{11}$	**9**	$\frac{6}{7} - \frac{2}{3}$
4	$\frac{3}{5} - \frac{1}{10}$	**10**	$\frac{3}{4} - \frac{2}{3}$
5	$\frac{5}{8} - \frac{1}{4}$	**11**	$\frac{5}{8} - \frac{2}{5}$
6	$\frac{11}{12} - \frac{2}{3}$	**12**	$\frac{10}{11} - \frac{5}{8}$

18 Symleiddio ffracsiynau

Enw arall ar hyn yw **canslo**.

Rydym yn chwilio am rif sy'n rhannu'n union i mewn i'r rhif top a'r rhif gwaelod.

Enghraifft 1

Symleiddiwch $\frac{6}{15}$

Mae 3 yn rhannu'n union i mewn i 6 ac 15

$\frac{6}{15} = \frac{2}{5}$

Gallwn rannu â mwy nag un rhif.

Enghraifft 2

Symleiddiwch $\frac{18}{24}$

$\frac{18}{24} = \frac{9}{12} = \frac{3}{4}$

Ymarfer 23

Symleiddiwch y canlynol.

1	$\frac{3}{6}$	**5**	$\frac{8}{12}$	**9**	$\frac{24}{36}$
2	$\frac{4}{6}$	**6**	$\frac{20}{50}$	**10**	$\frac{18}{30}$
3	$\frac{10}{15}$	**7**	$\frac{12}{18}$	**11**	$\frac{15}{45}$
4	$\frac{14}{21}$	**8**	$\frac{16}{24}$	**12**	$\frac{28}{70}$

PENNOD 1

1 **a** DM10 = £5 **b** DM12 = £6 **c** DM6 = £3

2 **a**

Nifer yr oriau	1	2	3	4	5
Cyflog £	5	10	15	20	25

b

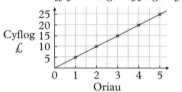

Graff yn dangos cyflog Alys

3 **a** (1) 06 45 (2) 20 20 (3) 12 00
    b (1) 6.25 pm (2) 7.45 am (3) 10.10 pm

4 **a** Aros o 7.50 hyd at 8.00 sy'n 10 munud. **b** 35 km
    c (1) Teithiodd Madog gyflymaf yn y rhan gyntaf.
       (2) Mae'r graff yn fwy serth o 7.30 i 7.50.

PENNOD 2

1 **a** 289 **b** 12.96 **c** 0.0064

2 **a** 25 **b** 2.8 **c** 111.1 **ch** 6.7

3 **a** 53.29 cm² **b** 15.8 cm

4 **a** 16 807 **b** 28 561 **c** 592.704 **ch** 0.000 064

5 **a** 93 **c** 132 **d** 640 **e** 12
    b 83 **ch** 19 **dd** 48 **f** 4

6 **a** 6 **b** 70 **c** 600 **ch** 1700

7 **a** 3 **b** 90 **c** 500 **ch** 2000

8 **a** (1) amcangyfrif 300 + 600 = 900 (3) amcangyfrif 6 × 3 = 18
       (2) amcangyfrif 1300 − 900 = 400 (4) amcangyfrif 500 ÷ 20 = 25
    b (1) 916 (2) 327 (3) 17.92 (4) 28
    Mae'r holl amcangyfrifon yn eithaf agos at yr atebion cywir. Mae rhan (3) yn agos iawn.

9 **a** Mae $\sqrt{25}$ = 5, $\sqrt{36}$ =6, $\sqrt{30}$ sydd tua 5.5

    b Mae $\sqrt{49}$ = 7, $\sqrt{64}$ =8, $\sqrt{61}$ sydd tua 7.8

    c Mae $\sqrt{64}$ = 8, $\sqrt{81}$ =9, $\sqrt{80}$ sydd tua 8.9

    ch Mae $\sqrt{16}$ = 4, $\sqrt{25}$ =5, $\sqrt{17}$ sydd tua 4.1

Gan fod y rhain i gyd yn amcangyfrifon, gallwch ganiatáu unrhyw ateb sy'n agos atynt.

1 **a**

Amser a gymerwyd (mun)	Marciau rhifo	Cyfanswm
1–5	ꊶ I	6
6–10	ꊶ ꊶ	10
11–15	III	3
16–20	IIII	4
21–25	ꊶ	5
26–30	II	2

b *Amser fydd 8J yn ei gymryd i ddod i'r ysgol*

2 **a** Dywedodd $\frac{100}{200} = \frac{1}{2}$ Radio 1, Dywedodd $\frac{25}{200} = \frac{1}{8}$ Radio 2,

Dywedodd $\frac{25}{200} = \frac{1}{8}$ Atlantic 252, Dywedodd $\frac{50}{200} = \frac{1}{4}$ Radio Cymru

b *Hoff orsaf radio Blwyddyn 8*

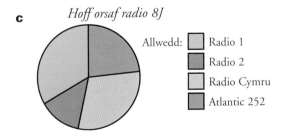

3 **a** $360° \div 30 = 12°$

b

	Nifer y disgyblion	Gwaith	Ongl
Radio 1	10	10 × 12	120°
Radio 2	4	4 × 12	48°
Radio Cymru	9	9 × 12	108°
Atlantic 252	7	7 × 12	84°
Cyfanswm	30		360°

c *Hoff orsaf radio 8J*

Allwedd: Radio 1
Radio 2
Radio Cymru
Atlantic 252

1 a

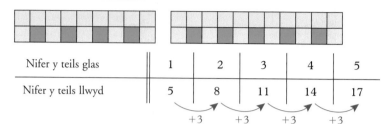

b

Nifer y teils glas	1	2	3	4	5
Nifer y teils llwyd	5	8	11	14	17

+3   +3   +3   +3

c 3 teilsen lwyd
ch nifer y teils llwyd $= 3 \times$ nifer y teils glas
d adio 2
dd nifer y teils *l*lwyd $= 3 \times$ nifer y teils *g*las $+ 2$
e $3 \times 17 + 2 = 51 + 2 = 53$ o deils llwyd

f $\longrightarrow$ ☐ $\times 3$ $\longrightarrow$ ☐ $+ 2$ $\longrightarrow$

ff $\longleftarrow$ ☐ $\div 3$ $\longleftarrow$ ☐ $- 2$ $\longleftarrow$

g $20 \longleftarrow$ ☐ $\div 3$ $\overset{60}{\longleftarrow}$ ☐ $- 2$ $\longleftarrow 62$

2 term 1: $4 \times \mathbf{1} + 3 = 7$
term 2: $4 \times \mathbf{2} + 3 = 11$
term 3: $4 \times \mathbf{3} + 3 = 15$

3 a $2 \times 2 + 10 = 14$ **c** $7 \times 7 = 49$ **d** $2 \times 5 \times 5 = 50$
  b $2 \times 5 + 7 = 17$ **ch** $5 \times 5 \times 5 = 125$ **dd** $(2 \times 5)^2 = 10 \times 10$
                                                                 $= 100$

1 a   **b**

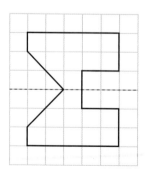

2 **a** 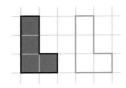 **b** 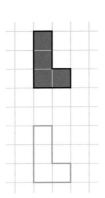 **c**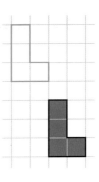

3 **a**   **b**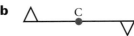

4

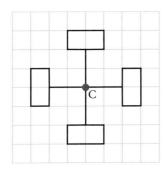

5 **a**

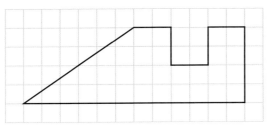

b

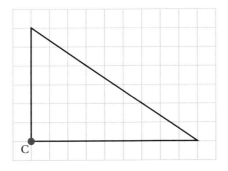

1 $-5\,°C, -3\,°C, -1\,°C, 0\,°C, 1\,°C, 2\,°C, 6\,°C$

2 a $5\,°C > 3\,°C$ **b** $-6\,°C > -8\,°C$ **c** $-4\,°C < 0\,°C$

3 $9 + 43 = 52\,°C$

4 a 6 **b** -6 **c** -9 **ch** 1

5 a 10 **c** -4 **d** -15 **e** -60
   b -7 **ch** -8 **dd** 8 **f** 5

6 a -1736 **c** -17 **d** 20
   b -7 **ch** 23 **dd** 1035

7 a $r = 68 - 25$ **b** $r = 12 - 25$ **c** $r = -35 - 25$
     $= 43$ $= -13$ $= -60$

8 a $v = 5 \times 6 - 12$ **b** $v = 5 \times 2 - 12$ **c** $v = 5 \times -4 - 12$
     $= 18$ $= -2$ $= -32$

9 a $-2 \times -2 = 4$ **b** $5 \times -2 \times -2 = 20$ **c** $8 \times -2 \times -2 = 32$

10 a $E = 5 \times 3 \times 3$ **b** $E = 5 \times 1 \times 1$ **c** $E = 5 \times -5 \times -5$
     $= 45$ $= 5$ $= 125$

1 a $a = 180° - 71° - 41° = 68°$
   b $b = 360° - 107° - 90° = 163°$
   c $c = 180° - 32° = 148°$,
     $ch = 32°$ (onglau cyferbyn),
     $d = 148°$ (onglau cyferbyn)
  ch triongl isosgeles: $f = 34°$,
     $g = 180° - (2 \times 34°) = 112°$

2 a $i = 48°\ g = 48°\ h = 132°$ **b** $m = 72°\ n = 108°$
     $j = 132°\ k = 48°$ $p = 108°\ q = 72°$
     $l = 132°$ $r = 108°\ s = 72°$

3 a $s = 112°$ (cyfatebol)
   b $t = 57°$ (eiledol)
   c $u = 99°$ (mewnol)

4 a Gellir rhannu octagon yn 6 thriongl.
     Felly mae swm yr onglau mewnol $= 6 \times 180° = 1080°$
   b Un ongl fewnol $= 1080° \div 8 = 135°$

5 **a** $240° - 180° = 60°$
Cyfeiriant A o B $= 060°$
b $115° + 180° = 295°$
Cyfeiriant A o B $= 295°$
c $77° + 180° = 257°$
Cyfeiriant A o B $= 257°$

PENNOD 8

1 Mae 14 taffi yn y bag.
a $\frac{4}{14} = \frac{2}{7}$ **b** $\frac{10}{14} = \frac{5}{7}$

2 Mae 15 o bensilau yn y ces.
a (1) $3 \times 2 = 6$ (2) $5 \times 2 = 10$ (3) $7 \times 2 = 14$
b (1) $3 \times 6 = 18$ (2) $5 \times 6 = 30$ (3) $7 \times 6 = 42$

3 $1 - \frac{2}{5} = \frac{3}{5}$

4 $\frac{1}{6} + \frac{3}{6} = \frac{4}{6}$
Y tebygolrwydd y bydd yn para mwy na 20 munud $= 1 - \frac{4}{6}$
$$= \frac{2}{6}$$
$$= \frac{1}{3}$$

5 **a** $P(A) = \frac{3}{6}$ (3 odrif allan o 6) **b** $P(\text{nid A}) = 1 - P(A)$
$$= \frac{1}{2}$$
$$= 1 - \frac{1}{2}$$
$$= \frac{1}{2}$$

6 **a** 8
b

		Dis			
		1	2	3	4
Darn arian	P	P, 1	P, 2	P, 3	P, 4
	C	C, 1	C, 2	C, 3	C, 4

c $\frac{2}{8} = \frac{1}{4}$

PENNOD 9

1 Mae 12 allan o 50 yr un fath â 24 allan o 100, sydd yn 24%.

2 **a** 10% o £9.50 $= 95$ c
b 10% o £12.50 $= £1.25$
c 10% o £14.80 $= £1.48$

3 **a** $10\% \text{ o } £400 = £40$

   b $40\% \text{ o } £400 = 4 \times £40 = £160$

   c $50\% \text{ o } £340 = £170$, felly 25% yw $£170 \div 2 = £85$

4 **a** $48\% \text{ o } 6700 = 0.48 \times 6700 = 3216 \text{ o bobl}$

   b $38\% \text{ o } 1200 = 0.38 \times 1200 = 456 \text{ m}$

   c $7\% \text{ o } 1327 = 0.07 \times 1327 = £92.89$

 ch $67\frac{1}{2}\% \text{ o } 750 = 0.675 \times 750 = 506.25 \text{ g}$

5 **a** $17\frac{1}{2}\% \text{ o } 30 = 0.175 \times 30 = £5.25$

   b $17\frac{1}{2}\% \text{ o } 40 = 0.175 \times 40 = £7$

6 $\frac{26}{40} = 26 \div 40 = 0.65 = 65\%$

7 **a** $2400 + 3600 = 6000 \text{ o geir}$

   b $\frac{2400}{6000} = \frac{24}{60} = 24 \div 60 = 0.4 = 40\%$

8 **a** $\frac{1}{7} \text{ o } 28 = 28 \div 7 = 4$, felly $\frac{2}{7} \text{ o } 28$ yw $4 \times 2 = 8 \text{ o ddannedd}$

   b $1 - \frac{2}{7} = \frac{5}{7}$ heb eu llenwi

9 **a** Cyfanswm y teisennau a werthwyd $= 24 + 28 + 28 + 36 + 44 = 160$
Y ffracsiwn a werthwyd ar ddydd Gwener yw $\frac{44}{160} = \frac{11}{40}$

   b Y ganran a werthwyd ar ddydd Llun yw 15%.
$\frac{24}{160} = 24 \div 160 = 0.15 = 15\%$

PENNOD 10

1 **a** $x = 5$ **b** $y = 4$ **c** $y = -3$ **ch** $x = -2$

2

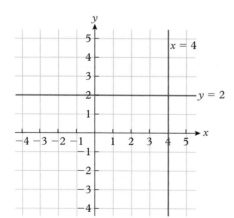

   ch Mae'r llinellau'n croesi yn $(4, 2)$

3 $x = 5, \ y = 3$

4 **a** $y = 5x + 1$ yw'r mwyaf serth   **b** $y = x + 7$ yw'r lleiaf serth

5 **a** Mae'r llinellau yn baralel.
   b Mae $y = x + 7$ yn croesi'r echelin y yn pwynt $(0, 7)$.
   c $y = x + 7$ yw'r uchaf ar y grid
  ch $y = x$ yw'r isaf ar y grid.
   d Byddai $y = x + 2$ rhwng $y = x$ ac $y = x + 4$

6 **a** $y = 2x + 4$ **b** $y = x + 1$

PENNOD 11

1 **a** 300 cm = $(300 \div 100)$ m = 3 m   **d** 7.2 kg = 7.2×1000 g = 7200 g
   b 7 km = 7×1000 m = 7000 m   **dd** 0.4 t = 0.4×1000 kg = 400 kg
   c 8.6 m = 8.6×100 cm = 860 cm   **e** 3000 ml = $(3000 \div 1000)$ l = 3 l
  ch 4500 g = $(4500 \div 1000)$ kg = 4.5 kg **f** 4.8 l = 4.8×1000 ml = 4800 ml

2 **a** $2 \times 3 = 6$
     $\frac{1}{2}$ o $3 = 1\frac{1}{2}$
     Mae 3 modfedd yn $6 + 1\frac{1}{2} = 7\frac{1}{2}$ cm
   b Mae 177 llath fymryn yn llai na 177 m, tua $160-170$ m
   c $\frac{1}{2}$ o 30 yw 15, $30 + 15 = 45$
     Mae 30 milltir yr awr fymryn yn fwy na 45 km yr awr, tua 48 km yr awr
  ch Mae 4 owns tua 4×30 g = 120 g
   d Mae 165 pwys fymryn yn llai na hanner 165, sef 82.5 kg. Mae tua 75 kg.
  dd Mae 3 galwyn fymryn yn llai na 3×5 neu 15 l.
   e Mae 1 peint fymryn yn fwy na $\frac{1}{2}$ l

3 **a** 3 modfedd = 3×2.5 cm = 7.5 cm
   b 177 llath = 177×0.9 m = 159.3 m
   c 30 milltir yr awr = 30×1.6 km yr awr = 48 km yr awr
  ch 4 owns = 4×28 g = 112 g
   d 165 pwys = 165×0.45 kg = 74.25 kg
  dd 3 galwyn = 3×4.5 l = 13.5 l
   e 1 peint = 0.57 l

4 **a** 6 oed : 18 oed = 6 : 18 = 1 : 3
   b $1 + 3 = 4$ (Mae angen rhannu'n 4)
     Mae un rhan yn $60 \div 4 = £15$
     Felly mae Melangell yn cael £15 ac mae Cefin yn cael $3 \times 15 = £45$

5 **a** Rydych yn ychwanegu 3×250 ml = 750 ml o ddŵr
   b $750 + 250 = 1000$ ml = 1 l o ddiod oren sy'n cael ei wneud.

6 a (1) $3:5$ (2) $3:2$ (3) $10:9$ (4) $1:100$

  b Graddfa o 5 cm i 1 km = $5:100\,000$ = $1:20\,000$

7 a $24 \div 4 = 6$ km   **b** $2.5 \times 4 = 10$ cm

8 a 300 m = 300×100 cm = $30\,000$ cm
   Ar y model mae $30\,000$ cm yn $(30\,000 \div 500)$ = 60 cm

  b $15 \times 500 = 7500$ cm = 75 m

PENNOD 12

1 a Arwynebedd = hyd $\times$ lled = $6.5 \times 8 = 52$ m^2

  b Arwynebedd = $\dfrac{\text{sail} \times \text{uchder}}{2} = \dfrac{10 \times 12}{2} = 60$ cm^2

  c Arwynebedd = sail $\times$ uchder = $14 \times 20 = 280$ mm^2

  ch Arwynebedd = $\dfrac{a+b}{2} \times u = \dfrac{15+35}{2} \times 18 = \dfrac{50}{2} \times 18 = 450$ mm^2

  d Arwynebedd = $\dfrac{\text{sail} \times \text{uchder}}{2} = \dfrac{5 \times 7}{2} = 17.5$ cm^2

  dd 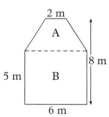   Arwynebedd A = $\dfrac{a+b}{2} \times u$ $= \dfrac{6+2}{2} \times 3$

  $= 4 \times 3$

  $= 12$ m^2

  Arwynebedd B = $6 \times 5 = 30$ m^2
  Cyfanswm arwynebedd = $12 + 30 = 42$ m^2

2 Perimedr = $8 + 6.5 + 8 + 6.5 = 29$ m

3 Sgŵar y ffactor graddfa yw $10^2 = 100$
   Arwynebedd newydd = $15 \times 100 = 1500$ cm^2

4 Arwynebedd newydd   = arwynebedd gwreiddiol $\times 2^2$
   Arwynebedd gwreiddiol   = arwynebedd newydd $\div 2^2$
   $= 48 \div 4 = 12$ cm^2

PENNOD 13

1 a Cymedr = $\dfrac{7+6+9+0+3+4+7+6+4+7}{10}$

  $= 53 \div 10 = 5.3$

  b Y modd yw'r rhif mwyaf cyffredin = 7
  c Ysgrifennu'r rhifau mewn trefn: 0   3   4   4   6   6   7   7   7   9
    Y canolrif yw cymedr y ddau rif canol = 6
  ch Amrediad = rhif mwyaf $-$ rhif lleiaf
    $= 9 - 0 = 9$

2 **a** Y modd yw'r nifer mwyaf cyffredin o bobl mewn ceir = 1

b

Nifer y bobl	Nifer y y ceir	Cyfanswm nifer y bobl
1	23	1 × 23 = 23
2	17	2 × 17 = 34
3	7	3 × 7 = 21
4	3	4 × 3 = 12
Cyfanswm	50	90

c Nifer cymedrig o bobl ym mhob car = 90 ÷ 50 = 1.8

ch

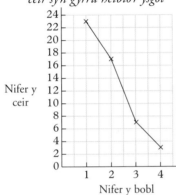

Polygon amlder yn dangos nifer y ceir sy'n gyrru heibio'r ysgol

3 **a**

Hyd mewn cm	Marciau rhifo	Cyfanswm
0 ond llai na 3	IIII	4
3 ond llai na 6	IIII IIII	10
6 ond llai na 9	IIII IIII IIII IIII	20
9 ond llai na 12	IIII I	6

b Y grŵp moddol yw 6 ond llai na 9 gan ei fod yn cynnwys y nifer mwyaf o eginblanhigion.

c, ch

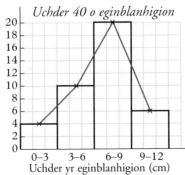

Uchder 40 o eginblanhigion

379

1 (3) Ariel, (1) Corn flakes, (2) Dairy Milk, (4) Menyn

2 **a** 1 litr **b** 60 ml
Gan fod y ddau yma yn amcangyfrifon caniatewch unrhyw ateb sy'n agos atynt.

3 **a** $9 \times 3 \times 3 = 81$ cm³ **b** $7 \times 3 \times 3 = 63$ cm³

4 **a** Mae gan y trawstoriad 5 o sgwariau.
Mae pob sgwâr yn 5 cm $\times$ 5 cm.

Arwynebedd y trawstoriad
$= 5 \times 5 \times 5$
$= 125$ cm²

Cyfaint y prism
$= 125 \times 13$
$= 1625$ cm³

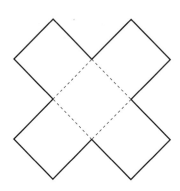

b Arwynebedd yr wyneb uchaf $= (8 \times 14) - (4 \times 6)$
$= 88$ cm²
Cyfaint y prism $= 88 \times 5$
$= 440$ cm³

5 Cyfaint $= 78 \times 40 \times 25$
$= 78\ 000$ cm³

PENNOD 15

1

Gwerth x	Gwerth $x^2 + 56$	
20	456	rhy fach
30	956	rhy fawr
25	681	rhy fawr
24	632	rhy fawr
23	585	rhy fach
23.8	622.44	rhy fawr
23.7	617.69	rhy fach
23.75	620.0625	rhy fawr

Ateb: $x = 23.7$ i 1 lle degol.

2 a

(number line from -2 to 4, filled circle at -1 with line extending right)

b

(number line from 2 to 8, open circle at 3, filled circle at 6, line between)

c

(number line from 0 to 6, line from left to open circle at 4)

ch

(number line from -2 to 4, filled circle at -1, open circle at 2, line between)

3 Yn $7 \leqslant x < 11$, gall x fod yn 7, 8, 9, 10.

4 Yn $x < 7$, gwerth rhif cyfan uchaf x yw 6.

5 Yn $x \geqslant 8$, gwerth rhif cyfan isaf x yw 8.

6 a $x + 3 < 7$
$x + 3 - 3 < 7 - 3$
$x < 4$

(number line from -1 to 5, line from left to open circle at 4)

b $x - 4 \geqslant 1$
$x - 4 + 4 \geqslant 1 + 4$
$x \geqslant 5$

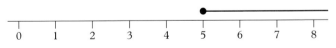

(number line from 0 to 8, filled circle at 5 with line extending right)

7 a $3x \geqslant 18$
$\frac{3x}{3} \geqslant \frac{18}{3}$
$x \geqslant 6$

b $\frac{x}{4} \leqslant 2$
$\frac{x}{4} \times 4 \leqslant 2 \times 4$
$x \leqslant 8$

8 a $2 \leqslant x < 4$

b $-10 < x \leqslant 5$

PENNOD 16

1

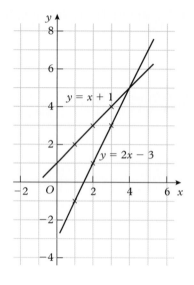

a (1)

x	1	2	3
y	2	3	4

b (1)

x	1	2	3
y	-1	1	3

c Cyfesurynnau'r croestorfan yw (4,5)

2 a $x + y = 7$

Pan yw $x = 0$ Pan yw $y = 0$

$0 + y = 7$ $x + 0 = 7$

$y = 7$ $x = 7$

Mae hyn yn rhoi (0, 7)   Mae hyn yn rhoi (7,0)

b $2x + y = 4$

Pan yw $x = 0$ Pan yw $y = 0$

$2 \times 0 + y = 4$ $2x + 0 = 4$

$y = 4$ $2x = 4$

Mae hyn yn rhoi (0,4) $x = 2$

                        Mae hyn yn rhoi (2, 0)

c $x + 3y = 6$

Pan yw $x = 0$ Pan yw $y = 0$

$0 + 3y = 6$ $x + 0 = 6$

$y = 2$ $x = 6$

Mae hyn yn rhoi (0, 2)   Mae hyn yn rhoi (6, 0)

ch $3x + 2y = 12$

Pan yw $x = 0$ Pan yw $y = 0$

$3 \times 0 + 2y = 12$ $3x + 2 \times 0 = 12$

$0 + 2y = 12$ $3x + 0 = 12$

$2y = 12$ $3x = 12$

$y = 6$ $x = 4$

Mae hyn yn rhoi (0, 6)   Mae hyn yn rhoi (4, 0)

3

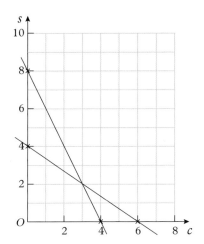

b $2c + 3s = 12$
       $4c + 2s = 16$

c $2c + 3s = 12$
         Pan yw $c = 0$ Pan yw $s = 0$
         $2 \times 0 + 3s = 12$ $2c + 3 \times 0 = 12$
                 $3s = 12$ $2c = 12$
                  $s = 4$ $c = 6$
         Mae hyn yn rhoi $(0, 4)$ Mae hyn yn rhoi $(6, 0)$

            $4c + 2s = 16$
         Pan yw $c = 0$ Pan yw $s = 0$
         $4 \times 0 + 2s = 16$ $4c + 0 = 16$
                 $2s = 16$ $4c = 16$
                  $s = 8$ $c = 4$
         Mae hyn yn rhoi $(0, 8)$ Mae hyn yn rhoi $(4, 0)$

    Mae'r croestorfan yn $(3,2)$. Mae hyn yn golygu fod $c = 3$ ac $s = 2$.
    Felly mae cyw iâr a sglodion yn costio £3, a selsig a sglodion yn costio £2.
ch Os yw $c = 3$ ac $s = 2$, bydd Steffan yn prynu dau gyw iâr a sglodion am
    $2 \times 3 = £6$ a thri selsig a sglodion am $3 \times 2 = £6$ sy'n rhoi cyfanswm o
    £12. Bydd Cefin yn prynu pedwar cyw iâr a sglodion am $4 \times 3 = £12$ a
    dau selsig a sglodion am $2 \times 2 = £4$ sy'n rhoi cyfanswm o £16.

Ymarfer 1

1	34	**6**	661	**11**	211
2	44	**7**	433	**12**	310
3	62	**8**	945	**13**	523
4	175	**9**	95	**14**	1621
5	299	**10**	141		

Ymarfer 2

1	19	**5**	104	**9**	139
2	37	**6**	468	**10**	183
3	27	**7**	135	**11**	108
4	218	**8**	108	**12**	88

Ymarfer 3

1	227	**2**	569	**3**	7636	**4**	2672

Ymarfer 4

1	46	**2**	639	**3**	208	**4**	993

Ymarfer 5

1	74	**6**	3185
2	90	**7**	1314
3	184	**8**	1602
4	372	**9**	1785
5	518	**10**	3212

Ymarfer 6

1	390	**5**	6840
2	450	**6**	15 620
3	1280	**7**	50 000
4	7560	**8**	80 070

Ymarfer 7

1	7500	**5**	319 000	**9**	5 004 000
2	8200	**6**	420 000	**10**	8 150 000
3	36 000	**7**	524 300	**11**	3 020 000
4	17 800	**8**	800 000	**12**	83 500 000

Ymarfer 8

1	560	**5**	1740	**9**	3100
2	720	**6**	1040	**10**	4260
3	810	**7**	3320	**11**	11 130
4	1020	**8**	2250	**12**	29 750

Ymarfer 9

1	95	**3**	178.3	**5**	107
2	282	**4**	863.1	**6**	9

Ymarfer 10

1	4291	**3**	7160	**5**	6059
2	5704	**4**	13 740	**6**	708

Ymarfer 11

1	850	**5**	9485	**9**	17 985
2	2142	**6**	13 621	**10**	39 780
3	5166	**7**	16 813	**11**	45 994
4	8164	**8**	14 448	**12**	96 922

Ymarfer 12

1	4	**5**	8	**9**	7
2	9	**6**	3	**10**	7
3	5	**7**	5	**11**	5
4	5	**8**	8	**12**	6

Ymarfer 13

1	42	**3**	11	**5**	32
2	31	**4**	32	**6**	221

Ymarfer 14

1	29	**5**	12	**9**	106
2	18	**6**	19	**10**	138
3	18	**7**	16	**11**	207
4	16	**8**	16	**12**	52

Ymarfer 15

1	74	**4**	83	**7**	500
2	8	**5**	904	**8**	70 000
3	596	**6**	720		

Ymarfer 16

1	78	**4**	42	**7**	200
2	53	**5**	780	**8**	20
3	64	**6**	78		

Ymarfer 17

1	32	**4**	47	**7**	21
2	8	**5**	377	**8**	303
3	142	**6**	94		

Ymarfer 18

1	5.17	**3**	0.43	**5**	0.402
2	8.62	**4**	0.569	**6**	1.05

Ymarfer 19

1	1.934	**3**	0.385	**5**	0.106
2	3.628	**4**	0.169	**6**	0.2704

Ymarfer 20

1 $\frac{4}{5}$ **5** $\frac{12}{13}$ **9** $\frac{13}{12} = 1\frac{1}{12}$

2 $\frac{5}{7}$ **6** $\frac{5}{8}$ **10** $\frac{7}{5} = 1\frac{2}{5}$

3 $\frac{8}{9}$ **7** $\frac{7}{9}$ **11** $\frac{11}{8} = 1\frac{3}{8}$

4 $\frac{7}{11}$ **8** $\frac{9}{12} = \frac{3}{4}$ **12** $\frac{14}{11} = 1\frac{3}{11}$

Ymarfer 21

1 $\frac{3}{4}$ **5** $\frac{7}{12}$ **9** $\frac{11}{15}$

2 $\frac{3}{10}$ **6** $\frac{8}{9}$ **10** $\frac{33}{35}$

3 $\frac{7}{10}$ **7** $\frac{8}{15}$ **11** $\frac{31}{56}$

4 $\frac{7}{8}$ **8** $\frac{11}{14}$ **12** $\frac{13}{12} = 1\frac{1}{12}$

Ymarfer 22

1 $\frac{5}{8}$ **5** $\frac{3}{8}$ **9** $\frac{4}{21}$

2 $\frac{1}{5}$ **6** $\frac{3}{12} = \frac{1}{4}$ **10** $\frac{1}{12}$

3 $\frac{4}{11}$ **7** $\frac{1}{20}$ **11** $\frac{9}{40}$

4 $\frac{5}{10} = \frac{1}{2}$ **8** $\frac{1}{6}$ **12** $\frac{25}{88}$

Ymarfer 23

1 $\frac{1}{2}$ **5** $\frac{2}{3}$ **9** $\frac{2}{3}$

2 $\frac{2}{3}$ **6** $\frac{2}{5}$ **10** $\frac{3}{5}$

3 $\frac{2}{3}$ **7** $\frac{2}{3}$ **11** $\frac{1}{3}$

4 $\frac{2}{3}$ **8** $\frac{2}{3}$ **12** $\frac{2}{5}$